电网生产技术改造与设备大修项目典型造价汇编

变电技改分册

国家电网有限公司设备管理部　组编

中国电力出版社
CHINA ELECTRIC POWER PRESS

内 容 提 要

本书为《电网生产技术改造与设备大修项目典型造价汇编（2023 年版） 变电技改分册》，共分为三篇。其中，第一篇为总论，包括概述、编制过程、总说明；第二篇为典型方案造价，包含方案概况、主要技术条件、估算费用、电气设备材料和工程量等内容；第三篇为使用说明。

本书可供电网生产技术改造与设备大修项目管理相关人员、项目评审单位参考使用，也可供从事电力行业规划、设计、建设、运维等相关工作的专业技术人员学习使用。

图书在版编目（CIP）数据

电网生产技术改造与设备大修项目典型造价汇编：2023 年版. 变电技改分册 / 国家电网有限公司设备管理部组编. —北京：中国电力出版社，2023.12

ISBN 978-7-5198-8529-8

Ⅰ. ①电… Ⅱ. ①国… Ⅲ. ①电网–技改工程–工程造价–中国②变电所–技改工程–工程造价–中国 Ⅳ. ①F426.61

中国国家版本馆 CIP 数据核字（2023）第 248671 号

出版发行：中国电力出版社
地　　址：北京市东城区北京站西街 19 号（邮政编码 100005）
网　　址：http://www.cepp.sgcc.com.cn
责任编辑：肖　敏
责任校对：黄　蓓　郝军燕
装帧设计：张俊霞
责任印制：石　雷

印　　刷：三河市万龙印装有限公司
版　　次：2023 年 12 月第一版
印　　次：2023 年 12 月北京第一次印刷
开　　本：787 毫米×1092 毫米　16 开本
印　　张：22.25
字　　数：479 千字
印　　数：0001—1000 册
定　　价：86.00 元

电网生产技术改造与设备大修项目典型造价汇编（2023年版）

变电技改分册

前言

电网生产技术改造与设备大修项目（简称项目）规范化管理是落实国家电网有限公司（简称国家电网公司）资产全寿命周期管理提升行动，推动构建现代设备管理体系的重要手段。近年来，随着电力体制改革不断深化，电网运行安全、质量和效益管理要求不断提升，对项目精益管理水平提出更高要求。

为进一步提升项目规范化管理水平及造价计列精准性，2021 年始，国家电网公司组织有关单位，依据国家最新定额标准，结合项目管理实际，在充分调研、精心比选、反复论证的基础上，历时近 2 年时间，修编完成《电网生产技术改造与设备大修项目典型造价汇编（2023 年版）》丛书（简称《2023 年版典型造价》）。《2023 年版典型造价》汲取了以往电网工程典型造价的编制经验，并充分考虑当前项目立项、实施、结算等环节管理特点，以单项工程为计价单元，优化提炼出具有代表性的典型方案，按照设计规程规范、建设标准和现行的估算编制依据，编制形成典型造价。

《2023 年版典型造价》共 6 册，分别为《变电技改分册》《变电检修分册》《输电技改分册》《输电检修分册》《配电技改检修分册》《通信/继电保护/自动化技改检修分册》。涵盖变电、输电、配电、继电保护、自动化、通信 6 个专业，覆盖 0.4～500kV 电压等级，涉及 30 类设备、341 个典型项目方案，方案包含方案概况、主要技术条件、估算费用、电气设备材料和工程量等内容。

《2023 年版典型造价》在编写过程中得到了电力设备运维人员、管理人员，电力工程设计人员、施工人员等的大力支持，在此表示感谢。

因时间关系，书中难免有疏漏之处，敬请各位读者批评指正。

电网生产技术改造与设备大修项目

典型造价编制工作组

2023 年 7 月

前言

目录

第一篇 总 论

第1章 概 述

为服务国家电网公司“一体四翼”发展战略，支撑现代设备管理体系建设，进一步提升电网生产技术改造与设备大修项目（简称项目）管理水平，提高项目可研、设计、采购、结算质效，国家电网公司委托国网经济技术研究院有限公司（简称国网经研院）、国网河北省电力有限公司（简称国网河北电力）牵头收集整理 2019 年 6 月～2023 年 8 月期间各类典型项目，明确技术条件和工程取费标准，在《电网生产技术改造工程典型造价（2017 年版）》的基础上，修编形成《电网生产技术改造与设备大修项目典型造价汇编（2023 年版）》（简称《2023 年版典型造价》）。

《2023 年版典型造价》基于标准化设计，遵循“方案典型、造价合理、编制科学”的原则，形成典型方案库。一是方案典型。通过对大量实际工程的统计、分析，结合公司各区域工程建设实际特点，合理归并、科学优化典型方案。二是造价合理。统一典型造价的编制原则、编制深度和编制依据，按照国家电网公司项目建设标准，综合考虑各地区工程建设实际情况，体现近年项目造价的综合平均水平。三是编制科学。典型造价编制工作结合项目管理实际，提出既能满足当前工程要求又有一定代表性的典型方案，根据现行的估算编制依据，优化假设条件，使典型造价更合理、更科学。

《电网生产技术改造与设备大修项目典型造价汇编（2023 年版） 变电技改分册》为第一册，适用于更换变压器、更换中性点装置、更换消弧线圈接地变成套装置、更换隔离开关、更换断路器、更换电流互感器、更换电压互感器、更换避雷器、更换开关柜、更换组合电器、更换电容器等电网生产技术改造项目。

本分册共分为三篇，第一篇为总论，包括概述、编制过程、总说明；第二篇为典型方案造价，包含方案概况、主要技术条件、估算费用、电气设备材料和工程量等内容；第三篇为使用说明。

本分册典型造价应用时需与实际工作结合，充分考虑电网工程技术进步、国家政策等影响造价的各类因素。一是处理好与工程实际的关系。典型造价与工程实际的侧重点不同，但编制原则、技术条件一致，因此，在应用中可根据两者的特点，相互补充参考。二是因地制宜，加强对各类费用的控制。《2023 年版典型造价》按照《电网技术改造工程预算编制与计算规定（2020 年版）》（简称《预规》）计算了每个典型方案的具体造价，对于计价依据明确的费用，在实际工程设计评审等管理环节中必须严格把关；对于建设场地征用及清理费用等地区差异较大、计价依据未明确的费用，应进行合理的比较、分析与控制。

第2章 典型造价编制过程

典型造价编制工作于2021年7月启动，2023年8月形成最终成果，期间召开5次研讨会，明确各阶段工作任务，对典型方案、估算编制原则和典型造价进行评审，提高典型造价科学性、正确性和合理性。具体编制过程如下：

2021年7～9月，召开启动会，明确编制任务，研讨《电网生产技术改造工程典型造价（2017年版）》方案设置情况，结合项目实际情况，经多次会议讨论，梳理形成《2023年版典型造价》方案清单。

2021年10～11月，细化方案清单，明确典型方案的主要技术条件及主要工程量，明确对应的定额子目。在北京召开集中研讨会，审定典型方案的技术条件及设计规模，初步确定定额子目及配套使用规则。

2021年12月～2022年4月，国网经研院、国网河北电力统一编制标准、明确编制依据，各参研单位根据典型方案技术规模、《预规》等计价规范，编制形成典型造价案例库。

2022年5～11月，在编制组内开展互查互审工作，对典型造价案例库的技术规模和定额计费情况征集修改意见，组织多轮修改工作和集中审查工作，统一《2023年版典型造价》形式。

2022年12月～2023年1月，线上召开电网生产技改与设备大修项目典型造价汇报审查会议，根据审查意见，依据《国网设备部关于印发电网生产技术改造和设备大修项目估算编制指导意见的通知》（设备计划〔2022〕96号文）调整典型造价估算书，并根据当前市场价格更新主要材料与设备价格。

2023年2～6月，邀请国网湖北省电力有限公司、国网福建省电力有限公司对编制成果进行审查，同期组织第二次编制组内互查互审工作，对审查意见进行集中梳理研讨并对应完成修改工作。

2023年6～8月，国网经研院与国网河北电力完成终稿校审工作。

第3章 典型造价总说明

典型造价编制严格执行国家有关法律法规、电网工程技术改造预算编制与计算规定和配套定额、电网检修工程预算编制与计算规定和配套定额，设备材料以 2022 年为价格水平基准年，结合实际工程情况，形成典型造价方案、确定典型造价编制依据。估算书的编制深度和内容符合现行《电网技术改造工程预算编制与计算规定（2020 年版）》及《电网检修工程预算编制与计算规定（2020 年版）》的要求，表现形式遵循《预规》规定的表格形式、项目划分及费用性质划分原则。

3.1 典型方案形成过程

本册典型方案从实际工程选取，参考河北、山东、江苏、河南、重庆、辽宁、宁夏、新疆等地区电网设备技术改造项目类型确定，典型方案形成过程如下：

（1）典型方案选择原则：根据造价水平相当的原则，科学合理归并方案，确保方案的适用性、典型性。

（2）典型方案选取：以各地区常见工程为基础，充分考虑地区差异，整理分析典型工程，按专业类型及工程规模形成主体框架。

（3）典型方案确定：根据不同地区、各电压等级电网设备技术改造项目特点，以单项工程为计价单元，优化提炼出具有一定代表性的典型方案。

（4）典型方案主要技术条件：明确典型方案的主要技术条件，确定各方案边界条件及组合原则。

（5）典型方案主要内容：确定各方案具体工作内容。

3.2 典型造价编制依据

（1）项目划分及取费执行国家能源局发布的《电网技术改造工程预算编制与计算规定（2020 年版）》及《电网检修工程预算编制与计算规定（2020 年版）》。

（2）定额采用《电网技术改造工程概算定额（2020 年版）》《电网技术改造工程预算定额（2020 年版）》《电网检修工程预算定额（2020 年版）》《电网拆除工程预算定额（2020 年版）》。

（3）措施费取费标准按北京地区（Ⅱ类地区）计取，不计列特殊地区施工增加费。

（4）定额价格水平调整执行《电力工程造价与定额管理总站关于发布 2020 版电网技术改造及检修工程概预算定额 2022 年上半年价格水平调整系数的通知》（定额〔2022〕21 号）相关规定。人工费和材机费调整金额只计取税金，汇总计入总表“编制基准期价差”。

（5）建筑地方材料根据《北京工程造价信息》（月刊〔总第 266 期〕）计列。

（6）电气设备及主要材料价格统一按照《电网工程设备材料信息参考价（2022 年第三季度）》计列，信息价格中未含部分，按照 2022 年第三季度国家电网公司区域工程项目招标中标平均价计列。综合材料价格按《电力建设工程装置性材料综合信息价（2021 年版）》计列。

（7）住房公积金和社会保险费按北京标准执行，分别按 12%和 28.3%（含基本养老保险、失业保险、基本医疗保险、生育保险、工伤保险）计取。

（8）甲供设备材料增值税税金按 13%计列，乙供设备材料及施工增值税税金按 9%计列，设计、监理、咨询等技术服务增值税税金按 6%计列。

（9）取费表取费基数及费率见附录 A，其他费用取费基数及费率见附录 B，建筑价格材料见附录 C。

3.3 典型造价编制相关说明

典型造价编制过程中通过广泛调研，明确了各专业设计方案的主要技术条件，确定了工程造价的编制原则及依据，具体如下：

（1）各典型造价技术方案中的环境条件按北京地区典型条件考虑，各参数假定条件为地形：平原；地貌：Ⅲ类土；海拔：2000m 以下；气温：−20～45℃；污秽等级：Ⅳ。

（2）建筑材料按不含税价考虑，电气设备、主要材料按含税价考虑。

（3）设备、配件按供货至现场考虑，按设备、配件价格及相应计提比例计列卸车费，施工现场的配件保管费已在临时设施费和企业管理费等费用中综合考虑。

（4）设计费除计列基本设计费外，同时计列了施工图预算编制费和竣工图文件编制费，施工图预算编制若由施工队伍编制，则不应列入设计费中。

（5）多次进场增加费考虑综合情况，实际进出场次数按 1 次考虑。

（6）总费用中不计列基本预备费。

（7）本册典型方案库中变电专业拆除工程余土外运运距按 20km 考虑，设备不考虑二次运输。

（8）“典型方案工程量表”与“典型方案电气设备材料表”中“序号”列显示内容包含项目划分的序号、定额编码、物料编码。其中项目划分的序号、定额编码与《预规》及定额保持一致。

（9）当更换一个间隔内的电压互感器或电流互感器时，无论更换几项，分系统调试费及启动调试费均按一个间隔计取，不作调整；更换电压互感器时，无论出线互感器还是母线互感器，均按间隔数量确定分系统调试和启动调试费用；当更换多台设备时，特殊试验费根据定额要求进行系数调整。

（10）根据《预规》与定额要求需对定额进行调整时，在定额序号前标“调”，同时分别注明人材机的调整系数，其中“R”表示人工费，“C”表示材料费，“J”表示机械费。根据实际情况，没有与实际工作内容完全一致的定额时，需套用相关定额或其他定额时，在定额序号前标“参”，根据实际情况，定额中的人材机与定额子目明细不同时，套用此定额需在定额序号前加“换”。

3.4 典型造价编码规则

典型方案编码含义：

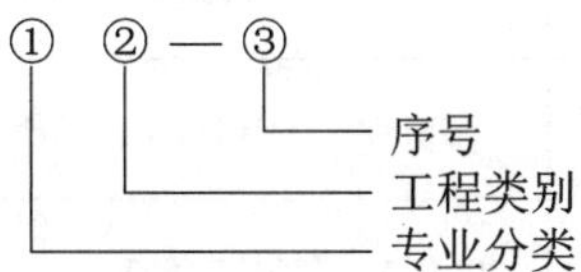

典型方案编码规则分别见表 3-1～表 3-3。

表 3-1 专业分类编码规则

专业分类	变电	输电	配电	通信	继电保护	自动化
技改代码	A	B	C	D	E	F
检修代码	XA	XB	XC	XD	/	/

表 3-2 工程类别编码规则

工程类别	更换变压器	更换中性点装置	更换消弧线圈接地变成套装置	更换隔离开关
代码	1	2	3	4
工程类别	更换断路器	更换电流互感器	更换电压互感器	更换避雷器
代码	5	6	7	8
工程类别	更换开关柜	更换组合电器	更换电容器	
代码	9	10	11	

表 3-3 序号典型方案编码规则

流水号	1	2	3	…	N	$N+1$
代码	1	2	3	…	N	$N+1$

3.5 典型造价一览表

典型造价一览表为本册方案总览，包含方案编码、方案名称、主设备型号、方案规模、方案投资、设备购置费，详见表 3-4。

表 3-4 变电专业典型造价一览表

方案编码	方案名称	主设备型号	方案规模	方案投资	其中：设备购置费
A	变电专业				
A1	更换变压器			万元	万元

续表

方案编码	方案名称	主设备型号	方案规模	方案投资	其中：设备购置费
A1－1	更换35kV三相双绕组10MVA变压器（35/10）	10MVA，35/10kV，三相	1台	112.09	82.96
A1－2	更换66kV三相双绕组40MVA变压器（66/10）	40MVA，66/10kV，三相	1台	261.28	208.86
A1－3	更换110kV三相双绕组50MVA变压器（110/10）	50MVA，110/10kV，三相	1台	319.32	263.53
A1－4	更换110kV三相三绕组50MVA变压器（110/35/10）	50MVA，110/35/10kV，三相	1台	356.57	287.66
A1－5	更换220kV三相三绕组180MVA变压器（220/110/35）	180MVA，220/110/35kV，三相	1台	899.82	744.83
A1－6	更换220kV三相三绕组180MVA变压器（220/110/10）	180MVA，220/110/10kV，三相	1台	912.51	754.94
A1－7	更换220kV三相三绕组240MVA变压器（220/110/35）	240MVA，220/110/35kV，三相	1台	1064.24	902.83
A1－8	更换220kV三相三绕组240MVA变压器（220/110/10）	240MVA，220/110/10kV，三相	1台	1090.70	929.56
A1－9	更换500kV单相三绕组250MVA变压器（500/220/35）	250MVA，500/220/35kV，单相	1组（3台）	2634.05	2222.78
A1－10	更换500kV单相三绕组334MVA变压器（500/220/35）	334MVA，500/220/35kV，单相	1组（3台）	3191.48	2724.10
A2	更换中性点装置			万元	万元
A2－1	更换110kV交流中性点装置	硅橡胶，72.5kV，无绝缘子，有避雷器	1套	8.29	5.12
A2－2	更换220kV交流中性点装置	硅橡胶，126kV，无绝缘子，有避雷器	1套	10.56	5.63
A2－3	更换500kV交流中性点装置	硅橡胶，186kV，无绝缘子，有避雷器	1套	38.22	15.48
A3	更换消弧线圈接地变成套装置			万元	万元
A3－1	更换10kV消弧线圈接地变成套装置（1200kVA，干式）	AC10kV，1200kVA，干式，165A，调匝	1套	73.53	31.95
A3－2	更换10kV消弧线圈接地变成套装置（1500kVA，干式）	AC10kV，1500kVA，干式，165A，调匝	1套	79.22	37.19
A3－3	更换35kV消弧线圈接地变成套装置（1000kVA，干式）	AC35kV，1000kVA，干式，28A，调匝	1套	106.28	56.21
A3－4	更换35kV消弧线圈接地变成套装置（1500kVA，干式）	AC35kV，1500kVA，干式，50A，调匝	1套	119.28	68.45
A4	更换隔离开关			万元	万元
A4－1	更换35kV双柱水平旋转式隔离开关（单接地）	2500A，40kA，电动双柱水平旋转，单接地	1组	7.44	3.98
A4－2	更换35kV双柱水平旋转式隔离开关（双接地）	2500A，40kA，电动双柱水平旋转，双接地	1组	8.03	3.98

续表

方案编码	方案名称	主设备型号	方案规模	方案投资	其中：设备购置费
A4－3	更换66kV双柱水平（V型）旋转式隔离开关（单接地）	3150A，40kA，电动双柱水平（V型）旋转，单接地	1组	12.32	8.4
A4－4	更换110kV双柱水平旋转式隔离开关（单接地）	3150A，40kA，电动双柱水平旋转，单接地	1组	12.83	8.51
A4－5	更换110kV单柱垂直伸缩式隔离开关（不接地）	3150A，40kA，电动单柱垂直伸缩不接地	1组	14.6	9.39
A4－6	更换110kV单柱垂直伸缩式隔离开关（单接地）	3150A，40kA，电动单柱垂直伸缩单接地	1组	16.64	10.72
A4－7	更换220kV三柱水平旋转式隔离开关（不接地）	5000A，63kA，电动三柱水平旋转，不接地	1组	29.12	20.29
A4－8	更换220kV三柱水平旋转式隔离开关（单接地）	5000A，63kA，电动三柱水平旋转，单接地	1组	32.25	22.46
A4－9	更换220kV三柱水平旋转式隔离开关（双接地）	5000A，63kA，电动三柱水平旋转，双接地	1组	36.22	25.43
A4－10	更换220kV双柱水平伸缩式隔离开关（不接地）	4000A，50kA，电动双柱水平伸缩，不接地	1组	22.42	14.03
A4－11	更换220kV双柱水平伸缩式隔离开关（单接地）	4000A，50kA，电动双柱水平伸缩，单接地	1组	24.24	15.03
A4－12	更换220kV双柱水平伸缩式隔离开关（双接地）	4000A，50kA，电动双柱水平伸缩，双接地	1组	27.95	17.77
A4－13	更换220kV单柱垂直伸缩式隔离开关（不接地）	4000A，50kA，电动单臂垂直伸缩，不接地	1组	24.46	15.21
A4－14	更换220kV单柱垂直伸缩式隔离开关（单接地）	4000A，50kA，电动单臂垂直伸缩，单接地	1组	29.13	17.64
A4－15	更换500kV双柱水平伸缩式隔离开关（单接地）	4000A，63kA，电动双柱水平伸缩，单接地	1组	53.23	34.24
A4－16	更换500kV单柱垂直伸缩式隔离开关（单接地）	4000A，63kA，电动单臂垂直伸缩，单接地	1组	45.04	28.71
A5	更换断路器			万元	万元
A5－1	更换35kV SF_6瓷柱式断路器	SF_6瓷柱式，3150A，40kA，三相机械联动	1台	19.54	13.1
A5－2	更换110kV SF_6瓷柱式断路器	SF_6瓷柱式，3150A，40kA，三相机械联动	1台	23.83	13.1
A5－3	更换220kV SF_6瓷柱式断路器	SF_6瓷柱式，5000A，63kA，分相操作	1台	68.16	49.79
A5－4	更换500kV SF_6瓷柱式断路器	SF_6瓷柱式，4000A，63kA，分相操作	1台	113.69	78.28
A5－5	更换500kV SF_6罐式断路器	SF_6瓷柱式，4000A，63kA，分相操作	1台	285.30	230.4
A6	更换电流互感器			万元	万元
A6－1	更换66kV电流互感器	油浸电磁TA，2×300/5，0.5，5P，4，50，正立	1台	8.80	3.51

续表

方案编码	方案名称	主设备型号	方案规模	方案投资	其中：设备购置费
A6-2	更换110kV电流互感器	油浸电磁TA，2×600/5，0.5，10P，5，40，正立	1台	8.20	3.15
A6-3	更换220kV电流互感器	油浸电磁TA，2×800/5，0.5，10P，6，50，正立	1台	11.82	5.23
A6-4	更换500kV电流互感器	油浸电磁TA，2×1250/1，0.5，TPY，8，10，倒立	1台	36.23	23.79
A7	更换电压互感器			万元	万元
A7-1	更换35kV电压互感器	电容式，AC35kV，油浸，0.02μF，4，0.5	1台	7.16	3.56
A7-2	更换66kV电压互感器	电容式，AC66kV，油浸，0.02μF，4，0.5	1台	9.19	4.51
A7-3	更换110kV电压互感器	电容式，AC110kV，油浸，0.02μF，4，0.5	1台	9.40	4.44
A7-4	更换220kV电压互感器	电容式，AC220kV，油浸，0.005μF，4，0.5	1台	10.92	4.54
A7-5	更换500kV电压互感器	电容式，AC500kV，油浸，0.005μF，4，0.2	1台	27.65	13.27
A8	更换避雷器			万元	万元
A8-1	更换35kV避雷器	AC35kV，51kV，硅橡胶，134kV，不带间隙	1组	2.98	0.5
A8-2	更换66kV避雷器	AC66kV，96kV，硅橡胶，250kV，不带间隙	1组	3.80	0.95
A8-3	更换110kV避雷器	AC110kV，102kV，硅橡胶，266kV，不带间隙	1组	3.99	0.9
A8-4	更换220kV避雷器	AC220kV，204kV，瓷，532kV，不带间隙	1组	6.66	2.72
A8-5	更换500kV避雷器	AC500kV，420kV，瓷，1046kV，不带间隙	1组	30.60	22.81
A9	更换开关柜			万元	万元
A9-1	更换10kV真空式开关柜	AC10kV，真空式开关柜	17台	182.26	145.91
A9-2	更换35kV真空式开关柜	AC35kV，真空式开关柜	7台	165.76	113.66
A9-3	更换35kV充气式开关柜	AC35kV，充气式开关柜	7台	292.58	225.87
A10	更换组合电器			万元	万元
A10-1	更换66kV变电站66kV气体绝缘封闭式组合电器（线变组，架空出线间隔）	线变组，66kV GIS组合电器，40kA，架空出线间隔，3150A	2间隔	226.30	149.53
A10-2	更换110kV变电站110kV气体绝缘封闭式组合电器（单母分段接线，架空出线间隔）	单母分段接线，110kV GIS组合电器，40kA，架空出线间隔，3150A	5间隔	443.99	325.26

续表

方案编码	方案名称	主设备型号	方案规模	方案投资	其中：设备购置费
A10－3	更换 110kV 变电站 110kV 气体绝缘封闭式组合电器（单母分段接线，电缆出线间隔）	单母分段接线，110kV GIS 组合电器，40kA，电缆出线间隔，3150A	5 间隔	403.23	303.05
A10－4	更换 110kV 变电站 110kV 气体绝缘封闭式组合电器（内桥接线，架空出线间隔）	内桥接线，110kV GIS 组合电器，40kA，架空出线间隔，3150A	7 间隔	580.85	441.25
A10－5	更换 110kV 变电站 110kV 气体绝缘封闭式组合电器（内桥接线，电缆出线间隔）	内桥接线，110kV GIS 组合电器，40kA，电缆出线间隔，3150A	7 间隔	524.64	405.24
A10－6	更换 220kV 变电站 110kV 气体绝缘封闭式组合电器（双母线接线，架空出线间隔，）	双母线接线，110kV GIS 组合电器，40kA，架空出线间隔，3150A	18 间隔	1777.60	1312.19
A10－7	更换 220kV 变电站 220kV 气体绝缘封闭式组合电器（双母线接线，架空出线间隔）	双母线接线，220kV GIS 组合电器，40kA，架空出线间隔，3150A	12 间隔	2283.39	1729.68
A11	更换电容器组			万元	万元
A11－1	更换 10kV 框架式电容器组（3600kvar）	10kV 框架式电容，器组，3600kvar，200kvar	1 组	29.74	12.95
A11－2	更换 10kV 框架式电容器组（4800kvar）	10kV 框架式电容器组，4800kvar，200kvar	1 组	30.76	16.03
A11－3	更换 35kV 框架式电容器组（10000kvar）	35kV 框架式电容器，10000kvar，417kvar	1 组	54.80	27.42
A11－4	更换 35kV 框架式电容器组（20000kvar）	35kV 框架式电容器，20000kvar，417kvar	1 组	78.24	46.12
A11－5	更换 35kV 框架式电容器组（40000kvar）	35kV 框架式电容器，40000kvar，417kvar	1 组	147.67	107.36

第二篇 典型方案造价

第4章 更换变压器

典型方案说明

更换变压器典型方案共10个：按照电压等级、设备型式、容量、绕组等分为35～500kV（不含330kV）变压器典型方案。所有典型方案的工作范围按户外站考虑只包含变压器本体，不包含变压器三侧配电装置及中性点设备，不包含相应二次设备更换。

4.1 A1-1 更换35kV三相双绕组10MVA变压器（35/10）

4.1.1 典型方案主要内容

本典型方案为更换1台35kV三相双绕组10MVA变压器（35/10）（三相为1台），内容包括一次、二次设备引线拆除、安装；变压器拆除、安装；变压器基础拆除、安装；变压器调试及试验；防污闪喷涂；防火封堵；接地引下线更换。

4.1.2 典型方案主要技术条件

典型方案A1-1主要技术条件见表4-1。

表4-1 典型方案A1-1主要技术条件

方案名称	工程主要技术条件	
更换35kV三相双绕组10MVA变压器（35/10）	额定电压（kV）	35/10
	额定容量（MVA）	10
	相数	3
	绕组数	双绕组
	调压方式	有载
	系统中性点接地方式	不直接接地
	冷却方式	ONAN
	安装场所	户外
	绝缘方式	油浸

4.1.3 典型方案估算书

估算投资为总投资，编制依据按第3章要求。典型方案A1-1估算书包括总估算汇总表、安装工程专业汇总表、建筑工程专业汇总表、拆除工程专业汇总表、其他费用估算表，分别见表 4–2～表 4–6。

表 4–2　　　　典型方案 A1–1 总估算汇总表　　　　金额单位：万元

序号	工程或费用名称	含税金额	占工程投资的比例（%）	不含税金额	可抵扣增值税金额
一	建筑工程费	3.67	3.27	3.37	0.3
二	安装工程费	12.07	10.77	11.07	1
三	拆除工程费	1.82	1.62	1.67	0.15
四	设备购置费	82.96	74.01	73.42	9.54
	其中：编制基准期价差	0.58	0.52	0.58	
五	小计	100.52	89.68	89.53	10.99
	其中：甲供设备材料费	82.96	74.01	73.42	9.54
六	其他费用	11.57	10.32	10.92	0.65
七	基本预备费				
八	特殊项目				
九	工程投资合计	112.09	100	100.45	11.64
	其中：可抵扣增值税金额	11.64			11.64
	其中：施工费	17.57	15.67	16.12	1.45

表 4–3　　　　典型方案 A1–1 安装工程专业汇总表　　　　金额单位：元

序号	工程或费用名称	安装工程费			设备购置费	合计
		未计价材料费	安装费	小计		
	安装工程	17133	103600	120733	829636	950368
一	主变压器系统	15672	38006	53677	829636	883313
1	主变压器	15672	38006	53677	829636	883313
1.1	变压器本体	8449	35299	43748	829636	873383
1.7	母线	7223	2707	9930		9930
六	电缆防护设施	57	113	170		170
2	电缆防火	57	113	170		170
七	全站接地	1404	126	1530		1530
1	接地网	1404	126	1530		1530
九	调试		65355	65355		65355
1	分系统调试		28575	28575		28575
3	特殊调试		36780	36780		36780
	合计	17133	103600	120733	829636	950368

表 4-4　　典型方案 A1-1 建筑工程专业汇总表　　金额单位：元

序号	工程或费用名称	建筑设备购置费	未计价材料费	建筑费	建筑工程费合计
	建筑工程		4916	31817	36733
二	主变压器及配电装置建筑		4916	31817	36733
1	主变压器系统		4916	31817	36733
1.1	构支架及基础		723	5379	6102
1.2	主变压器设备基础		4193	24195	28388
1.3	主变压器油坑及卵石			2242	2242
	合计		4916	31817	36733

表 4-5　　典型方案 A1-1 拆除工程专业汇总表　　金额单位：元

序号	工程或费用名称	拆除工程费
	拆除工程	18225
	建筑拆除	12772
二	主变压器及配电装置建筑	12772
1	主变压器系统	12772
1.1	构支架及基础	3692
1.2	主变压器设备基础	9080
	安装拆除	5453
一	主变压器系统	5453
1	主变压器	5453
1.1	变压器本体	5267
1.7	母线	186
	合计	18225

表 4-6　　典型方案 A1-1 其他费用估算表　　金额单位：元

序号	工程或费用项目名称	编制依据及计算说明	合价
2	项目管理费		23767
2.1	管理经费	（建筑工程费＋安装工程费＋拆除工程费）×3.53%	6202
2.2	招标费	（建筑工程费＋安装工程费＋拆除工程费）×1.81%	3180
2.3	工程监理费	（建筑工程费＋安装工程费＋拆除工程费）×4.41%	7748
2.4	设备材料监造费	设备购置费×0.8%	6637
3	项目技术服务费		91941
3.1	前期工作费	（建筑工程费＋安装工程费）×3.05%	4803
3.3	工程勘察设计费		81185
3.3.2	设计费	设计费×100%	81185
3.4	设计文件评审费		5022
3.4.1	初步设计文件评审费	基本设计费×3.5%	2408

续表

序号	工程或费用项目名称	编制依据及计算说明	合价
3.4.2	施工图文件评审费	基本设计费×3.8%	2614
3.5	施工过程造价咨询及竣工结算审核费	（建筑工程费＋安装工程费＋拆除工程费）×0.53%	931
	合计		115708

4.1.4 典型方案电气设备材料表

典型方案 A1－1 电气设备材料见表 4－7。

表 4－7　典型方案 A1－1 电气设备材料表

序号	设备或材料名称	单位	数量	备注
	安装工程			
一	主变压器系统			
1	主变压器			
1.1	变压器本体			
500004766	35kV 油浸有载变压器，10000kVA，35/10，一体	台	1	
100000001	35kV 软导线引下线	组（三相）	1	
500006874	交流支柱绝缘子，AC20kV，瓷，12.5kN，非磁性，户外	只	24	
500014823	布电线，BVR，铜，2.5，1	km	0.100	
500020875	接触金具－母线伸缩节，MS－80×8	件	6	
500020921	母线金具－矩形母线固定金具，MWP－102	件	24	
500028599	铜排，TMY，80×8	t	0.100	
500058328	绝缘套管，AC10kV，冷缩，电缆，ϕ80	m	18	
500021518	电缆保护管，钢管，ϕ150	t	0.566	
500011755	绝缘涂料，PRTV	t	0.009	
六	电缆防护设施			
2	电缆防火			
500011727	防火涂料	t	0.003	
500011738	防火堵料	t	0.006	
七	全站接地			
1	接地网			
500011000	扁钢，60mm，8mm，Q235－A	t	0.377	
	建筑工程			
二	主变压器及配电装置建筑			
1	主变压器系统			
1.1	构支架及基础			
C01020712	圆钢　ϕ10 以下	kg	485.928	
C01020713	圆钢　ϕ10 以上	kg	780.740	

4.1.5 典型方案工程量表

典型方案 A1－1 工程量见表 4－8。

表 4－8　　典型方案 A1－1 工程量表

序号	项目名称	单位	数量	备注
	建筑工程			
二	主变压器及配电装置建筑			
1	主变压器系统			
1.1	构支架及基础			
JGT2－8	独立基础　钢筋混凝土基础	m^3	2	
JGT7－11	普通钢筋	t	0.205	
JGT9－36	不含土方、基础、支架　钢管设备支架	t	0.250	
1.2	主变压器设备基础			
JGT2－12	设备基础　变压器基础	m^3	21	
JGT7－11	普通钢筋	t	1.077	
1.3	主变压器油坑及卵石			
JYT8－12	地面垫层　油池铺填卵石	m^3	6.800	
	安装工程			
一	主变压器系统			
1	主变压器			
1.1	变压器本体			
JGD1－24	35kV 油浸式变压器安装　三相　容量（kVA 以下）16000	台	1	
JGD3－1	支持绝缘子安装　额定电压（kV）20	个	24	
JGD3－44	矩形铜母线安装　截面（mm^2）800	m	18	
六	电缆防护设施			
2	电缆防火			
JGD7－10	电缆防火安装　防火堵料	t	0.006	
JGD7－11	电缆防火安装　防火涂料	t	0.003	
九	调试			
JGS1－2	电力变压器系统 35kV	系统	1	
3	特殊调试			
JGS1－318	变压器绝缘油试验 20000kVA 以下	台	1	
JGS1－220	变压器特殊试验 35kV	台	1	
JGS1－332	气体继电器校验	只	2	
JGS1－337	相关温度计校验　热电阻温度计	只	2	
	拆除工程			
一	建筑拆除			

续表

序号	项目名称	单位	数量	备注
2	主变压器及配电装置建筑			
2.1	主变压器系统			
JGT1－7	机械施工土方　土方运距　每增加 1km	m^3	46	
CYT3－2	拆除钢筋混凝土　基础	m^3	2	
CYT3－2	拆除钢筋混凝土　基础－变压器	m^3	21	
CYT4－7	拆除钢构支架	t	0.250	
二	安装拆除			
1	主变压器系统			
1.1	主变压器			
调 CYD1－11 R×0.5 C×0.5 J×0.5	35kV 变压器拆除　容量（kVA 以下）16000	台	1	
调 CYD10－1 R×0.5 C×0.5 J×0.5	油设备放油	t	7.500	
调 CYD3－1 R×0.5 C×0.5 J×0.5	支持绝缘子拆除　电压 20kV 以下	柱	24	
调 CYD3－34 R×0.5 C×0.5 J×0.5	每相一片矩形母线拆除　截面（mm^2 以下）800	m	18	

4.2 A1－2 更换 66kV 三相双绕组 40MVA 变压器（66/10）

4.2.1 典型方案主要内容

本典型方案为更换 1 台 66kV 三相双绕组 40MVA 变压器（66/10）（三相为 1 台），内容包括一次、二次设备引线拆除、安装；变压器拆除、安装；变压器基础拆除、安装；变压器调试及试验；防污闪喷涂；防火封堵；接地引下线更换。

4.2.2 典型方案主要技术条件

典型方案 A1－2 主要技术条件见表 4－9。

表 4－9　　典型方案 A1－2 主要技术条件

方案名称	工程主要技术条件	
更换 66kV 三相双绕组 40MVA 变压器（66/10）	额定电压（kV）	66/10
	额定容量（MVA）	40
	相数	3

续表

方案名称	工程主要技术条件	
更换 66kV 三相双绕组 40MVA 变压器（66/10）	绕组数	双绕组
	调压方式	有载
	系统中性点接地方式	不直接接地
	冷却方式	ONAN
	安装场所	户外
	绝缘方式	油浸

4.2.3 典型方案估算书

估算投资为总投资，编制依据按第 3 章要求。典型方案 A1－2 估算书包括总估算汇总表、安装工程专业汇总表、建筑工程专业汇总表、拆除工程专业汇总表、其他费用估算表，分别见表 4－10～表 4－14。

表 4－10　典型方案 A1－2 总估算汇总表　金额单位：万元

序号	工程或费用名称	含税金额	占工程投资的比例（%）	不含税金额	可抵扣增值税金额
一	建筑工程费	4.37	1.67	4.01	0.36
二	安装工程费	22.12	8.47	20.29	1.83
三	拆除工程费	3.15	1.21	2.89	0.26
四	设备购置费	208.86	79.94	184.84	24.02
	其中：编制基准期价差	1.04	0.4	1.04	
五	小计	238.5	91.28	212.03	26.47
	其中：甲供设备材料费	208.86	79.94	184.84	24.02
六	其他费用	22.78	8.72	21.49	1.29
七	基本预备费				
八	特殊项目				
九	工程投资合计	261.28	100	233.52	27.76
	其中：可抵扣增值税金额	27.76			27.76
	其中：施工费	29.64	11.34	27.19	2.45

表 4－11　典型方案 A1－2 安装工程专业汇总表　金额单位：元

序号	工程或费用名称	安装工程费			设备购置费	合计
		主要材料费	安装费	小计		
	安装工程	45779	175465	221244	2088608	2309851
一	主变压器系统	42419	69369	111788	2088608	2200395
1	主变压器	42419	69369	111788	2088608	2200395

续表

序号	工程或费用名称	安装工程费			设备购置费	合计
		主要材料费	安装费	小计		
1.1	变压器本体	12374	59607	71981	2088608	2160589
1.7	母线	30044	9762	39807		39807
六	电缆防护设施	1956	3774	5730		5730
2	电缆防火	1956	3774	5730		5730
七	全站接地	1404	5218	6622		6622
1	接地网	1404	5218	6622		6622
九	调试		97103	97103		97103
1	分系统调试		23682	23682		23682
3	特殊调试		73421	73421		73421
	合计	45779	175465	221244	2088608	2309851

表 4-12　　典型方案 A1-2 建筑工程专业汇总表　　金额单位：元

序号	工程或费用名称	建筑设备购置费	未计价材料费	建筑费	建筑工程费合计
	建筑工程		6458	37285	43743
二	主变压器及配电装置建筑		6458	37285	43743
1	主变压器系统		6458	37285	43743
1.1	构支架及基础		817	4605	5422
1.2	主变压器设备基础		5641	29075	34716
1.3	主变压器油坑及卵石			3605	3605
	合计		6458	37285	43743

表 4-13　　典型方案 A1-2 拆除工程专业汇总表　　金额单位：元

序号	工程或费用名称	拆除工程费
	拆除工程	31454
	建筑拆除	13422
二	主变压器及配电装置建筑	13422
1	主变压器系统	13422
1.1	构支架及基础	13422
	安装拆除	18032
一	主变压器系统	18032
1	主变压器	18032
1.1	变压器本体	18032
	合计	31454

表 4-14　　典型方案 A1-2 其他费用估算表　　金额单位：元

序号	工程或费用名称	编制依据及计算说明	合价
2	项目管理费		45612
2.1	管理经费	（建筑工程费＋安装工程费＋拆除工程费）×3.53%	10464
2.2	招标费	（建筑工程费＋安装工程费＋拆除工程费）×1.81%	5366
2.3	工程监理费	（建筑工程费＋安装工程费＋拆除工程费）×4.41%	13073
2.4	设备材料监造费	设备购置费×0.8%	16709
3	项目技术服务费		182173
3.1	前期工作费	（建筑工程费＋安装工程费）×3.05%	8082
3.3	工程勘察设计费		162469
3.3.2	设计费	设计费×100%	162469
3.4	设计文件评审费		10051
3.4.1	初步设计文件评审费	基本设计费×3.5%	4819
3.4.2	施工图文件评审费	基本设计费×3.8%	5232
3.5	施工过程造价咨询及竣工结算审核费	（建筑工程费＋安装工程费＋拆除工程费）×0.53%	1571
	合计		227785

4.2.4　典型方案电气设备材料表

典型方案 A1-2 电气设备材料见表 4-15。

表 4-15　　典型方案 A1-2 电气设备材料表

序号	设备或材料名称	单位	数量	备注
	安装工程			
一	主变压器系统			
1	主变压器			
1.1	变压器本体			
500031223	66kV 油浸有载变压器，40MVA，66/10，一体	台	1	
100000002	66kV 软导线设备连线	组（三相）	1	
500006874	交流支柱绝缘子，AC20kV，瓷，12.5kN，非磁性，户外	只	24	
500014823	布电线，BVR，铜，2.5，1	km	0.180	
500020866	接触金具-母线伸缩节，MS-100×10	件	24	
500020921	母线金具-矩形母线固定金具，MWP-102	件	24	
500021518	电缆保护管，钢管，ϕ150	t	0.566	
500028599	铜排，TMY，80×8	t	0.342	
500011755	绝缘涂料，PRTV	t	0.018	
500058328	绝缘套管，AC10kV，冷缩，电缆，ϕ80	m	36	

续表

序号	设备或材料名称	单位	数量	备注
六	电缆防护设施			
2	电缆防火			
500011727	电缆防火涂料	t	0.100	
500011738	防火堵料	t	0.200	
七	全站接地			
1	接地网			
500011000	扁钢，60mm，8mm，Q235－A	t	0.377	

4.2.5 典型方案工程量表

典型方案 A1－2 工程量见表 4－16。

表 4－16　　典型方案 A1－2 工程量表

序号	项目名称	单位	数量	备注
	建筑工程			
二	主变压器及配电装置建筑			
1	主变压器系统			
1.1	构支架及基础			
JGT2－8	独立基础　钢筋混凝土基础	m^3	2	
JGT9－36	不含土方基础支架　钢管设备支架	t	0.250	
JGT7－11	钢筋、铁件　普通钢筋	t	0.190	
1.2	主变压器设备基础			
JGT2－12	设备基础　变压器基础	m^3	25	
JGT7－11	钢筋、铁件　普通钢筋	t	1.282	
1.3	主变压器油坑及卵石			
JYT8－12	地面垫层　油池铺填卵石	m^3	6.800	
	安装工程			
一	主变压器系统			
1	主变压器			
1.1	变压器本体			
调、换 JGD1－28 R×0.88 C×0.88 J×0.88	110kV 双绕组变压器安装　容量（kVA 以下）50000	台	1	
调 JGD3－46 R×1.8 C×1.8 J×1.8	矩形铜母线安装　截面（mm^2 以下）1250	m	30	
JGD3－1	支持绝缘子安装　额定电压（kV）20	个	24	

续表

序号	项目名称	单位	数量	备注
六	电缆防护设施			
2	电缆防火			
JGD7－10	电缆防火安装　防火堵料	t	0.200	
JGD7－11	电缆防火安装　防火涂料	t	0.100	
七	全站接地			
1	接地网			
JGD8－1	全站接地	100m	1	
九	调试			
1	分系统调试			
调 JGS1－3 R×1.08 C×1.08 J×1.08	电力变压器系统 110kV	系统	1	
3	特殊调试			
JGS1－319	变压器绝缘油试验 80000kVA	台	1	
调 JGS1－221 R×0.88 C×0.88 J×0.88	变压器特殊试验 110kV	台（三相）	1	
JGS1－332	气体继电器校验	只	2	
JGS1－337	相关温度计校验　热电阻温度计	只	2	
JGS1－335	相关温度计校验　绕组温度计	只	1	
	拆除工程			
一	建筑拆除			
2	主变压器及配电装置建筑			
2.1	主变压器系统			
调 JGT1－7 R×10 C×10 J×10	机械施工土方　土方运距　每增加 1km	m^3	54	
CYT3－2	现浇混凝土　拆除钢筋混凝土　基础	m^3	27	
CYT4－7	拆除金属构件工程　拆除钢构支架	t	0.250	
二	安装拆除			
1	主变压器系统			
1.1	主变压器			
调 CYD1－15 R×0.88 C×0.88 J×0.88	110kV 双绕组变压器拆除　容量（kVA 以下）50000	台	1	
CYD10－1	油设备放油	t	8	
CYD3－36	每相多片矩形母线拆除　每相二片　截面（mm^2以下）1250	m	30	
CYD3－4	支持绝缘子拆除　额定电压（kV 以下）220	柱	24	

4.3 A1–3 更换 110kV 三相双绕组 50MVA 变压器（110/10）

4.3.1 典型方案主要内容

本典型方案为更换 1 台 110kV 三相双绕组 50MVA 变压器（110/10）（三相为 1 台），内容包括一次、二次设备引线拆除、安装；变压器拆除、安装；变压器基础拆除、安装；变压器调试及试验；防污闪喷涂；防火封堵；接地引下线更换。

4.3.2 典型方案主要技术条件

典型方案 A1–3 主要技术条件见表 4–17。

表 4–17　　典型方案 A1–3 主要技术条件

方案名称	工程主要技术条件	
更换 110kV 三相双绕组 50MVA 变压器（110/10）	额定电压（kV）	110/10
	额定容量（MVA）	50
	相数	3
	绕组数	双绕组
	调压方式	有载
	系统中性点接地方式	不直接接地
	冷却方式	ONAN
	安装场所	户外
	绝缘方式	油浸

4.3.3 典型方案估算书

估算投资为总投资，编制依据按第 3 章要求。典型方案 A1–3 估算书包括总估算汇总表、安装工程专业汇总表、建筑工程专业汇总表、拆除工程专业汇总表、其他费用估算表，分别见表 4–18～表 4–22。

表 4–18　　典型方案 A1–3 总估算汇总表　　金额单位：万元

序号	工程或费用名称	含税金额	占工程投资的比例（%）	不含税金额	可抵扣增值税金额
一	建筑工程费	4.4	1.38	4.04	0.36
二	安装工程费	23.7	7.42	21.74	1.96
三	拆除工程费	2.54	0.8	2.33	0.21
四	设备购置费	263.53	82.53	233.22	30.31
	其中：编制基准期价差	0.95	0.3	0.95	
五	小计	294.17	92.12	261.33	32.84
	其中：甲供设备材料费	263.53	82.53	233.22	30.31
六	其他费用	25.15	7.88	23.73	1.42

续表

序号	工程或费用名称	含税金额	占工程投资的比例（%）	不含税金额	可抵扣增值税金额
七	基本预备费				
八	特殊项目				
九	工程投资合计	319.32	100	285.06	34.26
	其中：可抵扣增值税金额	34.26			34.26
	其中：施工费	30.64	9.6	28.11	2.53

表 4-19　典型方案 A1-3 安装工程专业汇总表　金额单位：元

序号	工程或费用名称	安装工程费			设备购置费	合计
		未计价材料费	安装费	小计		
	安装工程	40899	196109	237007	2635290	2872297
一	主变压器系统	39438	75115	114553	2635290	2749843
1	主变压器	39438	75115	114553	2635290	2749843
1.1	变压器本体	7543	66303	73846	2635290	2709136
1.7	母线	31895	8812	40707		40707
六	电缆防护设施	57	113	170		170
2	电缆防火	57	113	170		170
七	全站接地	1404	126	1530		1530
1	接地网	1404	126	1530		1530
九	调试		120754	120754		120754
1	分系统调试		41792	41792		41792
3	特殊调试		78962	78962		78962
	合计	40899	196109	237007	2635290	2872297

表 4-20　典型方案 A1-3 建筑工程专业汇总表　金额单位：元

序号	工程或费用名称	建筑设备购置费	未计价材料费	建筑费	建筑工程费合计
	建筑工程		5995	38039	44033
二	主变压器及配电装置建筑		5995	38039	44033
1	主变压器系统		5995	38039	44033
1.1	构支架及基础		723	5379	6102
1.2	主变压器设备基础		5272	30417	35688
1.3	主变压器油坑及卵石			2242	2242
	合计		5995	38039	44033

表 4-21　　典型方案 A1-3 拆除工程专业汇总表　　金额单位：元

序号	工程或费用名称	拆除工程费
	拆除工程	25358
	建筑拆除	15721
二	主变压器及配电装置建筑	15721
1	主变压器系统	15721
1.1	构支架及基础	4306
1.2	主变压器设备基础	11415
	安装拆除	9636
一	主变压器系统	9636
1	主变压器	9636
1.1	变压器本体	9273
1.7	母线	363
	合计	25358

表 4-22　　典型方案 A1-3 其他费用估算表　　金额单位：元

序号	工程或费用项目名称	编制依据及计算说明	合价
2	项目管理费		48377
2.1	管理经费	（建筑工程费＋安装工程费＋拆除工程费）×3.53%	10816
2.2	招标费	（建筑工程费＋安装工程费＋拆除工程费）×1.81%	5546
2.3	工程监理费	（建筑工程费＋安装工程费＋拆除工程费）×4.41%	13512
2.4	设备材料监造费	设备购置费×0.8%	18503
3	项目技术服务费		203171
3.1	前期工作费	（建筑工程费＋安装工程费）×3.05%	8572
3.3	工程勘察设计费		181732
3.3.2	设计费	设计费×100%	181732
3.4	设计文件评审费		11243
3.4.1	初步设计文件评审费	基本设计费×3.5%	5390
3.4.2	施工图文件评审费	基本设计费×3.8%	5852
3.5	施工过程造价咨询及竣工结算审核费	（建筑工程费＋安装工程费＋拆除工程费）×0.53%	1624
	合计		251547

4.3.4 典型方案电气设备材料表

典型方案 A1-3 电气设备材料见表 4-23。

表 4-23　　典型方案 A1-3 电气设备材料表

序号	设备或材料名称	单位	数量	备注
	安装工程			
一	主变压器系统			
1	主变压器			
1.1	变压器本体			
500001164	110kV 油浸有载变压器，50MVA，110/10，一体	台	1	
100000002	110kV 软导线引下线	组（三相）	1	
500006874	交流支柱绝缘子，AC20kV，瓷，12.5kN，非磁性，户外	只	12	
500014823	布电线，BVR，铜，2.5，1	km	0.100	
500020886	接触金具-母线伸缩节，MST-100×10	件	12	
500020924	母线金具-矩形母线固定金具，MWP-203	件	12	
500021518	电缆保护管，钢管，ϕ150	t	0.566	
500026831	铜排，TMY，100×10	t	0.480	
500011755	绝缘涂料，PRTV	t	0.018	
500063634	绝缘套管，AC10kV，冷缩，电缆，ϕ100	m	36	
六	电缆防护设施			
2	电缆防火			
500011727	防火涂料	t	0.003	
500011738	防火堵料	t	0.006	
七	全站接地			
1	接地网			
500011000	扁钢，60mm，8mm，Q235-A	t	0.377	
	建筑工程			
二	主变压器及配电装置建筑			
1	主变压器系统			
1.1	构支架及基础			
C01020712	圆钢　ϕ10 以下	kg	607.104	
C01020713	圆钢　ϕ10 以上	kg	936.476	

4.3.5　典型方案工程量表

典型方案 A1-3 工程量见表 4-24。

表 4-24　　典型方案 A1-3 工程量表

序号	项目名称	单位	数量	备注
	建筑工程			
二	主变压器及配电装置建筑			

续表

序号	项目名称	单位	数量	备注
1	主变压器系统			
1.1	构支架及基础			
JGT2－8	独立基础　钢筋混凝土基础	m^3	2	
JGT7－11	普通钢筋	t	0.205	
JGT9－36	不含土方、基础、支架　钢管设备支架	t	0.250	
1.2	主变压器设备基础			
JGT2－12	设备基础　变压器基础	m^3	26.400	
JGT7－11	普通钢筋	t	1.354	
1.3	主变压器油坑及卵石			
JYT8－12	地面垫层　油池铺填卵石	m^3	6.800	
	安装工程			
一	主变压器系统			
1	主变压器			
1.1	变压器本体			
JGD1－28	110kV 双绕组变压器安装　容量（kVA 以下）50000	台	1	
JGD3－1	支持绝缘子安装　额定电压（kV）20	个	12	
JGD3－45	矩形铜母线安装　截面（mm^2）1000	m	18	
六	电缆防护设施			
2	电缆防火			
JGD7－10	电缆防火安装　防火堵料	t	0.006	
JGD7－11	电缆防火安装　防火涂料	t	0.003	
九	调试			
JGS1－3	电力变压器系统 110kV	系统	1	
3	特殊调试			
JGS1－319	变压器绝缘油试验 80000kVA	台	1	
JGS1－221	变压器特殊试验 110kV	台	1	
JGS1－332	气体继电器校验	只	2	
JGS1－337	相关温度计校验　热电阻温度计	只	2	
JGS1－335	相关温度计校验　绕组温度计	只	1	
	拆除工程			
一	建筑拆除			
2	主变压器及配电装置建筑			
2.1	主变压器系统			
JGT1－7	机械施工土方　土方运距　每增加 1km	m^3	56.800	

续表

序号	项目名称	单位	数量	备注
CYT3－2	拆除钢筋混凝土　基础	m^3	2	
CYT3－2	拆除钢筋混凝土　基础－变压器	m^3	26.400	
CYT4－7	拆除钢构支架	t	0.250	
二	安装拆除			
1	主变压器系统			
1.1	主变压器			
调 CYD1－15 R×0.5 C×0.5 J×0.5	110kV 双绕组变压器拆除　三相　容量（kVA 以下）50000	台	1	
调 CYD10－1 R×0.5 C×0.5 J×0.5	油设备放油	t	19.800	
调 CYD3－1 R×0.5 C×0.5 J×0.5	支持绝缘子拆除　电压 20kV 以下	柱	12	
调 CYD3－36 R×0.5 C×0.5 J×0.5	每相多片矩形母线拆除　每相二片　截面（mm^2 以下）1250	m	18	

4.4　A1－4 更换 110kV 三相三绕组 50MVA 变压器（110/35/10）

4.4.1　典型方案主要内容

本典型方案为更换 1 台 110kV 三相三绕组 50MVA 变压器（110/35/10）（三相为 1 台），内容包括一次、二次设备引线拆除、安装；变压器拆除、安装；变压器基础拆除、安装；变压器调试及试验；防污闪喷涂；防火封堵；接地引下线更换。

4.4.2　典型方案主要技术条件

典型方案 A1－4 主要技术条件见表 4－25。

表 4－25　　典型方案 A1－4 主要技术条件

方案名称	工程主要技术条件	
更换 110kV 三相三绕组 50MVA 变压器（110/35/10）	额定电压（kV）	110/35/10
	额定容量（MVA）	50
	相数	3
	绕组数	三绕组
	调压方式	有载

续表

方案名称	工程主要技术条件	
更换110kV三相三绕组50MVA变压器（110/35/10）	系统中性点接地方式	不直接接地
	冷却方式	ONAN
	安装场所	户外
	绝缘方式	油浸

4.4.3 典型方案估算书

估算投资为总投资，编制依据按第3章要求。典型方案A1-4估算书包括总估算汇总表、安装工程专业汇总表、建筑工程专业汇总表、拆除工程专业汇总表、其他费用估算表，分别见表4-26～表4-30。

表4-26　　典型方案A1-4总估算汇总表　　金额单位：万元

序号	工程或费用名称	含税金额	占工程投资的比例（%）	不含税金额	可抵扣增值税金额
一	建筑工程费	4.96	1.39	4.55	0.41
二	安装工程费	32.03	8.98	29.12	2.91
三	拆除工程费	2.73	0.77	2.5	0.23
四	设备购置费	287.66	80.67	254.58	33.08
	其中：编制基准期价差	1.11	0.31	1.11	
五	小计	327.38	91.81	290.75	36.63
	其中：甲供设备材料费	295.86	82.97	261.83	34.03
六	其他费用	29.19	8.19	27.54	1.65
七	基本预备费				
八	特殊项目				
九	工程投资合计	356.57	100	318.29	38.28
	其中：可抵扣增值税金额	38.28			38.28
	其中：施工费	31.52	8.84	28.92	2.6

表4-27　　典型方案A1-4安装工程专业汇总表　　金额单位：元

序号	工程或费用名称	安装工程费			设备购置费	合计
		未计价材料费	安装费	小计		
	安装工程	81989	238295	320284	2876591	3196875
一	主变压器系统	80339	110467	190806	2876591	3067397
1	主变压器	80339	110467	190806	2876591	3067397
1.1	变压器本体	9056	98585	107641	2876591	2984232
1.7	母线	71283	11883	83165		83165

续表

序号	工程或费用名称	安装工程费			设备购置费	合计
		未计价材料费	安装费	小计		
六	电缆防护设施	64	108	172		172
2	电缆防火	64	108	172		172
七	全站接地	1586		1586		1586
1	接地网	1586		1586		1586
九	调试		127720	127720		127720
1	分系统调试		48758	48758		48758
3	特殊调试		78962	78962		78962
	合计	81989	238295	320284	2876591	3196875

表 4–28　典型方案 A1–4 建筑工程专业汇总表　金额单位：元

序号	工程或费用名称	建筑设备购置费	未计价材料费	建筑费	建筑工程费合计
	建筑工程		6714	42842	49555
二	主变压器及配电装置建筑		6714	42842	49555
1	主变压器系统		6714	42842	49555
1.1	构支架及基础		723	5379	6102
1.2	主变压器设备基础		5990	34561	40551
1.3	主变压器油坑及卵石			2902	2902
	合计		6714	42842	49555

表 4–29　典型方案 A1–4 拆除工程专业汇总表　金额单位：元

序号	工程或费用名称	拆除工程费
	拆除工程	27324
	建筑拆除	17687
二	主变压器及配电装置建筑	17687
1	主变压器系统	17687
1.1	构支架及基础	4715
1.2	主变压器设备基础	12972
	安装拆除	9636
一	主变压器系统	9636
1	主变压器	9636
1.1	变压器本体	9273
1.7	母线	363
	合计	27324

表 4-30　　典型方案 A1-4 其他费用估算表　　金额单位：元

序号	工程或费用项目名称	编制依据及计算说明	合价
2	项目管理费		60038
2.1	管理经费	（建筑工程费＋安装工程费＋拆除工程费）×3.53%	14020
2.2	招标费	（建筑工程费＋安装工程费＋拆除工程费）×1.81%	7189
2.3	工程监理费	（建筑工程费＋安装工程费＋拆除工程费）×4.41%	17515
2.4	设备材料监造费	设备购置费×0.8%	21315
3	项目技术服务费		231825
3.1	前期工作费	（建筑工程费＋安装工程费）×3.05%	11280
3.3	工程勘察设计费		205713
3.3.2	设计费	设计费×100%	205713
3.4	设计文件评审费		12726
3.4.1	初步设计文件评审费	基本设计费×3.5%	6102
3.4.2	施工图文件评审费	基本设计费×3.8%	6625
3.5	施工过程造价咨询及竣工结算审核费	（建筑工程费＋安装工程费＋拆除工程费）×0.53%	2105
	合计		291863

4.4.4　典型方案电气设备材料表

典型方案 A1-4 电气设备材料见表 4-31。

表 4-31　　典型方案 A1-4 电气设备材料表

序号	设备或材料名称	单位	数量	备注
	安装工程			
一	主变压器系统			
1	主变压器			
1.1	变压器本体			
500001148	110kV 油浸有载变压器，50MVA，110/35/10，一体	台	1	
100000023	110kV 软导线及引下线	组（三相）	1	
500006874	交流支柱绝缘子，AC20kV，瓷，12.5kN，非磁性，户外	只	12	
500014823	布电线，BVR，铜，2.5，1	km	0.100	
500020886	接触金具-母线伸缩节，MST-100×10	件	18	
500020924	母线金具-矩形母线固定金具，MWP-203	件	12	
500021518	电缆保护管，钢管，ϕ150	t	0.566	
500026831	铜排，TMY，100×10	t	0.960	
500011755	绝缘涂料，PRTV	t	0.018	
500063634	绝缘套管，AC10kV，冷缩，电缆，ϕ100	m	54	

续表

序号	设备或材料名称	单位	数量	备注
六	电缆防护设施			
2	电缆防火			
500011727	防火涂料	t	0.003	
500011738	防火堵料	t	0.006	
七	全站接地			
1	接地网			
500011000	扁钢，60mm，8mm，Q235－A	t	0.377	
	建筑工程			
二	主变压器及配电装置建筑			
1	主变压器系统			
1.1	构支架及基础			
C01020712	圆钢　ϕ10 以下	kg	687.888	
C01020713	圆钢　ϕ10 以上	kg	1040.300	

4.4.5 典型方案工程量表

典型方案 A1－4 工程量见表 4－32。

表 4－32　　典型方案 A1－4 工程量表

序号	项目名称	单位	数量	备注
	建筑工程			
二	主变压器及配电装置建筑			
1	主变压器系统			
1.1	构支架及基础			
JGT2－8	独立基础　钢筋混凝土基础	m^3	2	
JGT7－11	普通钢筋	t	0.205	
JGT9－36	不含土方、基础、支架　钢管设备支架	t	0.250	
1.2	主变压器设备基础			
JGT2－12	设备基础　变压器基础	m^3	30	
JGT7－11	普通钢筋	t	1.538	
1.3	主变压器油坑及卵石			
JYT8－12	地面垫层　油池铺填卵石	m^3	8.800	
	安装工程			
一	主变压器系统			
1	主变压器			
1.1	变压器本体			

续表

序号	项目名称	单位	数量	备注
JGD1－33	110kV 三绕组变压器安装　三相　容量（kVA 以下）50000	台	1	
JGD3－1	支持绝缘子安装　额定电压（kV）20	个	12	
JGD3－45	矩形铜母线安装　截面（mm^2）1000	m	36	
六	电缆防护设施			
2	电缆防火			
JGD7－10	电缆防火安装　防火堵料	t	0.006	
JGD7－11	电缆防火安装　防火涂料	t	0.003	
九	调试			
JGS1－3	电力变压器系统 110kV	系统	1	
3	特殊调试			
JGS1－319	变压器绝缘油试验 80000kVA	台	1	
JGS1－221	变压器特殊试验 110kV	台	1	
JGS1－332	气体继电器校验	只	2	
JGS1－337	相关温度计校验　热电阻温度计	只	2	
JGS1－335	相关温度计校验　绕组温度计	只	1	
	拆除工程			
一	建筑拆除			
2	主变压器及配电装置建筑			
2.1	主变压器系统			
JGT1－7	机械施工土方　土方运距　每增加 1km	m^3	64	
CYT3－2	拆除钢筋混凝土　基础	m^3	2	
CYT3－2	拆除钢筋混凝土　基础－变压器	m^3	30	
CYT4－7	拆除钢构支架	t	0.250	
二	安装拆除			
1	主变压器系统			
1.1	主变压器			
调 CYD1－15 R×0.5 C×0.5 J×0.5	110kV 三绕组变压器拆除　三相　容量（kVA 以下）50000	台	1	
调 CYD10－1 R×0.5 C×0.5 J×0.5	油设备放油	t	19.800	
调 CYD3－1 R×0.5 C×0.5 J×0.5	支持绝缘子拆除　电压 20kV 以下	柱	12	
调 CYD3－36 R×0.5 C×0.5 J×0.5	每相多片矩形母线拆除　每相二片　截面（mm^2 以下）1250	m	18	

4.5 A1-5 更换220kV三相三绕组180MVA变压器（220/110/35）

4.5.1 典型方案主要内容

本典型方案为更换1台220kV三相三绕组180MVA变压器（220/110/35）（三相为1台），内容包括一次、二次设备引线拆除、安装；变压器拆除、安装；变压器基础拆除、安装；变压器调试及试验；消防装置拆除、安装；防污闪喷涂；防火封堵；接地引下线更换。

4.5.2 典型方案主要技术条件

典型方案A1-5主要技术条件见表4-33。

表4-33　典型方案A1-5主要技术条件

方案名称	工程主要技术条件	
更换220kV三相三绕组180MVA变压器（220/110/35）	额定电压（kV）	220/110/35
	额定容量（MVA）	180
	相数	3
	绕组数	三绕组
	调压方式	有载
	系统中性点接地方式	直接接地
	冷却方式	ONAF
	安装场所	户外
	绝缘方式	油浸

4.5.3 典型方案估算书

估算投资为总投资，编制依据按第3章要求。典型方案A1-5估算书包括总估算汇总表、安装工程专业汇总表、建筑工程专业汇总表、拆除工程专业汇总表、其他费用估算表，分别见表4-34～表4-38。

表4-34　典型方案A1-5总估算汇总表　　金额单位：万元

序号	工程或费用名称	含税金额	占工程投资的比例（%）	不含税金额	可抵扣增值税金额
一	建筑工程费	45.12	5.01	41.39	3.73
二	安装工程费	41.46	4.61	38.04	3.42
三	拆除工程费	5.7	0.63	5.23	0.47
四	设备购置费	744.83	82.78	659.17	85.66
	其中：编制基准期价差	2.03	0.23	2.03	
五	小计	837.11	93.03	743.83	93.28
	其中：甲供设备材料费	744.83	82.78	659.17	85.66
六	其他费用	62.71	6.97	59.16	3.55

续表

序号	工程或费用名称	含税金额	占工程投资的比例（%）	不含税金额	可抵扣增值税金额
七	基本预备费				
八	特殊项目				
九	工程投资合计	899.82	100	802.99	96.83
	其中：可抵扣增值税金额	96.83			96.83
	其中：施工费	92.28	10.26	84.66	7.62

表 4-35　　典型方案 A1-5 安装工程专业汇总表　　金额单位：元

序号	工程或费用名称	安装工程费			设备购置费	合计
		未计价材料费	安装费	小计		
	安装工程	20943	393688	414630	7448299	7862929
一	主变压器系统	19482	205161	224643	7448299	7672942
1	主变压器	19482	205161	224643	7448299	7672942
1.1	变压器本体	11707	200223	211930	7448299	7660229
1.7	母线	7775	4938	12713		12713
六	电缆防护设施	57	113	170		170
2	电缆防火	57	113	170		170
七	全站接地	1404	126	1530		1530
1	接地网	1404	126	1530		1530
九	调试		188287	188287		188287
1	分系统调试		68001	68001		68001
3	特殊调试		120285	120285		120285
	合计	20943	393688	414630	7448299	7862929

表 4-36　　典型方案 A1-5 建筑工程专业汇总表　　金额单位：元

序号	工程或费用名称	建筑设备购置费	未计价材料费	建筑费	建筑工程费合计
	建筑工程		11706	439542	451248
二	主变压器及配电装置建筑		11706	89542	101248
1	主变压器系统		11706	89542	101248
1.1	构支架及基础		723	5834	6557
1.2	主变压器设备基础		10983	80226	91209
1.3	主变压器油坑及卵石			3482	3482
三	供水系统建筑			350000	350000
4	特殊消防系统			350000	350000
	合计		11706	439542	451248

表 4-37　　典型方案 A1-5 拆除工程专业汇总表　　金额单位：元

序号	工程或费用名称	拆除工程费
	拆除工程	56971
	建筑拆除	31341
二	主变压器及配电装置建筑	31341
1	主变压器系统	31341
1.1	构支架及基础	7558
1.2	主变压器设备基础	23782
	安装拆除	25630
一	主变压器系统	25630
1	主变压器	25630
1.1	变压器本体	25388
1.7	母线	242
	合计	56971

表 4-38　　典型方案 A1-5 其他费用估算表　　金额单位：元

序号	工程或费用项目名称	编制依据及计算说明	合价
2	项目管理费		147810
2.1	管理经费	（建筑工程费＋安装工程费＋拆除工程费）×3.53%	32577
2.2	招标费	（建筑工程费＋安装工程费＋拆除工程费）×1.81%	16704
2.3	工程监理费	（建筑工程费＋安装工程费＋拆除工程费）×4.41%	40698
2.4	设备材料监造费	设备购置费×0.8%	57832
3	项目技术服务费		479260
3.1	前期工作费	（建筑工程费＋安装工程费）×3.05%	26409
3.3	工程勘察设计费		421861
3.3.2	设计费	设计费×100%	421861
3.4	设计文件评审费		26098
3.4.1	初步设计文件评审费	基本设计费×3.5%	12513
3.4.2	施工图文件评审费	基本设计费×3.8%	13585
3.5	施工过程造价咨询及竣工结算审核费	（建筑工程费＋安装工程费＋拆除工程费）×0.53%	4891
	合计		627070

4.5.4　典型方案电气设备材料表

典型方案 A1-5 电气设备材料见表 4-39。

表 4-39　　**典型方案 A1-5 电气设备材料表**

序号	设备或材料名称	单位	数量	备注
	安装工程			
一	主变压器系统			
1	主变压器			
1.1	变压器本体			
500000791	220kV 三相油浸有载变压器，180MVA，220/110/35，一体	台	1	
100000023	110kV 软导线及引下线	组（三相）	1	
100000024	220kV 软导线及引下线	组（三相）	1	
500006909	交流支柱绝缘子，AC35kV，瓷，12.5kN，非磁性，户外	只	12	
500014823	布电线，BVR，铜，2.5，1	km	0.100	
500020866	接触金具－母线伸缩节，MS－100×10	件	6	
500020925	母线金具－矩形母线固定金具，MWP－204	件	12	
500021509	电缆保护管，钢管，ϕ100	t	0.400	
500026831	铜排，TMY，100×10	t	0.110	
500011755	绝缘涂料，PRTV	t	0.036	
500063634	绝缘套管，AC10kV，冷缩，电缆，ϕ100	m	36	
六	电缆防护设施			
2	电缆防火			
500011727	防火涂料	t	0.003	
500011738	防火堵料	t	0.006	
七	全站接地			
1	接地网			
500011000	扁钢，60mm，8mm，Q235－A	t	0.377	
	建筑工程			
二	主变压器及配电装置建筑			
1	主变压器系统			
1.1	构支架及基础			
C01020712	圆钢　ϕ10 以下	kg	1248.888	
C01020713	圆钢　ϕ10 以上	kg	1761.300	

4.5.5 典型方案工程量表

典型方案 A1－5 工程量见表 4－40。

表 4-40　　**典型方案 A1-5 工程量表**

序号	项目名称	单位	数量	备注
	建筑工程			
二	主变压器及配电装置建筑			

续表

序号	项目名称	单位	数量	备注
1	主变压器系统			
1.1	构支架及基础			
JGT2－8	独立基础　钢筋混凝土基础	m^3	2	
JGT7－11	普通钢筋	t	0.208	
JGT9－36	不含土方、基础、支架　钢管设备支架	t	0.300	
1.2	主变压器设备基础			
JGT2－12	设备基础　变压器基础	m^3	55	
JGT7－11	普通钢筋	t	5.460	
1.3	主变压器油坑及卵石			
JYT8－12	地面垫层　油池铺填卵石	m^3	10.560	
三	供水系统建筑			
4	特殊消防系统			
500010599	变压器灭火装置，水喷雾灭火系统	项	1	按 350000 元计列
	安装工程			
一	主变压器系统			
1	主变压器			
1.1	变压器本体			
JGD1－47	220kV 三绕组变压器安装　容量（kVA 以下）180000	台	1	
JGD3－2	支持绝缘子安装　额定电压（kV）35	个	12	
JGD3－46	矩形铜母线安装　截面（mm^2）1250	m	12	
六	电缆防护设施			
2	电缆防火			
JGD7－10	电缆防火安装　防火堵料	t	0.006	
JGD7－11	电缆防火安装　防火涂料	t	0.003	
九	调试			
JGS1－4	电力变压器系统 220kV	系统	1	
3	特殊调试			
JGS1－320	变压器绝缘油试验 240000kVA	系统	1	
JGS1－222	变压器特殊试验 220kV	台	1	
JGS1－332	气体继电器校验	只	2	
JGS1－337	相关温度计校验　热电阻温度计	只	2	
JGS1－335	相关温度计校验　绕组温度计	只	1	
	拆除工程			

续表

序号	项目名称	单位	数量	备注
一	建筑拆除			
2	主变压器及配电装置建筑			
2.1	主变压器系统			
调 JGT1－7	机械施工土方　土方运距　每增加 1km	m^3	114	
CYT3－2	拆除钢筋混凝土　基础	m^3	2	
CYT3－2	拆除钢筋混凝土　基础－变压器	m^3	55	
CYT4－7	拆除钢构支架	t	0.250	
二	安装拆除			
1	主变压器系统			
1.1	主变压器			
调 CYD1－34 R×0.5 C×0.5 J×0.5	220kV 三绕组变压器拆除　三相　容量（kVA 以下）180000	台	1	
调 CYD10－1 R×0.5 C×0.5 J×0.5	油设备放油	t	54	
调 CYD3－2 R×0.5 C×0.5 J×0.5	支持绝缘子拆除　电压 35kV	柱	12	
调 CYD3－36 R×0.5 C×0.5 J×0.5	每相多片矩形母线拆除　每相二片　截面（mm^2 以下）1250	m	12	
调 CYD4－1 R×0.5 C×0.5 J×0.5	控制保护屏拆除　保护二次屏（柜）	台	1	

4.6 A1－6 更换 220kV 三相三绕组 180MVA 变压器（220/110/10）

4.6.1 典型方案主要内容

本典型方案为更换 1 台 220kV 三相三绕组 180MVA 变压器（220/110/10）（三相为 1 台），内容包括一次、二次设备引线拆除、安装；变压器拆除、安装；变压器基础拆除、安装；变压器调试及试验；消防装置拆除、安装；防污闪喷涂；防火封堵；接地引下线更换。

4.6.2 典型方案主要技术条件

典型方案 A1－6 主要技术条件见表 4－41。

表 4-41 典型方案 A1-6 主要技术条件

方案名称	工程主要技术条件	
更换 220kV 三相三绕组 180MVA 变压器（220/110/10）	额定电压（kV）	220/110/10
	额定容量（MVA）	180
	相数	3
	绕组数	三绕组
	调压方式	有载
	系统中性点接地方式	直接接地
	冷却方式	ONAF
	安装场所	户外
	绝缘方式	油浸
	工作条件	环境温度－25～40℃
	海拔	1000m 以上

4.6.3 典型方案估算书

估算投资为总投资，编制依据按第 3 章要求。典型方案 A1-6 估算书包括总估算汇总表、安装工程专业汇总表、建筑工程专业汇总表、拆除工程专业汇总表、其他费用估算表，分别见表 4-42～表 4-46。

表 4-42 典型方案 A1-6 总估算汇总表 金额单位：万元

序号	工程或费用名称	含税金额	占工程投资的比例（%）	不含税金额	可抵扣增值税金额
一	建筑工程费	45.12	4.94	41.39	3.73
二	安装工程费	43.22	4.74	39.65	3.57
三	拆除工程费	5.69	0.62	5.22	0.47
四	设备购置费	754.94	82.73	668.12	86.82
	其中：编制基准期价差	2.02	0.22	2.02	
五	小计	848.97	93.04	754.38	94.59
	其中：甲供设备材料费	754.94	82.73	668.12	86.82
六	其他费用	63.54	6.96	59.94	3.6
七	基本预备费				
八	特殊项目				
九	工程投资合计	912.51	100	814.32	98.19
	其中：可抵扣增值税金额	98.19			98.19
	其中：施工费	94.03	10.3	86.27	7.76

表 4-43　　典型方案 A1-6 安装工程专业汇总表　　金额单位：元

序号	工程或费用名称	安装工程费			设备购置费	合计
		未计价材料费	安装费	小计		
	安装工程	37935	394252	432187	7549425	7981612
一	主变压器系统	36474	205725	242200	7549425	7791625
1	主变压器	36474	205725	242200	7549425	7791625
1.1	变压器本体	10566	199155	209721	7549425	7759146
1.7	母线	25909	6570	32479		32479
六	电缆防护设施	57	113	170		170
2	电缆防火	57	113	170		170
七	全站接地	1404	126	1530		1530
1	接地网	1404	126	1530		1530
九	调试		188287	188287		188287
1	分系统调试		68001	68001		68001
3	特殊调试		120285	120285		120285
	合计	37935	394252	432187	7549425	7981612

表 4-44　　典型方案 A1-6 建筑工程专业汇总表　　金额单位：元

序号	工程或费用名称	建筑设备购置费	未计价材料费	建筑费	建筑工程费合计
	建筑工程		11706	439542	451248
二	主变压器及配电装置建筑		11706	89542	101248
1	主变压器系统		11706	89542	101248
1.1	构支架及基础		723	5834	6557
1.2	主变压器设备基础		10983	80226	91209
1.3	主变压器油坑及卵石			3482	3482
三	供水系统建筑			350000	350000
4	特殊消防系统			350000	350000
	合计		11706	439542	451248

表 4-45　　典型方案 A1-6 拆除工程专业汇总表　　金额单位：元

序号	工程或费用名称	拆除工程费
	拆除工程	56905
	建筑拆除	31341
二	主变压器及配电装置建筑	31341
1	主变压器系统	31341
1.1	构支架及基础	7558
1.2	主变压器设备基础	23782

续表

序号	工程或费用名称	拆除工程费
	安装拆除	25565
一	主变压器系统	25565
1	主变压器	25565
1.1	变压器本体	25322
1.7	母线	242
	合计	56905

表 4-46　　典型方案 A1-6 其他费用估算表　　金额单位：元

序号	工程或费用项目名称	编制依据及计算说明	合价
2	项目管理费		151246
2.1	管理经费	（建筑工程费＋安装工程费＋拆除工程费）×3.53%	33194
2.2	招标费	（建筑工程费＋安装工程费＋拆除工程费）×1.81%	17020
2.3	工程监理费	（建筑工程费＋安装工程费＋拆除工程费）×4.41%	41469
2.4	设备材料监造费	设备购置费×0.8%	59562
3	项目技术服务费		484169
3.1	前期工作费	（建筑工程费＋安装工程费）×3.05%	26945
3.3	工程勘察设计费		425893
3.3.2	设计费	设计费×100%	425893
3.4	设计文件评审费		26348
3.4.1	初步设计文件评审费	基本设计费×3.5%	12632
3.4.2	施工图文件评审费	基本设计费×3.8%	13715
3.5	施工过程造价咨询及竣工结算审核费	（建筑工程费＋安装工程费＋拆除工程费）×0.53%	4984
	合计		635415

4.6.4　典型方案电气设备材料表

典型方案 A1-6 电气设备材料见表 4-47。

表 4-47　　典型方案 A1-6 电气设备材料表

序号	设备或材料名称	单位	数量	备注
	安装工程			
一	主变压器系统			
1	主变压器			
1.1	变压器本体			
500000844	220kV 三相油浸有载变压器 180MVA，220/110/10，一体	台	1	

续表

序号	设备或材料名称	单位	数量	备注
100000023	110kV 软导线及引下线	组（三相）	1	
100000024	220kV 软导线及引下线	组（三相）	1	
500006874	交流支柱绝缘子，AC20kV，瓷，12.5kN，非磁性，户外	只	12	
500014823	布电线，BVR，铜，2.5，1	km	0.100	
500020871	接触金具－母线伸缩节，MS－125×10	件	6	
500028493	母线金具－矩形母线固定金具，MWP－304	件	12	
500021509	电缆保护管，钢管，ϕ100	t	0.400	
500028598	铜排，TMY，125×10	t	0.390	
500011755	绝缘涂料，PRTV	t	0.036	
500022094	绝缘套管，AC10kV，冷缩，电缆，ϕ125	m	36	
六	电缆防护设施			
2	电缆防火			
500011727	防火涂料	t	0.003	
500011738	防火堵料	t	0.006	
七	全站接地			
1	接地网			
500011000	扁钢，60mm，8mm，Q235－A	t	0.377	
	建筑工程			
二	主变压器及配电装置建筑			
1	主变压器系统			
1.1	构支架及基础			
C01020712	圆钢　ϕ10 以下	kg	1248.888	
C01020713	圆钢　ϕ10 以上	kg	1761.300	

4.6.5 典型方案工程量表

典型方案 A1－6 工程量见表 4－48。

表 4－48　　典型方案 A1－6 工程量表

序号	项目名称	单位	数量	备注
	建筑工程			
二	主变压器及配电装置建筑			
1	主变压器系统			
1.1	构支架及基础			
JGT2－8	独立基础　钢筋混凝土基础	m^3	2	
JGT7－11	普通钢筋	t	0.208	

续表

序号	项目名称	单位	数量	备注
JGT9－36	不含土方、基础、支架　钢管设备支架	t	0.300	
1.2	主变压器设备基础			
JGT2－12	设备基础　变压器基础	m^3	55	
JGT7－11	普通钢筋	t	5.460	
1.3	主变压器油坑及卵石			
JYT8－12	地面垫层　油池铺填卵石	m^3	10.560	
三	供水系统建筑			
4	特殊消防系统			
500010599	变压器灭火装置，水喷雾灭火系统	项	1	按350000元计列
	安装工程			
一	主变压器系统			
1	主变压器			
1.1	变压器本体			
JGD1－47	220kV三绕组变压器安装　三相　容量（kVA以下）180000	台	1	
JGD3－1	支持绝缘子安装　额定电压（kV）20	个	12	
JGD3－46	矩形铜母线安装　截面（mm^2）1250	m	12	
六	电缆防护设施			
2	电缆防火			
JGD7－10	电缆防火安装　防火堵料	t	0.006	
JGD7－11	电缆防火安装　防火涂料	t	0.003	
九	调试			
JGS1－4	电力变压器系统 220kV	系统	1	
3	特殊调试			
JGS1－320	变压器绝缘油试验 240000kVA	系统	1	
JGS1－222	变压器特殊试验 220kV	台	1	
JGS1－332	气体继电器校验	只	2	
JGS1－337	相关温度计校验　热电阻温度计	只	2	
JGS1－335	相关温度计校验　绕组温度计	只	1	
	拆除工程			
一	建筑拆除			
2	主变压器及配电装置建筑			
2.1	主变压器系统			
JGT1－7	机械施工土方　土方运距　每增加1km	m^3	114	
CYT3－2	拆除钢筋混凝土　基础	m^3	2	

续表

序号	项目名称	单位	数量	备注
CYT3－2	拆除钢筋混凝土 基础－变压器	m^3	55	
CYT4－7	拆除钢构支架	t	0.250	
二	安装拆除			
1	主变压器系统			
1.1	主变压器			
调 CYD1－34 R×0.5 C×0.5 J×0.5	220kV 三绕组变压器拆除 三相 容量（kVA 以下）180000	台	1	
调 CYD10－1 R×0.5 C×0.5 J×0.5	油设备放油	t	54	
调 CYD3－1 R×0.5 C×0.5 J×0.5	支持绝缘子拆除 电压 20kV	柱	12	
调 CYD3－36 R×0.5 C×0.5 J×0.5	每相多片矩形母线拆除 每相二片 截面（mm^2 以下）1250	m	12	
调 CYD4－1 R×0.5 C×0.5 J×0.5	控制保护屏拆除 保护二次屏（柜）	台	1	

4.7 A1－7 更换 220kV 三相三绕组 240MVA 变压器（220/110/35）

4.7.1 典型方案主要内容

本典型方案为更换 1 台 220kV 三相三绕组 240MVA 变压器（220/110/35）（三相为 1 台），内容包括一次、二次设备引线拆除、安装；变压器拆除、安装；变压器基础拆除、安装；变压器调试及试验；消防装置拆除、安装；防污闪喷涂；防火封堵；接地引下线更换。

4.7.2 典型方案主要技术条件

典型方案 A1－7 主要技术条件见表 4－49。

表 4－49　典型方案 A1－7 主要技术条件

方案名称	工程主要技术条件	
更换 220kV 三相三绕组 240MVA 变压器（220/110/35）	额定电压（kV）	220/110/35
	额定容量（MVA）	240
	相数	3
	绕组数	三绕组

续表

方案名称	工程主要技术条件	
更换 220kV 三相三绕组 240MVA 变压器（220/110/35）	调压方式	有载
	系统中性点接地方式	直接接地
	冷却方式	ONAF
	安装场所	户外
	绝缘方式	油浸
	工作条件	环境温度－25～40℃
	海拔	1000m 以上

4.7.3 典型方案估算书

估算投资为总投资，编制依据按第 3 章要求。典型方案 A1－7 估算书包括总估算汇总表、安装工程专业汇总表、建筑工程专业汇总表、拆除工程专业汇总表、其他费用估算表，分别见表 4－50～表 4－54。

表 4－50　　典型方案 A1－7 总估算汇总表　　金额单位：万元

序号	工程或费用名称	含税金额	占工程投资的比例（%）	不含税金额	可抵扣增值税金额
一	建筑工程费	45.12	4.24	41.39	3.73
二	安装工程费	45.71	4.3	41.94	3.77
三	拆除工程费	5.86	0.55	5.38	0.48
四	设备购置费	902.83	84.83	799	103.83
	其中：编制基准期价差	2.1	0.2	2.1	
五	小计	999.52	93.92	887.71	111.81
	其中：甲供设备材料费	902.83	84.83	799	103.83
六	其他费用	64.72	6.08	61.06	3.66
七	基本预备费				
八	特殊项目				
九	工程投资合计	1064.24	100	948.77	115.47
	其中：可抵扣增值税金额	115.47			115.47
	其中：施工费	96.69	9.09	88.71	7.98

表 4－51　　典型方案 A1－7 安装工程专业汇总表　　金额单位：元

序号	工程或费用名称	安装工程费			设备购置费	合计
		未计价材料费	安装费	小计		
	安装工程	38932	418127	457059	9028271	9485330
一	主变压器系统	37471	229601	267072	9028271	9295343

续表

序号	工程或费用名称	安装工程费			设备购置费	合计
		未计价材料费	安装费	小计		
1	主变压器	37471	229601	267072	9028271	9295343
1.1	变压器本体	11707	223044	234750	9028271	9263022
1.7	母线	25765	6557	32322		32322
六	电缆防护设施	57	113	170		170
2	电缆防火	57	113	170		170
七	全站接地	1404	126	1530		1530
1	接地网	1404	126	1530		1530
九	调试		188287	188287		188287
1	分系统调试		68001	68001		68001
3	特殊调试		120285	120285		120285
	合计	38932	418127	457059	9028271	9485330

表 4-52　　典型方案 A1-7 建筑工程专业汇总表　　金额单位：元

序号	工程或费用名称	建筑设备购置费	未计价材料费	建筑费	建筑工程费合计
	建筑工程		11706	439542	451248
二	主变压器及配电装置建筑		11706	89542	101248
1	主变压器系统		11706	89542	101248
1.1	构支架及基础		723	5834	6557
1.2	主变压器设备基础		10983	80226	91209
1.3	主变压器油坑及卵石			3482	3482
三	供水系统建筑			350000	350000
4	特殊消防系统			350000	350000
	合计		11706	439542	451248

表 4-53　　典型方案 A1-7 拆除工程专业汇总表　　金额单位：元

序号	工程或费用名称	拆除工程费
	拆除工程	58624
	建筑拆除	31341
二	主变压器及配电装置建筑	31341
1	主变压器系统	31341
1.1	构支架及基础	7558
1.2	主变压器设备基础	23782
	安装拆除	27284
一	主变压器系统	27284

续表

序号	工程或费用名称	拆除工程费
1	主变压器	27284
1.1	变压器本体	27041
1.7	母线	242
	合计	58624

表 4-54　　典型方案 A1-7 其他费用估算表　　金额单位：元

序号	工程或费用项目名称	编制依据及计算说明	合价
2	项目管理费		163642
2.1	管理经费	（建筑工程费＋安装工程费＋拆除工程费）×3.53%	34133
2.2	招标费	（建筑工程费＋安装工程费＋拆除工程费）×1.81%	17501
2.3	工程监理费	（建筑工程费＋安装工程费＋拆除工程费）×4.41%	42642
2.4	设备材料监造费	设备购置费×0.8%	69367
3	项目技术服务费		483519
3.1	前期工作费	（建筑工程费＋安装工程费）×3.05%	27703
3.3	工程勘察设计费		424434
3.3.2	设计费	设计费×100%	424434
3.4	设计文件评审费		26257
3.4.1	初步设计文件评审费	基本设计费×3.5%	12589
3.4.2	施工图文件评审费	基本设计费×3.8%	13668
3.5	施工过程造价咨询及竣工结算审核费	（建筑工程费＋安装工程费＋拆除工程费）×0.53%	5125
	合计		647162

4.7.4　典型方案电气设备材料表

典型方案 A1-7 电气设备材料见表 4-55。

表 4-55　　典型方案 A1-7 电气设备材料表

序号	设备或材料名称	单位	数量	备注
	安装工程			
一	主变压器系统			
1	主变压器			
1.1	变压器本体			
500000797	220kV 三相油浸有载变压器，240MVA，220/110/35，一体	台	1	
100000023	110kV 软导线及引下线	组（三相）	1	
100000024	220kV 软导线及引下线	组（三相）	1	
500006909	交流支柱绝缘子，AC35kV，瓷，12.5kN，非磁性，户外	只	12	

续表

序号	设备或材料名称	单位	数量	备注
500014823	布电线，BVR，铜，2.5，1	km	0.100	
500020866	接触金具–母线伸缩节，MS–100×10	件	6	
500020925	母线金具–矩形母线固定金具，MWP–204	件	12	
500021509	电缆保护管，钢管，ϕ100	t	0.400	
500028598	铜排，TMY，125×10	t	0.390	
500011755	绝缘涂料，PRTV	t	0.036	
500063634	绝缘套管，AC10kV，冷缩，电缆，ϕ100	m	36	
六	电缆防护设施			
2	电缆防火			
500011727	防火涂料	t	0.003	
500011738	防火堵料	t	0.006	
七	全站接地			
1	接地网			
500011000	扁钢，60mm，8mm，Q235–A	t	0.377	
	建筑工程			
二	主变压器及配电装置建筑			
1	主变压器系统			
1.1	构支架及基础			
C01020712	圆钢　ϕ10 以下	kg	1248.888	
C01020713	圆钢　ϕ10 以上	kg	1761.300	

4.7.5 典型方案工程量表

典型方案 A1–7 工程量见表 4–56。

表 4–56　　典型方案 A1–7 工程量表

序号	项目名称	单位	数量	备注
	建筑工程			
二	主变压器及配电装置建筑			
1	主变压器系统			
1.1	构支架及基础			
JGT2–8	独立基础　钢筋混凝土基础	m^3	2	
JGT7–11	普通钢筋	t	0.208	
JGT9–36	不含土方、基础、支架　钢管设备支架	t	0.300	
1.2	主变压器设备基础			
JGT2–12	设备基础　变压器基础	m^3	55	

续表

序号	项目名称	单位	数量	备注
JGT7－11	普通钢筋	t	5.460	
1.3	主变压器油坑及卵石			
JYT8－12	地面垫层　油池铺填卵石	m^3	10.560	
三	供水系统建筑			
4	特殊消防系统			
500010599	变压器灭火装置，水喷雾灭火系统	项	1	按 350000 元计列
	安装工程			
一	主变压器系统			
1	主变压器			
1.1	变压器本体			
JGD1－48	220kV 三绕组变压器安装　三相　容量（kVA 以下）240000	台	1	
JGD3－2	支持绝缘子安装　额定电压（kV）35	个	12	
JGD3－46	矩形铜母线安装　截面（mm^2）1250	m	12	
六	电缆防护设施			
2	电缆防火			
JGD7－10	电缆防火安装　防火堵料	t	0.006	
JGD7－11	电缆防火安装　防火涂料	t	0.003	
九	调试			
JGS1－4	电力变压器系统 220kV	系统	1	
3	特殊调试			
JGS1－320	变压器绝缘油试验 240000kVA	系统	1	
JGS1－222	变压器特殊试验 220kV	台	1	
JGS1－332	气体继电器校验	只	2	
JGS1－337	相关温度计校验　热电阻温度计	只	2	
JGS1－335	相关温度计校验　绕组温度计	只	1	
	拆除工程			
一	建筑拆除			
2	主变压器及配电装置建筑			
2.1	主变压器系统			
调 JGT1－7 R×20 C×20 J×20	机械施工土方　土方运距　每增加 1km	m^3	114	
CYT3－2	拆除钢筋混凝土　基础	m^3	2	

续表

序号	项目名称	单位	数量	备注
CYT3－2	拆除钢筋混凝土　基础－变压器	m^3	55	
CYT4－7	拆除钢构支架	t	0.250	
二	安装拆除			
1	主变压器系统			
1.1	主变压器			
调 CYD1－35 R×0.5 C×0.5 J×0.5	220kV 三绕组变压器拆除　三相　容量（kVA 以下）240000	台	1	
调 CYD10－1 R×0.5 C×0.5 J×0.5	油设备放油	t	58.500	
调 CYD3－2 R×0.5 C×0.5 J×0.5	支持绝缘子拆除　电压 35kV	柱	12	
调 CYD3－36 R×0.5 C×0.5 J×0.5	每相多片矩形母线拆除　每相二片　截面（mm^2 以下）1250	m	12	
调 CYD4－1 R×0.5 C×0.5 J×0.5	控制保护屏拆除　保护二次屏（柜）	台	1	
六	电缆防护设施			
2	电缆防火			
JGD7－10	电缆防火安装　防火堵料	t	0.006	
JGD7－11	电缆防火安装　防火涂料	t	0.003	
九	调试			
JGS1－4	电力变压器系统 220kV	系统	1	

4.8 A1-8 更换 220kV 三相三绕组 240MVA 变压器（220/110/10）

4.8.1 典型方案主要内容

本典型方案为更换 1 台 220kV 三相三绕组 240MVA 变压器（220/110/10）（三相为 1 台），内容包括一次、二次设备引线拆除、安装；变压器拆除、安装；变压器基础拆除、安装；变压器调试及试验；消防装置拆除、安装；防污闪喷涂；防火封堵；接地引下线更换。

4.8.2 典型方案主要技术条件

典型方案 A1－8 主要技术条件见表 4－57。

表 4-57　　典型方案 A1-8 主要技术条件

方案名称	工程主要技术条件	
更换 220kV 三相三绕组 240MVA 变压器（220/110/10）	额定电压（kV）	220/110/10
	额定容量（MVA）	240
	相数	3
	绕组数	三绕组
	调压方式	有载
	系统中性点接地方式	直接接地
	冷却方式	ONAF
	安装场所	户外
	绝缘方式	油浸
	工作条件	环境温度－25～40℃
	海拔	1000m 以上

4.8.3 典型方案估算书

估算投资为总投资，编制依据按第 3 章要求。典型方案 A1-8 估算书包括总估算汇总表、安装工程专业汇总表、建筑工程专业汇总表、拆除工程专业汇总表、其他费用估算表，分别见表 4-58～表 4-62。

表 4-58　　典型方案 A1-8 总估算汇总表　　金额单位：万元

序号	工程或费用名称	含税金额	占工程投资的比例（%）	不含税金额	可抵扣增值税金额
一	建筑工程费	45.15	4.14	41.42	3.73
二	安装工程费	45.5	4.17	41.74	3.76
三	拆除工程费	5.86	0.54	5.38	0.48
四	设备购置费	929.56	85.23	822.66	106.9
	其中：编制基准期价差	2.13	0.2	2.13	
五	小计	1026.07	94.07	911.2	114.87
	其中：甲供设备材料费	929.56	85.23	822.66	106.9
六	其他费用	64.63	5.93	60.97	3.66
七	基本预备费				
八	特殊项目				
九	工程投资合计	1090.7	100	972.17	118.53
	其中：可抵扣增值税金额	118.53			118.53

表 4－59　　典型方案 A1－8 安装工程专业汇总表　　金额单位：元

序号	工程或费用名称	安装工程费			设备购置费	合计
		未计价材料费	安装费	小计		
	安装工程	37935	417072	455007	9295605	9750612
一	主变压器系统	36474	228546	265020	9295605	9560625
1	主变压器	36474	228546	265020	9295605	9560625
1.1	变压器本体	10566	221976	232542	9295605	9528147
1.7	母线	25909	6570	32479		32479
六	电缆防护设施	57	113	170		170
2	电缆防火	57	113	170		170
七	全站接地	1404	126	1530		1530
1	接地网	1404	126	1530		1530
九	调试		188287	188287		188287
1	分系统调试		68001	68001		68001
3	特殊调试		120285	120285		120285
	合计	37935	417072	455007	9295605	9750612

表 4－60　　典型方案 A1－8 建筑工程专业汇总表　　金额单位：元

序号	工程或费用名称	建筑设备购置费	未计价材料费	建筑费	建筑工程费合计
	建筑工程		11706	439833	451538
二	主变压器及配电装置建筑		11706	89833	101538
1	主变压器系统		11706	89833	101538
1.1	构支架及基础		723	5834	6557
1.2	主变压器设备基础		10983	80517	91499
1.3	主变压器油坑及卵石			3482	3482
三	供水系统建筑			350000	350000
4	特殊消防系统			350000	350000
	合计		11706	439833	451538

表 4－61　　典型方案 A1－8 拆除工程专业汇总表　　金额单位：元

序号	工程或费用名称	拆除工程费
	拆除工程	58559
	建筑拆除	31341
二	主变压器及配电装置建筑	31341
1	主变压器系统	31341
1.1	构支架及基础	7558
1.2	主变压器设备基础	23782

续表

序号	工程或费用名称	拆除工程费
	安装拆除	27218
一	主变压器系统	27218
1	主变压器	27218
1.1	变压器本体	26976
1.7	母线	242
	合计	58559

表 4-62　　典型方案 A1-8 其他费用估算表　　金额单位：元

序号	工程或费用项目名称	编制依据及计算说明	合价
2	项目管理费		164898
2.1	管理经费	（建筑工程费＋安装工程费＋拆除工程费）×3.53%	34068
2.2	招标费	（建筑工程费＋安装工程费＋拆除工程费）×1.81%	17468
2.3	工程监理费	（建筑工程费＋安装工程费＋拆除工程费）×4.41%	42561
2.4	设备材料监造费	设备购置费×0.8%	70800
3	项目技术服务费		481446
3.1	前期工作费	（建筑工程费＋安装工程费）×3.05%	27650
3.3	工程勘察设计费		422541
3.3.2	设计费	设计费×100%	422541
3.4	设计文件评审费		26140
3.4.1	初步设计文件评审费	基本设计费×3.5%	12533
3.4.2	施工图文件评审费	基本设计费×3.8%	13607
3.5	施工过程造价咨询及竣工结算审核费	（建筑工程费＋安装工程费＋拆除工程费）×0.53%	5115
	合计		646344

4.8.4　典型方案电气设备材料表

典型方案 A1-8 电气设备材料见表 4-63。

表 4-63　　典型方案 A1-8 电气设备材料表

序号	设备或材料名称	单位	数量	备注
	安装工程			
一	主变压器系统			
1	主变压器			
1.1	变压器本体			
500000845	220kV 三相油浸有载变压器，240MVA，220/110/10，一体	台	1	

续表

序号	设备或材料名称	单位	数量	备注
100000023	110kV 软导线及引下线	组（三相）	1	
100000024	220kV 软导线及引下线	组（三相）	1	
500006874	交流支柱绝缘子，AC20kV，瓷，12.5kN，非磁性，户外	只	12	
500014823	布电线，BVR，铜，2.5，1	km	0.100	
500020871	接触金具－母线伸缩节，MS－125×10	件	6	
500028493	母线金具－矩形母线固定金具，MWP－304	件	12	
500021509	电缆保护管，钢管，ϕ100	t	0.400	
500028598	铜排，TMY，125×10	t	0.390	
500011755	绝缘涂料，PRTV	t	0.036	
500022094	绝缘套管，AC10kV，冷缩，电缆，ϕ125	m	36	
六	电缆防护设施			
2	电缆防火			
500011727	防火涂料	t	0.003	
500011738	防火堵料	t	0.006	
七	全站接地			
1	接地网			
500011000	扁钢，60mm，8mm，Q235－A	t	0.377	
	建筑工程			
二	主变压器及配电装置建筑			
1	主变压器系统			
1.1	构支架及基础			
C01020712	圆钢　ϕ10 以下	kg	1248.888	
C01020713	圆钢　ϕ10 以上	kg	1761.300	

4.8.5 典型方案工程量表

典型方案 A1－8 工程量见表 4－64。

表 4－64　　典型方案 A1－8 工程量表

序号	项目名称	单位	数量	备注
	建筑工程			
二	主变压器及配电装置建筑			
1	主变压器系统			
1.1	构支架及基础			
JGT2－8	独立基础　钢筋混凝土基础	m^3	2	
JGT7－11	普通钢筋	t	0.208	

续表

序号	项目名称	单位	数量	备注
JGT9－36	不含土方、基础、支架　钢管设备支架	t	0.300	
1.2	主变压器设备基础			
JGT2－12	设备基础　变压器基础	m^3	55	
JGT7－11	普通钢筋	t	5.460	
1.3	主变压器油坑及卵石			
JYT8－12	地面垫层　油池铺填卵石	m^3	10.560	
三	供水系统建筑			
4	特殊消防系统			
500010599	变压器灭火装置，水喷雾灭火系统	项	1	按350000元计列
	安装工程			
一	主变压器系统			
1	主变压器			
1.1	变压器本体			
JGD1－48	220kV三绕组变压器安装　三相　容量（kVA以下）240000	台	1	
JGD3－1	支持绝缘子安装　额定电压（kV）20	个	12	
JGD3－4	矩形铜母线安装　截面（mm^2）1250	m	12	
六	电缆防护设施			
2	电缆防火			
JGD7－10	电缆防火安装　防火堵料	t	0.006	
JGD7－11	电缆防火安装　防火涂料	t	0.003	
九	调试			
JGS1－4	电力变压器系统 220kV	系统	1	
3	特殊调试			
JGS1－320	变压器绝缘油试验 240000kVA	系统	1	
JGS1－222	变压器特殊试验 220kV	台	1	
JGS1－332	气体继电器校验	只	2	
JGS1－337	相关温度计校验　热电阻温度计	只	2	
JGS1－335	相关温度计校验　绕组温度计	只	1	
	拆除工程			
一	建筑拆除			
2	主变压器及配电装置建筑			
2.1	主变压器系统			
JGT1－7	机械施工土方　土方运距　每增加1km	m^3	114	
CYT3－2	拆除钢筋混凝土　基础	m^3	2	

续表

序号	项目名称	单位	数量	备注
CYT3－2	拆除钢筋混凝土　基础－变压器	m^3	55	
CYT4－7	拆除钢构支架	t	0.250	
二	安装拆除			
1	主变压器系统			
1.1	主变压器			
调 CYD1－35 R×0.5 C×0.5 J×0.5	220kV 三绕组变压器拆除　三相　容量（kVA 以下）240000	台	1	
调 CYD10－1 R×0.5 C×0.5 J×0.5	油设备放油	t	58.500	
调 CYD3－1 R×0.5 C×0.5 J×0.5	支持绝缘子拆除　电压 20kV	柱	12	
调 CYD3－36 R×0.5 C×0.5 J×0.5	每相多片矩形母线拆除　每相二片　截面（mm^2 以下）1250	m	12	
调 CYD4－1 R×0.5 C×0.5 J×0.5	控制保护屏拆除　保护二次屏（柜）	台	1	

4.9 A1－9 更换 500kV 单相三绕组 250MVA 变压器（500/220/35）

4.9.1 典型方案主要内容

本典型方案为更换 1 组 500kV 单相三绕组 250MVA 变压器（500/220/35）（三相为一组），内容包括一次、二次设备引线拆除、安装；变压器拆除、安装；变压器基础拆除、安装；变压器调试及试验；消防装置拆除、安装；防污闪喷涂；防火封堵；接地引下线更换。

4.9.2 典型方案主要技术条件

典型方案 A1－9 主要技术条件见表 4－65。

表 4－65　典型方案 A1－9 主要技术条件

方案名称	工程主要技术条件	
更换 500kV 单相三绕组 250MVA 变压器（500/220/35）	额定电压（kV）	500/220/35
	额定容量（MVA）	250
	相数	3
	绕组数	三绕组

续表

方案名称	工程主要技术条件	
更换500kV单相三绕组250MVA变压器（500/220/35）	调压方式	无载
	系统中性点接地方式	直接接地
	冷却方式	ONAF
	安装场所	户外
	绝缘方式	油浸
	工作条件	环境温度－25～40℃
	海拔	1000m以上

4.9.3 典型方案估算书

估算投资为总投资，编制依据按第3章要求。典型方案A1－9估算书包括总估算汇总表、安装工程专业汇总表、建筑工程专业汇总表、拆除工程专业汇总表、其他费用估算表，分别见表4－66～表4－70。

表4－66　　典型方案A1－9总估算汇总表　　金额单位：万元

序号	工程或费用名称	含税金额	占工程投资的比例（%）	不含税金额	可抵扣增值税金额
一	建筑工程费	68.05	2.58	62.43	5.62
二	安装工程费	168.22	6.39	154.33	13.89
三	拆除工程费	20.84	0.79	19.12	1.72
四	设备购置费	2222.78	84.39	1967.25	255.53
	其中：编制基准期价差	8	0.3	8	
五	小计	2479.89	94.15	2203.13	276.76
	其中：甲供设备材料费	2222.78	84.39	1967.25	255.53
六	其他费用	154.16	5.85	145.43	8.73
七	基本预备费				
八	特殊项目				
九	工程投资合计	2634.05	100	2348.56	285.49
	其中：可抵扣增值税金额	285.49			285.49
	其中：施工费	257.11	9.76	235.88	21.23

表4－67　　典型方案A1－9安装工程专业汇总表　　金额单位：元

序号	工程或费用名称	安装工程费			设备购置费	合计
		未计价材料费	安装费	小计		
	安装工程	101706	1580516	1682221	22227750	23909971
一	主变压器系统	100245	876680	976924	22227750	23204674

续表

序号	工程或费用名称	安装工程费			设备购置费	合计
		未计价材料费	安装费	小计		
1	主变压器	100245	876680	976924	22227750	23204674
1.1	变压器本体	31651	792792	824443	22227750	23052193
1.7	母线	68594	83888	152482		152482
六	电缆防护设施	57	113	170		170
2	电缆防火	57	113	170		170
七	全站接地	1404	126	1530		1530
1	接地网	1404	126	1530		1530
九	调试		703597	703597		703597
1	分系统调试		369296	369296		369296
3	特殊调试		334301	334301		334301
	合计	101706	1580516	1682221	22227750	23909971

表 4-68　　典型方案 A1-9 建筑工程专业汇总表　　金额单位：元

序号	工程或费用名称	建筑设备购置费	未计价材料费	建筑费	建筑工程费合计
	建筑工程		44078	636393	680471
二	主变压器及配电装置建筑		44078	286393	330471
1	主变压器系统		44078	286393	330471
1.1	构支架及基础		8135	74928	83063
1.2	主变压器设备基础		35943	207376	243319
1.3	主变压器油坑及卵石			4089	4089
三	供水系统建筑			350000	350000
4	特殊消防系统			350000	350000
	合计		44078	636393	680471

表 4-69　　典型方案 A1-9 拆除工程专业汇总表　　金额单位：元

序号	工程或费用名称	拆除工程费
	拆除工程	208410
	建筑拆除	114266
二	主变压器及配电装置建筑	114266
1	主变压器系统	114266
1.1	构支架及基础	36433
1.2	主变压器设备基础	77833
	安装拆除	94145
一	主变压器系统	94145

续表

序号	工程或费用名称	拆除工程费
1	主变压器	94145
1.1	变压器本体	84903
1.7	母线	9241
	合计	208410

表 4-70　　典型方案 A1-9 其他费用估算表　　金额单位：元

序号	工程或费用项目名称	编制依据及计算说明	合价
2	项目管理费		366492
2.1	管理经费	（建筑工程费+安装工程费+拆除工程费）×3.53%	90760
2.2	招标费	（建筑工程费+安装工程费+拆除工程费）×1.81%	46537
2.3	工程监理费	（建筑工程费+安装工程费+拆除工程费）×4.41%	113386
2.4	设备材料监造费	设备购置费×0.5%	115810
3	项目技术服务费		1175135
3.1	前期工作费	（建筑工程费+安装工程费）×3.05%	72062
3.3	工程勘察设计费		1025975
3.3.2	设计费	设计费×100%	1025975
3.4	设计文件评审费		63471
3.4.1	初步设计文件评审费	基本设计费×3.5%	30431
3.4.2	施工图文件评审费	基本设计费×3.8%	33040
3.5	施工过程造价咨询及竣工结算审核费	（建筑工程费+安装工程费+拆除工程费）×0.53%	13627
	合计		1541627

4.9.4　典型方案电气设备材料表

典型方案 A1-9 电气设备材料见表 4-71。

表 4-71　　典型方案 A1-9 电气设备材料表

序号	设备或材料名称	单位	数量	备注
	安装工程			
一	主变压器系统			
1	主变压器			
1.1	变压器本体			
500037784	500kV 单相油浸有载变压器，250MVA，500/220/35，一体	台	3	
100000025	500kV 软导线及引下线	组（三相）	1	
100000004	35kV 软导线及引下线	组（三相）	1	
500006874	交流支柱绝缘子，AC20kV，瓷，12.5kN，非磁性，户外	只	15	

续表

序号	设备或材料名称	单位	数量	备注
500014823	布电线，BVR，铜，2.5，1	km	0.300	
500033646	母线金具－管母线T型线夹，MGT－150	件	22	
500039296	母线金具－管型母线固定金具，MGG－150	套	58	
500021509	电缆保护管，钢管，ϕ100	t	3.368	
500008594	铝镁合金管 6063G－T10　ϕ150/136	t	1.874	
500011755	绝缘涂料，PRTV	t	0.06	
500063634	绝缘套管，AC10kV，冷缩，电缆，ϕ100	m	96	
六	电缆防护设施			
2	电缆防火			
500011738	防火堵料	t	0.006	
500011727	防火涂料	t	0.003	
七	全站接地			
1	接地网			
500011000	扁钢，60mm，8mm，Q235－A	t	0.377	
	建筑工程			
二	主变压器及配电装置建筑			
1	主变压器系统			
1.1	构支架及基础			
C01020712	圆钢　ϕ10 以下	kg	4204.440	
C01020713	圆钢　ϕ10 以上	kg	7161.075	

4.9.5　典型方案工程量表

典型方案A1－9工程量见表4－72。

表4－72　　典型方案A1－9工程量表

序号	项目名称	单位	数量	备注
	建筑工程			
二	主变压器及配电装置建筑			
1	主变压器系统			
1.1	构支架及基础			
JGT2－8	独立基础　钢筋混凝土基础	m^3	22.500	
JGT7－11	普通钢筋	t	2.473	
JGT9－36	不含土方、基础、支架　钢管设备支架	t	4.346	
1.2	主变压器设备基础			
JGT2－12	设备基础　变压器基础	m^3	180	

续表

序号	项目名称	单位	数量	备注
JGT7－11	普通钢筋	t	9.230	
1.3	主变压器油坑及卵石			
JYT8－12	地面垫层　油池铺填卵石	m^3	12.400	
三	供水系统建筑			
4	特殊消防系统			
500010599	变压器灭火装置，水喷雾灭火系统	项	1	按 350000 元计列
	安装工程			
一	主变压器系统			
1	主变压器			
1.1	变压器本体			
调 JGD1－68	500kV 单相三绕组变压器安装　三绕组容量（kVA 以下）250000	台	3	
JGD3－2	支持绝缘子安装　额定电压（kV）35	个	15	
JGD3－53	管形母线安装　支持式　直径（mm 以下）450	m	155	
六	电缆防护设施			
2	电缆防火			
JGD7－10	电缆防火安装　防火堵料	t	0.006	
JGD7－11	电缆防火安装　防火涂料	t	0.003	
九	调试			
JGS1－6	电力变压器系统 220kV	系统	3	
3	特殊调试			
JGS1－321	变压器绝缘油试验 360000kVA	系统	3	
JGS1－224	变压器特殊试验 500kV	台	3	
JGS1－332	气体继电器校验	只	2	
JGS1－337	相关温度计校验　热电阻温度计	只	6	
JGS1－335	相关温度计校验　绕组温度计	只	3	
	拆除工程			
一	建筑拆除			
2	主变压器及配电装置建筑			
2.1	主变压器系统			
JGT1－7	机械施工土方　土方运距　每增加 1km	m^3	405	
CYT3－2	拆除钢筋混凝土　基础	m^3	22.500	
CYT3－2	拆除钢筋混凝土　基础－变压器	m^3	180	
CYT4－7	拆除钢构支架	t	4.346	

续表

序号	项目名称	单位	数量	备注
二	安装拆除			
1	主变压器系统			
1.1	主变压器			
调 CYD3－41 R×0.5 C×0.5 J×0.5	支持式管形母线拆除　铝管　直径（mm）450	m	155	
调 CYD1－54 R×0.5 C×0.5 J×0.5	500kV 单相三绕组变压器拆除　三绕组容量（kVA 以下）250000	台	3	
调 CYD10－1 R×0.5 C×0.5 J×0.5	油设备放油	t	180	
调 CYD3－2 R×0.5 C×0.5 J×0.5	支持绝缘子拆除　电压 35kV	柱	15	
调 CYD3－41 R×0.5 C×0.5 J×0.5	支持式管形母线拆除　铝管　直径（mm）450	m	155	
调 CYD4－1 R×0.5 C×0.5 J×0.5	控制保护屏拆除　保护二次屏（柜）	台	1	

4.10　A1－10 更换 500kV 单相三绕组 334MVA 变压器（500/220/35）

4.10.1　典型方案主要内容

本典型方案为更换 1 组 500kV 单相三绕组 334MVA 变压器（500/220/35）（三相为一组），内容包括一次、二次设备引线拆除、安装；变压器拆除、安装；变压器油池及变压器基础拆除、安装；变压器调试及试验；消防装置拆除、安装；防污闪喷涂；防火封堵；接地引下线更换。

4.10.2　典型方案主要技术条件

典型方案 A1－10 主要技术条件见表 4－73。

表 4－73　　典型方案 A1－10 主要技术条件

方案名称	工程主要技术条件	
更换 500kV 单相三绕组 334MVA 变压器（500/220/35）	额定电压（kV）	500/220/35
	额定容量（MVA）	334
	相数	3

续表

方案名称	工程主要技术条件	
更换500kV单相三绕组334MVA变压器（500/220/35）	绕组数	三绕组
	调压方式	无载
	系统中性点接地方式	直接接地
	冷却方式	ONAF
	安装场所	户外
	绝缘方式	油浸
	工作条件	环境温度－25～40℃
	海拔	1000m以上

4.10.3 典型方案估算书

估算投资为总投资，编制依据按第3章要求。典型方案A1－10估算书包括总估算汇总表、安装工程专业汇总表、建筑工程专业汇总表、拆除工程专业汇总表、其他费用估算表，分别见表4－74～表4－78。

表4－74　　典型方案A1－10总估算汇总表　　金额单位：万元

序号	工程或费用名称	含税金额	占工程投资的比例（%）	不含税金额	可抵扣增值税金额
一	建筑工程费	68.05	2.13	62.43	5.62
二	安装工程费	203.19	6.37	186.41	16.78
三	拆除工程费	22.55	0.71	20.69	1.86
四	设备购置费	2724.1	85.36	2410.82	313.18
	其中：编制基准期价差	9.03	0.28	9.03	
五	小计	3017.89	94.56	2680.45	337.44
	其中：甲供设备材料费	2724.1	85.36	2410.92	313.18
六	其他费用	173.59	5.44	163.76	9.83
七	基本预备费				
八	特殊项目				
九	工程投资合计	3191.48	100	2844.21	347.27
	其中：可抵扣增值税金额	347.27			347.27
	其中：施工费	293.79	9.21	269.53	24.26

表4－75　　典型方案A1－10安装工程专业汇总表　　金额单位：元

序号	工程或费用名称	安装工程费			设备购置费	合计
		未计价材料费	安装费	小计		
	安装工程	101706	1930221	2031927	27241009	29272936
一	主变压器系统	100245	1226385	1326630	27241009	28567639

续表

序号	工程或费用名称	安装工程费			设备购置费	合计
		未计价材料费	安装费	小计		
1	主变压器	100245	1226385	1326630	27241009	28567639
1.1	变压器本体	31651	1142498	1174148	27241009	28415157
1.7	母线	68594	83888	152482		152482
六	电缆防护设施	57	113	170		170
2	电缆防火	57	113	170		170
七	全站接地	1404	126	1530		1530
1	接地网	1404	126	1530		1530
九	调试		703597	703597		703597
1	分系统调试		369296	369296		369296
3	特殊调试		334301	334301		334301
	合计	101706	1930221	2031927	27241009	29272936
	安装工程	101706	1930221	2031927	27241009	29272936

表 4-76　　典型方案 A1-10 建筑工程专业汇总表　　金额单位：元

序号	工程或费用名称	建筑设备购置费	未计价材料费	建筑费	建筑工程费合计
	建筑工程		44078	636393	680471
二	主变压器及配电装置建筑		44078	286393	330471
1	主变压器系统		44078	286393	330471
1.1	构支架及基础		8135	74928	83063
1.2	主变压器设备基础		35943	207376	243319
1.3	主变压器油坑及卵石			4089	4089
三	供水系统建筑			350000	350000
4	特殊消防系统			350000	350000
	合计		44078	636393	680471

表 4-77　　典型方案 A1-10 拆除工程专业汇总表　　金额单位：元

序号	工程或费用名称	拆除工程费
	拆除工程	225482
	建筑拆除	114266
二	主变压器及配电装置建筑	114266
1	主变压器系统	114266
1.1	构支架及基础	36433
1.2	主变压器设备基础	77833
	安装拆除	111216

续表

序号	工程或费用名称	拆除工程费
一	主变压器系统	111216
1	主变压器	111216
1.1	变压器本体	101975
1.7	母线	9241
	合计	225482

表 4-78　　典型方案 A1-10 其他费用估算表　　金额单位：元

序号	工程或费用项目名称	编制依据及计算说明	合价
2	项目管理费		417452
2.1	管理经费	（建筑工程费+安装工程费+拆除工程费）×3.53%	103707
2.2	招标费	（建筑工程费+安装工程费+拆除工程费）×1.81%	53176
2.3	工程监理费	（建筑工程费+安装工程费+拆除工程费）×4.41%	129560
2.4	设备材料监造费	设备购置费×0.5%	131009
3	项目技术服务费		1318409
3.1	前期工作费	（建筑工程费+安装工程费）×3.05%	82728
3.3	工程勘察设计费		1149026
3.3.2	设计费	设计费×100%	1149026
3.4	设计文件评审费		71084
3.4.1	初步设计文件评审费	基本设计费×3.5%	34081
3.4.2	施工图文件评审费	基本设计费×3.8%	37003
3.5	施工过程造价咨询及竣工结算审核费	（建筑工程费+安装工程费+拆除工程费）×0.53%	15571
	合计		1735860

4.10.4　典型方案电气设备材料表

典型方案 A1-10 电气设备材料见表 4-79。

表 4-79　　典型方案 A1-10 电气设备材料表

序号	设备或材料名称	单位	数量	备注
	安装工程			
一	主变压器系统			
1	主变压器			
1.1	变压器本体			
500000805	500kV 单相油浸无励磁自耦变压器，334MVA，500/220/35，一体	台	3	
100000025	500kV 软导线及引下线	组（三相）	1	

续表

序号	设备或材料名称	单位	数量	备注
100000004	35kV 软导线及引下线	组（三相）	1	
500006874	交流支柱绝缘子，AC20kV，瓷，12.5kN，非磁性，户外	只	15	
500014823	布电线，BVR，铜，2.5，1	km	0.300	
500033646	管母 T 型线夹 MGT	件	22	
500039296	管型母线固定金具－MGG－150	套	58	
500021509	电缆保护管，钢管，ϕ100	t	3.368	
500008594	铝镁合金管 6063G－T10 ϕ150/136	t	1.874	
500011755	绝缘涂料，PRTV	t	0.060	
500063634	绝缘套管，AC10kV，冷缩，电缆，ϕ100	m	96	
六	电缆防护设施			
2	电缆防火			
500011738	防火堵料	t	0.006	
500011727	防火涂料	t	0.003	
七	全站接地			
1	接地网			
500011000	扁钢，60mm，8mm，Q235－A	t	0.377	
	建筑工程			
二	主变压器及配电装置建筑			
1	主变压器系统			
1.1	构支架及基础			
C01020712	圆钢 ϕ10 以下	kg	4204.440	
C01020713	圆钢 ϕ10 以上	kg	7161.075	

4.10.5 典型方案工程量表

典型方案 A1－10 工程量见表 4－80。

表 4－80　　　　典型方案 A1－10 工程量表

序号	项目名称	单位	数量	备注
	建筑工程			
二	主变压器及配电装置建筑			
1	主变压器系统			
1.1	构支架及基础			
JGT2－8	独立基础　钢筋混凝土基础	m^3	22.500	
JGT7－11	普通钢筋	t	2.473	
JGT9－36	不含土方、基础、支架　钢管设备支架	t	4.346	

续表

序号	项目名称	单位	数量	备注
1.2	主变压器设备基础			
JGT2－12	设备基础　变压器基础	m^3	180	
JGT7－11	普通钢筋	t	9.230	
1.3	主变压器油坑及卵石			
JYT8－12	地面垫层　油池铺填卵石	m^3	12.400	
三	供水系统建筑			
4	特殊消防系统			
500010599	变压器灭火装置，水喷雾灭火系统	项	1	按350000元计列
	安装工程			
一	主变压器系统			
1	主变压器			
1.1	变压器本体			
调 JGD1－70R×1.1	500kV单相三绕组变压器安装　三绕组容量(kVA以下)500000	台	3	
JGD3－2	支持绝缘子安装　额定电压（kV）35	个	15	
JGD3－53	管形母线安装　支持式　直径（mm以下）450	m	155	
六	电缆防护设施			
2	电缆防火			
JGD7－10	电缆防火安装　防火堵料	t	0.006	
JGD7－11	电缆防火安装　防火涂料	t	0.003	
九	调试			
JGS1－6	电力变压器系统 220kV	系统	3	
3	特殊调试			
JGS1－321	变压器绝缘油试验 360000kVA	系统	3	
JGS1－224	变压器特殊试验 500kV	台	3	
JGS1－332	气体继电器校验	只	2	
JGS1－337	相关温度计校验　热电阻温度计	只	6	
JGS1－335	相关温度计校验　绕组温度计	只	3	
	拆除工程			
一	建筑拆除			
2	主变压器及配电装置建筑			
2.1	主变压器系统			
调 JGT1－7 R×20 C×20 J×20	机械施工土方　土方运距　每增加1km	m^3	405	

续表

序号	项目名称	单位	数量	备注
CYT3-2	拆除钢筋混凝土　基础	m^3	22.500	
CYT3-2	拆除钢筋混凝土　基础-变压器	m^3	180	
CYT4-7	拆除钢构支架	t	4.346	
二	安装拆除			
1	主变压器系统			
1.1	主变压器			
调 CYD3-41 R×0.5 C×0.5 J×0.5	支持式管形母线拆除　铝管　直径（mm）450	m	155	
调 CYD1-56 R×0.5 C×0.5 J×0.5	500kV 单相三绕组变压器拆除　三绕组容量（kVA 以下）500000	台	3	
调 CYD10-1 R×0.5 C×0.5 J×0.5	油设备放油	t	180	
调 CYD3-2 R×0.5 C×0.5 J×0.5	支持绝缘子拆除　电压 35kV	柱	15	
调 CYD3-41 R×0.5 C×0.5 J×0.5	支持式管形母线拆除　铝管　直径（mm）450	m	155	
调 CYD4-1 R×0.5 C×0.5 J×0.5	控制保护屏拆除　保护二次屏（柜）	台	1	

第5章 更换中性点装置

典型方案说明

更换中性点装置典型方案共3个：按照电压等级、接地方式分为更换110～500kV中性点装置的典型方案。所有典型方案的工作范围只包含更换中性点装置本体。

5.1 A2-1 更换 110kV 交流中性点装置

5.1.1 典型方案主要内容

本典型方案为更换1套110kV交流中性点装置，内容包括一、二次设备引线拆除、安装；中性点装置拆除、安装；中性点装置基础拆除、安装；中性点装置的一、二次调试及试验；设备防污闪喷涂；防火封堵；接地引下线更换。

5.1.2 典型方案主要技术条件

典型方案A2-1主要技术条件见表5-1。

表5-1 典型方案A2-1主要技术条件

方案名称	工程主要技术条件	
更换110kV交流中性点装置	电压等级（kV）	110
	设备最高电压（kV）	72.5
	绝缘介质	硅橡胶
	安装场所	户外

5.1.3 典型方案估算书

估算投资为总投资，编制依据按第3章要求。典型方案A2-1估算书包括总估算汇总表、安装工程专业汇总表、建筑工程专业汇总表、拆除工程专业汇总表、其他费用估算表，分别见表5-2～表5-6。

表5-2 典型方案A2-1总估算汇总表 金额单位：万元

序号	工程或费用名称	含税金额	占工程投资的比例（%）	不含税金额	可抵扣增值税金额
一	建筑工程费	0.38	4.58	0.35	0.03
二	安装工程费	1.67	20.14	1.53	0.14
三	拆除工程费	0.14	1.69	0.13	0.01
四	设备购置费	5.12	61.76	4.53	0.59
	其中：编制基准期价差	0.04	0.48	0.04	
五	小计	7.31	88.18	6.54	0.77

续表

序号	工程或费用名称	含税金额	占工程投资的比例（%）	不含税金额	可抵扣增值税金额
	其中：甲供设备材料费	5.21	62.85	4.61	0.6
六	其他费用	0.98	11.82	0.92	0.06
七	基本预备费				
八	特殊项目				
九	工程投资合计	8.29	100	7.46	0.83
	其中：可抵扣增值税金额	0.83			0.83
	其中：施工费	2.1	25.33	1.93	0.17

表 5-3　　典型方案 A2-1 安装工程专业汇总表　　金额单位：元

序号	工程或费用名称	安装工程费			设备购置费	合计
		未计价材料费	安装费	小计		
	安装工程	1526	15200	16726	51189	67916
一	主变压器系统	534	3817	4351	51189	55540
1	主变压器	534	3817	4351	51189	55540
1.1	变压器本体	534	3817	4351	51189	55540
四	控制及直流系统	890	585	1475		1475
1	监控或监测系统	890	585	1475		1475
1.1	计算机监控系统	890	585	1475		1475
七	全站接地	103	9	112		112
1	接地网	103	9	112		112
九	调试		10788	10788		10788
3	特殊调试		10788	10788		10788
	合计	1526	15200	16726	51189	67916

表 5-4　　典型方案 A2-1 建筑工程专业汇总表　　金额单位：元

序号	工程或费用名称	建筑设备购置费	未计价材料费	建筑费	建筑工程费合计
	建筑工程		504	3330	3834
二	主变压器及配电装置建筑		504	3330	3834
1	主变压器系统		504	3330	3834
1.1	构支架及基础		504	3330	3834
	合计		504	3330	3834

表 5-5　　典型方案 A2-1 拆除工程专业汇总表　　金额单位：元

序号	工程或费用名称	拆除工程费
	拆除工程	1364
	建筑拆除	1031
二	主变压器及配电装置建筑	1031
1	主变压器系统	1031
1.1	构支架及基础	1031
	安装拆除	333
一	主变压器系统	232
1	主变压器	232
1.1	变压器本体	232
四	控制及直流系统	101
1	监控或监测系统	101
1.1	计算机监控系统	101
	合计	1364

表 5-6　　典型方案 A2-1 其他费用估算表　　金额单位：元

序号	工程或费用项目名称	编制依据及计算说明	合价
2	项目管理费		2810
2.1	管理经费	（建筑工程费＋安装工程费＋拆除工程费）×3.53%	1017
2.2	招标费	（建筑工程费＋安装工程费＋拆除工程费）×1.81%	522
2.3	工程监理费	（建筑工程费＋安装工程费＋拆除工程费）×4.41%	1271
3	项目技术服务费		8506
3.1	前期工作费	（建筑工程费＋安装工程费）×3.05%	837
3.3	工程勘察设计费		6468
3.3.2	设计费	设计费×100%	6468
3.4	设计文件评审费		400
3.4.1	初步设计文件评审费	基本设计费×3.5%	192
3.4.2	施工图文件评审费	基本设计费×3.8%	208
3.5	施工过程造价咨询及竣工结算审核费	（建筑工程费＋安装工程费＋拆除工程费）×0.53%	800
	合计		11316

5.1.4 典型方案电气设备材料表

典型方案 A2-1 电气设备材料见表 5-7。

表 5-7　　　　典型方案 A2-1 电气设备材料表

序号	设备或材料名称	单位	数量	备注
	安装工程			
一	主变压器系统			
500070598	110kV 交流中性点成套装置，硅橡胶，72.5kV，无绝缘子，有避雷器，户外	套	1	
100000006	110kV 软导线设备连线	组（三相）	0.334	
100000012	110kV 变电站控制电缆	km	0.050	
500014823	布电线，BVR，铜，2.5，1	km	0.010	
500021535	电缆保护管，钢管，ϕ80	t	0.053	
500033083	布电线，BVR，铜，2.5，4	km	0.010	
500011755	绝缘涂料，PRTV	t	0.001	
七	全站接地			
1	接地网			
500011000	扁钢，60mm，8mm，Q235-A	t	0.011	
500052233	软铜绞线，TJR1，120	t	0.001	
	建筑工程			
二	主变压器及配电装置建筑			
1	主变压器系统			
1.1	构支架及基础			
C01020712	圆钢　ϕ10 以下	kg	53.550	
C01020713	圆钢　ϕ10 以上	kg	76.169	

5.1.5　典型方案工程量表

典型方案 A2-1 工程量见表 5-8。

表 5-8　　　　典型方案 A2-1 工程量表

序号	项目名称	单位	数量	备注
	建筑工程			
JGT2-15	其他设备基础　单体小于 50m^3	m^3	1.500	
JGT7-11	普通钢筋	t	0.015	
JGT9-36	不含土方、基础、支架　钢管设备支架	t	0.250	
	安装工程			
一	主变压器系统			
1	变压器			
1.1	变压器本体			
JGD2-262	中性点接地成套装置安装　放电间隙、避雷器、电流互感器 35kV 以下	套/单相	1	

续表

序号	项目名称	单位	数量	备注
JGD7－3	全站电缆敷设　控制电缆　全站	100m	0.500	
九	调试			
3	特殊调试			
JGS1－248	金属氧化物避雷器特殊试验 110kV	组	0.333	
JGS1－265	电流互感器特殊试验 35kV	台	1	
JGS1－346	特殊调试　变压器中性点间隙工频放电电压试验 110kV	台	1	
二	安装拆除			
调 CYD2－266 R×0.5 C×0.5 J×0.5	中性点接地成套装置拆除　放电间隙、避雷器、电流互感器 35kV 以下	台	1	
调 CYD7－3 R×0.5 C×0.5 J×0.5	全站电缆拆除　控制电缆	100m	0.500	
	建筑拆除			
JGT1－7	机械施工土方　土方运距　每增加 1km	m^3	3	
CYT3－2	拆除钢筋混凝土　基础	m^3	1.500	
CYT4－7	拆除钢构支架	t	0.250	

5.2 A2－2 更换 220kV 交流中性点装置

5.2.1 典型方案主要内容

本典型方案为更换 1 套 220kV 交流中性点装置，内容包括一次、二次设备引线拆除、安装；中性点装置拆除、安装；中性点装置基础拆除、安装；中性点装置的一、二次调试及试验；设备防污闪喷涂；防火封堵；接地引下线更换。

5.2.2 典型方案主要技术条件

典型方案 A2－2 主要技术条件见表 5－9。

表 5－9　　典型方案 A2－2 主要技术条件

方案名称	工程主要技术条件	
更换 220kV 交流中性点装置	电压等级（kV）	220
	设备最高电压（kV）	126
	绝缘介质	硅橡胶
	安装场所	户外

5.2.3 典型方案估算书

估算投资为总投资，编制依据按第 3 章要求。典型方案 A2－2 估算书包括总估算汇总表、安装工程专业汇总表、建筑工程专业汇总表、拆除工程专业汇总表、其他费用估算表，分别见表 5－10～表 5－14。

表 5－10　典型方案 A2－2 总估算汇总表　金额单位：万元

序号	工程或费用名称	含税金额	占工程投资的比例（%）	不含税金额	可抵扣增值税金额
一	建筑工程费	0.38	3.6	0.35	0.03
二	安装工程费	3.07	29.07	2.81	0.26
三	拆除工程费	0.15	1.42	0.14	0.01
四	设备购置费	5.63	53.31	4.98	0.65
	其中：编制基准期价差	0.08	0.76	0.08	
五	小计	9.23	87.41	8.28	0.95
	其中：甲供设备材料费	5.72	54.17	5.06	0.66
六	其他费用	1.33	12.59	1.25	0.08
七	基本预备费				
八	特殊项目				
九	工程投资合计	10.56	100	9.53	1.03
	其中：可抵扣增值税金额	1.03			1.03
	其中：施工费	3.51	33.24	3.22	0.29

表 5－11　典型方案 A2－2 安装工程专业汇总表　金额单位：元

序号	工程或费用名称	安装工程费			设备购置费	合计
		未计价材料费	安装费	小计		
	安装工程	1903	28835	30738	56298	87036
一	主变压器系统	786	6501	7287	56298	63585
1	主变压器	786	6501	7287	56298	63585
1.1	变压器本体	786	6501	7287	56298	63585
四	控制及直流系统	890	586	1475		1475
1	监控或监测系统	890	586	1475		1475
1.1	计算机监控系统	890	586	1475		1475
七	全站接地	227	20	247		247
1	接地网	227	20	247		247
九	调试		21728	21728		21728
3	特殊调试		21728	21728		21728
	合计	1903	28835	30738	56298	87036

表 5-12　　典型方案 A2-2 建筑工程专业汇总表　　金额单位：元

序号	工程或费用名称	建筑设备购置费	未计价材料费	建筑费	建筑工程费合计
	建筑工程		504	3330	3834
二	主变压器及配电装置建筑		504	3330	3834
1	主变压器系统		504	3330	3834
1.1	构支架及基础		504	3330	3834
	合计		504	3330	3834

表 5-13　　典型方案 A2-2 拆除工程专业汇总表　　金额单位：元

序号	工程或费用名称	拆除工程费
	拆除工程	1464
	建筑拆除	1031
二	主变压器及配电装置建筑	1031
1	主变压器系统	1031
1.1	构支架及基础	1031
	安装拆除	434
一	主变压器系统	332
1	主变压器	332
1.1	变压器本体	332
四	控制及直流系统	101
1	监控或监测系统	101
1.1	计算机监控系统	101
	合计	1464

表 5-14　　典型方案 A2-2 其他费用估算表　　金额单位：元

序号	工程或费用项目名称	编制依据及计算说明	合价
2	项目管理费		3514
2.1	管理经费	（建筑工程费＋安装工程费＋拆除工程费）×3.53%	1272
2.2	招标费	（建筑工程费＋安装工程费＋拆除工程费）×1.81%	652
2.3	工程监理费	（建筑工程费＋安装工程费＋拆除工程费）×4.41%	1589
3	项目技术服务费		9791
3.1	前期工作费	（建筑工程费＋安装工程费）×3.05%	1054
3.3	工程勘察设计费		7474
3.3.2	设计费	设计费×100%	7474
3.4	设计文件评审费		462
3.4.1	初步设计文件评审费	基本设计费×3.5%	222
3.4.2	施工图文件评审费	基本设计费×3.8%	241
3.5	施工过程造价咨询及竣工结算审核费	（建筑工程费＋安装工程费＋拆除工程费）×0.53%	800
	合计		13304

5.2.4 典型方案电气设备材料表

典型方案 A2－2 电气设备材料见表 5－15。

表 5－15　　典型方案 A2－2 电气设备材料表

序号	设备或材料名称	单位	数量	备注
	安装工程			
一	主变压器系统			
500070607	220kV 交流中性点成套装置，硅橡胶，126kV，无绝缘子，有避雷器，户外	套	1	
100000007	220kV 软导线设备连线	组（三相）	0.334	
100000013	220kV 变电站控制电缆	km	0.050	
500014823	布电线，BVR，铜，2.5，1	km	0.010	
500021535	电缆保护管，钢管，ϕ80	t	0.053	
500033083	布电线，BVR，铜，2.5，4	km	0.010	
500011755	绝缘涂料，PRTV	t	0.002	
七	全站接地			
1	接地网			
500011000	扁钢，60mm，8mm，Q235－A	t	0.011	
500052233	软铜绞线，TJR1，120	t	0.003	
	建筑工程			
二	主变压器及配电装置建筑			
1	主变压器系统			
1.1	构支架及基础			
C01020712	圆钢　ϕ10 以下	kg	53.550	
C01020713	圆钢　ϕ10 以上	kg	76.169	

5.2.5 典型方案工程量表

典型方案 A2－2 工程量见表 5－16。

表 5－16　　典型方案 A2－2 工程量表

序号	项目名称	单位	数量	备注
	建筑工程			
JGT2－15	其他设备基础　单体小于 50m^3	m^3	1.500	
JGT7－11	普通钢筋	t	0.015	
JGT9－36	不含土方、基础、支架　钢管设备支架	t	0.250	
	安装工程			

续表

序号	项目名称	单位	数量	备注
一	主变压器系统			
1	变压器			
1.1	变压器本体			
JGD2－263	中性点接地成套装置安装　放电间隙、避雷器、电流互感器 110kV	套/单相	1	
JGD7－3	全站电缆敷设　控制电缆　全站	100m	0.500	
九	调试			
3	特殊调试			
JGS1－249	金属氧化物避雷器特殊试验 220kV	组	0.333	
JGS1－266	电流互感器特殊试验 110kV	台	1	
JGS1－347	特殊调试　变压器中性点间隙工频放电电压试验 220kV	台	1	
二	安装拆除			
调 CYD2－267 R×0.5 C×0.5 J×0.5	中性点接地成套装置拆除　放电间隙、避雷器、电流互感器 110kV	台	1	
调 CYD7－3 R×0.5 C×0.5 J×0.5	全站电缆拆除　控制电缆	100m	0.500	
	建筑拆除			
调 JGT1－7 R×20 C×20 J×20	机械施工土方　土方运距　每增加 1km	m^3	3	
CYT3－2	拆除钢筋混凝土　基础	m^3	1.500	
CYT4－7	拆除钢构支架	t	0.250	

5.3 A2－3 更换 500kV 交流中性点装置

5.3.1 典型方案主要内容

本典型方案为更换 1 套 500kV 交流中性点装置，内容包括一次、二次设备引线拆除、安装；中性点装置拆除、安装；中性点装置基础拆除、安装；中性点装置的一、二次调试及试验；设备防污闪喷涂；防火封堵；接地引下线更换。

5.3.2 典型方案主要技术条件

典型方案 A2－3 主要技术条件见表 5－17。

表 5-17　　典型方案 A2-3 主要技术条件

方案名称	工程主要技术条件	
更换 500kV 交流中性点装置	变压器电压等级（kV）	500
	设备最高电压（kV）	186
	绝缘介质	硅橡胶
	安装场所	户外

5.3.3 典型方案估算书

估算投资为总投资，编制依据按第 3 章要求。典型方案 A2-3 估算书包括总估算汇总表、安装工程专业汇总表、建筑工程专业汇总表、拆除工程专业汇总表、其他费用估算表，分别见表 5-18～表 5-22。

表 5-18　　典型方案 A2-3 总估算汇总表　　金额单位：万元

序号	工程或费用名称	含税金额	占工程投资的比例（%）	不含税金额	可抵扣增值税金额
一	建筑工程费	6.46	16.9	5.93	0.53
二	安装工程费	9.75	25.51	8.84	0.91
三	拆除工程费	1.45	3.79	1.33	0.12
四	设备购置费	15.48	40.5	13.7	1.78
	其中：编制基准期价差	0.15	0.39	0.15	
五	小计	33.14	86.71	29.8	3.34
	其中：甲供设备材料费	18.83	49.27	16.66	2.17
六	其他费用	5.08	13.29	4.79	0.29
七	基本预备费				
八	特殊项目				
九	工程投资合计	38.22	100	34.59	3.63
	其中：可抵扣增值税金额	3.63			3.63
	其中：施工费	14.3	37.41	13.12	1.18

表 5-19　　典型方案 A2-3 安装工程专业汇总表　　金额单位：元

序号	工程或费用名称	安装工程费			设备购置费	合计
		未计价材料费	安装费	小计		
	安装工程	48500	48979	97478	154753	252232
一	主变压器系统	47827	22591	70417	154753	225171
1	主变压器	47827	22591	70417	154753	225171
1.1	变压器本体	47827	22591	70417	154753	225171
七	全站接地	673	61	734		734

续表

序号	工程或费用名称	安装工程费			设备购置费	合计
		未计价材料费	安装费	小计		
1	接地网	673	61	734		734
九	调试		26328	26328		26328
3	特殊调试		26328	26328		26328
	合计	48500	48979	97478	154753	252232

表 5-20　　典型方案 A2-3 建筑工程专业汇总表　　金额单位：元

序号	工程或费用名称	建筑设备购置费	未计价材料费	建筑费	建筑工程费合计
	建筑工程		11892	52664	64556
二	主变压器及配电装置建筑		11892	52664	64556
1	主变压器系统		11892	52664	64556
1.1	构支架及基础		11892	52664	64556
	合计		11892	52664	64556

表 5-21　　典型方案 A2-3 拆除工程专业汇总表　　金额单位：元

序号	工程或费用名称	拆除工程费
	拆除工程	14487
	建筑拆除	8021
二	主变压器及配电装置建筑	8021
1	主变压器系统	8021
1.1	构支架及基础	8021
	安装拆除	6466
一	主变压器系统	2417
1	主变压器	2417
1.1	变压器本体	2417
四	控制及直流系统	4050
1	监控或监测系统	4050
1.1	计算机监控系统	4050
	合计	14487

表 5-22　　典型方案 A2-3 其他费用估算表　　金额单位：元

序号	工程或费用项目名称	编制依据及计算说明	合价
2	项目管理费		17211
2.1	管理经费	（建筑工程费+安装工程费+拆除工程费）×3.53%	6231
2.2	招标费	（建筑工程费+安装工程费+拆除工程费）×1.81%	3195

续表

序号	工程或费用项目名称	编制依据及计算说明	合价
2.3	工程监理费	（建筑工程费＋安装工程费＋拆除工程费）×4.41%	7785
3	项目技术服务费		33544
3.1	前期工作费	（建筑工程费＋安装工程费）×3.05%	4942
3.3	工程勘察设计费		26055
3.3.2	设计费	设计费×100%	26055
3.4	设计文件评审费		1612
3.4.1	初步设计文件评审费	基本设计费×3.5%	773
3.4.2	施工图文件评审费	基本设计费×3.8%	839
3.5	施工过程造价咨询及竣工结算审核费	（建筑工程费＋安装工程费＋拆除工程费）×0.53%	936
	合计		50755

5.3.4 典型方案电气设备材料表

典型方案 A2-3 电气设备材料见表 5-23。

表 5-23　　典型方案 A2-3 电气设备材料表

序号	设备或材料名称	单位	数量	备注
	安装工程			
一	主变压器系统			
500038949	中性点避雷器，72kV，硅橡胶，186kV，不带间隙	台	1	
500008434	中性点小电抗 66kV，10Ω，600A	台	1	
500060450	中性点隔离开关	台	1	
500141429	66kV 干式电磁 CT，通用，通用，5P，3，通用，正立	台	1	
100000008	500kV 软导线设备连线	组（三相）	1.334	
100000015	500kV 变电站控制电缆	km	2	
500014823	布电线，BVR，铜，2.5，1	km	0.030	
500021535	电缆保护管，钢管，ϕ80	t	0.100	
500033083	布电线，BVR，铜，2.5，4	km	0.030	
500011755	绝缘涂料，PRTV	t	0.005	
七	全站接地			
1	接地网			
500011000	扁钢，60mm，8mm，Q235-A	t	0.031	
500052233	软铜绞线，TJR1，120	t	0.009	
	建筑工程			
二	主变压器及配电装置建筑			

续表

序号	设备或材料名称	单位	数量	备注
1	主变压器系统			
1.1	构支架及基础			
C01020712	圆钢　ϕ10 以下	kg	1262.638	
C01020713	圆钢　ϕ10 以上	kg	1795.952	

5.3.5　典型方案工程量表

典型方案 A2－3 工程量见表 5－24。

表 5－24　　典型方案 A2－3 工程量

序号	项目名称	单位	数量	备注
	建筑工程			
JGT2－15	其他设备基础　单体小于 50m³	m³	35.368	
JGT7－11	普通钢筋	t	2.500	
JGT9－36	不含土方、基础、支架　钢管设备支架	t	1.350	
	安装工程			
一	主变压器系统			
1	变压器			
1.1	变压器本体			
JGD1－84	电抗器安装　中性点小电抗安装　110kV	台	1	
JGD2－125	单相接地开关安装　电压（kV）110	台	1	
JGD2－186	避雷器安装　氧化锌式（kV）110	组/三相	0.333	
JGD7－3	电子式互感器安装　电子式（kV 以下）110	台/单相	1	
九	调试			
3	特殊调试			
JGS1－248	金属氧化物避雷器特殊试验　110kV	组	0.333	
JGS1－266	电流互感器特殊试验　110kV	台	1	
JGS1－13	配电装置系统　110kV	间隔	1	
二	安装拆除			
调 CYD1－83 R×0.38 C×0.38 J×0.38	中性点小电抗器拆除　110kV	台	1	
调 CYD2－133 R×0.38 C×0.38 J×0.38	单相接地开关拆除　电压（kV）110	台	1	
调 CYD2－194 R×0.38 C×0.38 J×0.38	避雷器拆除　氧化锌式　电压（kV）110	组/三相	0.333	

续表

序号	项目名称	单位	数量	备注
调 CYD2－157 R×0.38 C×0.38 J×0.38	电容式电压互感器拆除　电容式　电压（kV）110	台	1	
	建筑拆除			
JGT1－7	机械施工土方　土方运距　每增加 1km	m^3	28.600	
CYT3－2	拆除钢筋混凝土　基础	m^3	14.300	
CYT4－7	拆除钢构支架	t	0.250	
四	控制及直流系统			
1	监控或监测系统			
1.1	计算机监控系统			
调 CYD7－3 R×0.5 C×0.5 J×0.5	全站电缆拆除　控制电缆	100m	20	

第6章 更换消弧线圈接地变成套装置

典型方案说明

更换消弧线圈接地变成套装置典型方案共4个。所有典型方案的工作范围只包含更换消弧线圈接地变成套装置本体。

6.1 A3-1 更换10kV消弧线圈接地变成套装置（1200kVA，干式）

6.1.1 典型方案主要内容

本典型方案为更换1套10kV消弧线圈接地变成套装置（1200kVA，干式），内容包括一次、二次电缆的拆除、电缆头制作、电缆敷设及接引；消弧线圈接地变成套装置的拆除与安装；消弧线圈接地变成套装置基础拆除、安装；消弧线圈接地变成套装置的一、二次调试及试验；防火封堵；接地引下线更换。

6.1.2 典型方案主要技术条件

典型方案A3-1主要技术条件见表6-1。

表6-1 典型方案A3-1主要技术条件

方案名称	工程主要技术条件	
更换10kV消弧线圈接地变成套装置（1200kVA，干式）	结构型式	干式
	额定电压（kV）	10
	额定容量（kVA）	1200
	调节方式	调匝
	安装场所	户外

6.1.3 典型方案估算书

估算投资为总投资，编制依据按第3章要求。典型方案A3-1估算书包括总估算汇总表、安装工程专业汇总表、建筑工程专业汇总表、拆除工程专业汇总表、其他费用估算表，分别见表6-2～表6-6。

表6-2 典型方案A3-1总估算汇总表 金额单位：万元

序号	工程或费用名称	含税金额	占工程投资的比例（%）	不含税金额	可抵扣增值税金额
一	建筑工程费	2.15	2.92	1.97	0.18
二	安装工程费	28.46	38.71	25.35	3.11
三	拆除工程费	1.29	1.75	1.18	0.11
四	设备购置费	31.95	43.45	28.28	3.67

续表

序号	工程或费用名称	含税金额	占工程投资的比例（%）	不含税金额	可抵扣增值税金额
	其中：编制基准期价差	0.24	0.33	0.24	
五	小计	63.85	86.84	56.78	7.07
	其中：甲供设备材料费	55.41	75.36	49.04	6.37
六	其他费用	9.68	13.16	9.13	0.55
七	基本预备费				
八	特殊项目				
九	工程投资合计	73.53	100	65.91	7.62
	其中：可抵扣增值税金额	7.62			7.62
	其中：施工费	8.44	11.48	7.74	0.7

表 6-3　　典型方案 A3-1 安装工程专业汇总表　　金额单位：元

序号	工程或费用名称	安装工程费			设备购置费	合计
		未计价材料费	安装费	小计		
	安装工程	237511	47065	284576	319458	604034
四	控制及直流系统	2730	9733	12464		12464
1	监控或监测系统	2730	9733	12464		12464
1.1	计算机监控系统	2730	9733	12464		12464
五	站用电系统	234638	11429	246067	319458	565525
1	站用变压器	234638	11429	246067	319458	565525
1.1	变压器本体	234638	11429	246067	319458	565525
六	电缆防护设施	57	113	170		170
2	电缆防火	57	113	170		170
七	全站接地	86	8	93		93
1	接地网	86	8	93		93
九	调试		25781	25781		25781
1	分系统调试		23510	23510		23510
3	特殊调试		2271	2271		2271
	合计	237511	47065	284576	319458	604034

表 6-4　　典型方案 A3-1 建筑工程专业汇总表　　金额单位：元

序号	工程或费用名称	建筑设备购置费	未计价材料费	建筑费	建筑工程费合计
	建筑工程		5044	16506	21549
二	主变压器及配电装置建筑		5044	16506	21549
1	主变压器系统		5044	16506	21549
1.2	主变压器设备基础		5044	16506	21549
	合计		5044	16506	21549

表 6-5　　典型方案 A3-1 拆除工程专业汇总表　　金额单位：元

序号	工程或费用名称	拆除工程费
	拆除工程	12872
	建筑拆除	8192
二	主变压器及配电装置建筑	8192
1	主变压器系统	8192
1.1	构支架及基础	8192
	安装拆除	4680
四	控制及直流系统	3862
1	监控或监测系统	3862
1.1	计算机监控系统	3862
五	站用电系统	817
1	站用变压器	817
1.1	变压器本体	817
	合计	12872

表 6-6　　典型方案 A3-1 其他费用估算表　　金额单位：元

序号	工程或费用项目名称	编制依据及计算说明	合价
2	项目管理费		31102
2.1	管理经费	（建筑工程费 + 安装工程费 + 拆除工程费）×3.53%	11261
2.2	招标费	（建筑工程费 + 安装工程费 + 拆除工程费）×1.81%	5774
2.3	工程监理费	（建筑工程费 + 安装工程费 + 拆除工程费）×4.41%	14068
3	项目技术服务费		65662
3.1	前期工作费	（建筑工程费 + 安装工程费）×3.05%	9337
3.3	工程勘察设计费		51452
3.3.2	设计费	设计费×100%	51452
3.4	设计文件评审费		3183
3.4.1	初步设计文件评审费	基本设计费×3.5%	1526
3.4.2	施工图文件评审费	基本设计费×3.8%	1657
3.5	施工过程造价咨询及竣工结算审核费	（建筑工程费 + 安装工程费 + 拆除工程费）×0.53%	1691
	合计		96764

6.1.4　典型方案电气设备材料表

典型方案 A3-1 电气设备材料见表 6-7。

表 6-7　　　　典型方案 A3-1 电气设备材料表

序号	设备或材料名称	单位	数量	备注
	安装工程			
一	主变压器系统			
四	控制及直流系统			
1	监控或监测系统			
1.1	计算机监控系统			
500017121	网络线，超 5 类，屏蔽	m	100	
500061242	软铜绞线，TJR1，100	t	0.036	
五	站用电系统			
1	站用变压器			
1.1	变压器本体			
500089405	消弧线圈接地变成套装置，AC10kV，1200kVA，干式，165A，调匝	套	1	
100000010	35kV 变电站控制电缆	km	0.500	
500014823	布电线，BVR，铜，2.5，1	km	0.020	
500108302	电力电缆，AC10kV，YJV，240，3，22，ZC，无阻水	km	0.100	
500021021	10kV 电缆终端，3×240，户外终端，冷缩，铜	个	1	
500021060	10kV 电缆终端，3×240，户内终端，冷缩，铜	个	1	
500109210	低压电力电缆，YJV，铜，185/95，3+1 芯，ZC，22，普通	km	0.450	
六	电缆防护设施			
2	电缆防火			
500011727	防火涂料	t	0.003	
500011738	防火堵料	t	0.006	
七	全站接地			
1	接地网			
500011000	扁钢，60mm，8mm，Q235-A	t	0.023	接地
	建筑工程			
二	主变压器及配电装置建筑			
1	主变压器系统			
1.1	构支架及基础			
C01020712	圆钢　ϕ10 以下	kg	535.500	
C01020713	圆钢　ϕ10 以上	kg	761.685	

6.1.5　典型方案工程量表

典型方案 A3-1 工程量见表 6-8。

表 6-8　　典型方案 A3-1 工程量表

序号	项目名称	单位	数量	备注
	建筑工程			
JGT2-15	其他设备基础　单体小于 $50m^3$	m^3	15	
JGT7-11	钢筋、铁件　普通钢筋	t	0.769	
	安装工程			
四	控制及直流系统			
1	监控或监测系统			
1.1	计算机监控系统			
JGD4-1	控制、保护屏柜安装　控制屏柜	块	1	
JGZ7-1	布放设备电缆　布放线缆	100m	1	
JGD7-3	全站电缆敷设　控制电缆　全站	100m	5	
五	站用电系统			
1	站用变压器			
1.1	变压器本体			
JGD1-135	20kV 接地变压器消弧线圈成套装置安装　容量（kVA 以下）1600	套	1	
JGD7-1	全站电缆敷设　电力电缆 6kV 以下　全站	100m	4.500	
JGD7-2	全站电缆敷设　电力电缆 6kV 以上　全站	100m	1	
六	电缆防护设施			
2	电缆防火			
JGD7-10	电缆防火安装　防火堵料	t	0.006	
JGD7-11	电缆防火安装　防火涂料	t	0.003	
九	调试			
JGS1-1	电力变压器系统 10kV	系统	1	
JGS1-65	监控系统 110kV	站	1	
2	特殊调试			
JGS1-272	电压互感器特殊试验 10kV	台	1	
二	安装拆除			
调 CYD4-1 R×0.5 C×0.5 J×0.5	控制保护屏拆除　保护二次屏（柜）	台	1	
调 CYD7-3 R×0.5 C×0.5 J×0.5	全站电缆拆除　控制电缆	100m	5	

续表

序号	项目名称	单位	数量	备注
调 CYD7－1 R×0.5 C×0.5 J×0.5	全站电缆拆除　电力电缆 6kV 以下	100m	4.500	
调 CYD7－2 R×0.5 C×0.5 J×0.5	全站电缆拆除　电力电缆 6kV 以上	100m	1	
调 CYD1－119 R×0.5 C×0.5 J×0.5	20kV 消弧线圈成套装置拆除　20kV　容量（kVA 以下）1600	套	1	
	建筑拆除			
JGT1－7	机械施工土方　土方运距　每增加 1km	m^3	30	
CYT3－2	拆除钢筋混凝土　基础	m^3	15	

6.2　A3－2 更换 10kV 消弧线圈接地变成套装置（1500kVA，干式）

6.2.1　典型方案主要内容

本典型方案为更换 1 套 10kV 消弧线圈接地变成套装置（1500kVA，干式），内容包括一次、二次电缆的拆除、电缆头制作、电缆敷设及接引；消弧线圈接地变成套装置的拆除与安装；消弧线圈接地变成套装置基础拆除、安装；消弧线圈接地变成套装置的一、二次调试及试验；防火封堵；接地引下线更换。

6.2.2　典型方案主要技术条件

典型方案 A3－2 主要技术条件见表 6－9。

表 6－9　　典型方案 A3－2 主要技术条件

方案名称	工程主要技术条件	
更换 10kV 消弧线圈接地变成套装置（1500kVA，干式）	结构型式	干式
	额定电压（kV）	10
	额定容量（kVA）	1500
	调节方式	调匝
	安装场所	户外

6.2.3　典型方案估算书

估算投资为总投资，编制依据按第 3 章要求。典型方案 A3－2 估算书包括总估算汇总表、安装工程专业汇总表、建筑工程专业汇总表、拆除工程专业汇总表、其他费用估算表，分别见表 6－10～表 6－14。

表 6-10　　典型方案 A3-2 总估算汇总表　　金额单位：万元

序号	工程或费用名称	含税金额	占工程投资的比例（%）	不含税金额	可抵扣增值税金额
一	建筑工程费	2.15	2.71	1.97	0.18
二	安装工程费	28.46	35.93	25.35	3.11
三	拆除工程费	1.29	1.63	1.18	0.11
四	设备购置费	37.19	46.95	32.91	4.28
	其中：编制基准期价差	0.24	0.3	0.24	
五	小计	69.09	87.21	61.41	7.68
	其中：甲供设备材料费	60.66	76.57	53.68	6.98
六	其他费用	10.13	12.79	9.56	0.57
七	基本预备费				
八	特殊项目				
九	工程投资合计	79.22	100	70.97	8.25
	其中：可抵扣增值税金额	8.25			8.25
	其中：施工费	8.44	10.65	7.74	0.7

表 6-11　　典型方案 A3-2 安装工程专业汇总表　　金额单位：元

序号	工程或费用名称	安装工程费			设备购置费	合计
		未计价材料费	安装费	小计		
	安装工程	237511	47065	284576	371950	656525
四	控制及直流系统	2730	9733	12464		12464
1	监控或监测系统	2730	9733	12464		12464
1.1	计算机监控系统	2730	9733	12464		12464
五	站用电系统	234638	11429	246067	371950	618017
1	站用变压器	234638	11429	246067	371950	618017
1.1	变压器本体	234638	11429	246067	371950	618017
六	电缆防护设施	57	113	170		170
2	电缆防火	57	113	170		170
七	全站接地	86	8	93		93
1	接地网	86	8	93		93
九	调试		25781	25781		25781
1	分系统调试		23510	23510		23510
3	特殊调试		2271	2271		2271
	合计	237511	47065	284576	371950	656525

表 6-12　　典型方案 A3-2 建筑工程专业汇总表　　金额单位：元

序号	工程或费用名称	建筑设备购置费	未计价材料费	建筑费	建筑工程费合计
	建筑工程		5044	16506	21549
二	主变压器及配电装置建筑		5044	16506	21549
1	主变压器系统		5044	16506	21549
1.2	主变压器设备基础		5044	16506	21549
	合计		5044	16506	21549

表 6-13　　典型方案 A3-2 拆除工程专业汇总表　　金额单位：元

序号	工程或费用名称	拆除工程费
	拆除工程	12872
	建筑拆除	8192
二	主变压器及配电装置建筑	8192
1	主变压器系统	8192
1.1	构支架及基础	8192
	安装拆除	4680
四	控制及直流系统	3862
1	监控或监测系统	3862
1.1	计算机监控系统	3862
五	站用电系统	817
1	站用变压器	817
1.1	变压器本体	817
	合计	12872

表 6-14　　典型方案 A3-2 其他费用估算表　　金额单位：元

序号	工程或费用项目名称	编制依据及计算说明	合价
2	项目管理费		31102
2.1	管理经费	（建筑工程费+安装工程费+拆除工程费）×3.53%	11261
2.2	招标费	（建筑工程费+安装工程费+拆除工程费）×1.81%	5774
2.3	工程监理费	（建筑工程费+安装工程费+拆除工程费）×4.41%	14068
3	项目技术服务费		70247
3.1	前期工作费	（建筑工程费+安装工程费）×3.05%	9337
3.3	工程勘察设计费		55769
3.3.2	设计费	设计费×100%	55769
3.4	设计文件评审费		3450
3.4.1	初步设计文件评审费	基本设计费×3.5%	1654
3.4.2	施工图文件评审费	基本设计费×3.8%	1796
3.5	施工过程造价咨询及竣工结算审核费	（建筑工程费+安装工程费+拆除工程费）×0.53%	1691
	合计		101349

6.2.4 典型方案电气设备材料表

典型方案 A3-2 电气设备材料见表 6-15。

表 6-15 典型方案 A3-2 电气设备材料表

序号	设备或材料名称	单位	数量	备注
	安装工程			
一	主变压器系统			
四	控制及直流系统			
1	监控或监测系统			
1.1	计算机监控系统			
500017121	网络线，超 5 类，屏蔽	m	100	
500061242	软铜绞线，TJR1，100	t	0.036	
五	站用电系统			
1	站用变压器			
1.1	变压器本体			
500094272	消弧线圈接地变成套装置，AC10kV，1500kVA，干式，165A，调匝	套	1	
100000010	35kV 变电站控制电缆	km	0.500	
500014823	布电线，BVR，铜，2.5，1	km	0.020	
500108302	电力电缆，AC10kV，YJV，240，3，22，ZC，无阻水	km	0.100	
500021021	10kV 电缆终端，3×240，户外终端，冷缩，铜	个	1	
500021060	10kV 电缆终端，3×240，户内终端，冷缩，铜	个	1	
500109210	低压电力电缆，YJV，铜，185/95，3+1 芯，ZC，22，普通	km	0.450	
六	电缆防护设施			
2	电缆防火			
500011727	防火涂料	t	0.003	
500011738	防火堵料	t	0.006	
七	全站接地			
1	接地网			
500011000	扁钢，60mm，8mm，Q235-A	t	0.023	
	建筑工程			
二	主变压器及配电装置建筑			
1	主变压器系统			
1.1	构支架及基础			
C01020712	圆钢 ϕ10 以下	kg	535.500	
C01020713	圆钢 ϕ10 以上	kg	761.685	

6.2.5 典型方案工程量表

典型方案 A3－2 工程量见表 6－16。

表 6－16　　典型方案 A3－2 工程量表

序号	项目名称	单位	数量	备注
	建筑工程			
JGT2－15	其他设备基础　单体小于 $50m^3$	m^3	15	
JGT7－11	钢筋、铁件　普通钢筋	t	0.769	
	安装工程			
四	控制及直流系统			
1	监控或监测系统			
1.1	计算机监控系统			
JGD4－1	控制、保护屏柜安装　控制屏柜	块	1	
JGZ7－1	布放设备电缆　布放线缆	100m	1	
JGD7－3	全站电缆敷设　控制电缆　全站	100m	5	
五	站用电系统			
1	站用变压器			
1.1	变压器本体			
JGD1－135	20kV 接地变压器消弧线圈成套装置安装 容量（kVA 以下）1600	套	1	
JGD7－1	全站电缆敷设　电力电缆　6kV 以下　全站	100m	4.500	
JGD7－2	全站电缆敷设　电力电缆 6kV 以上　全站	100m	1	
六	电缆防护设施			
2	电缆防火			
JGD7－10	电缆防火安装　防火堵料	t	0.006	
JGD7－11	电缆防火安装　防火涂料	t	0.003	
九	调试			
JGS1－1	电力变压器系统　10kV	系统	1	
2	特殊调试			
JGS1－272	电压互感器特殊试验　10kV	台	1	
二	安装拆除			
调 CYD4－1 R×0.5 C×0.5 J×0.5	控制保护屏拆除　保护二次屏（柜）	台	1	
调 CYD7－3 R×0.5 C×0.5 J×0.5	全站电缆拆除　控制电缆	100m	5	

续表

序号	项目名称	单位	数量	备注
调 CYD7－1 R×0.5 C×0.5 J×0.5	全站电缆拆除　电力电缆 6kV 以下	100m	4.500	
调 CYD7－2 R×0.5 C×0.5 J×0.5	全站电缆拆除　电力电缆 6kV 以上	100m	1	
调 CYD1－119 R×0.5 C×0.5 J×0.5	20kV 消弧线圈成套装置拆除 20kV 容量（kVA 以下）1600	套	1	
	建筑拆除			
JGT1－7	机械施工土方　土方运距　每增加 1km	m^3	30	
CYT3－2	拆除钢筋混凝土　基础	m^3	15	

6.3 A3－3 更换 35kV 消弧线圈接地变成套装置（1000kVA，干式）

6.3.1 典型方案主要内容

本典型方案为更换 1 套 35kV 消弧线圈接地变成套装置（1000kVA，干式），内容包括一次、二次电缆的拆除、电缆头制作、电缆敷设及接引；消弧线圈接地变成套装置的拆除与安装；消弧线圈接地变成套装置基础拆除、安装；消弧线圈接地变成套装置的一、二次调试及试验；防火封堵；接地引下线更换。

6.3.2 典型方案主要技术条件

典型方案 A3－3 主要技术条件见表 6－17。

表 6－17　　典型方案 A3－3 主要技术条件

方案名称	工程主要技术条件	
更换 35kV 消弧线圈接地变成套装置（1000kVA，干式）	结构型式	干式
	额定电压（kV）	35
	额定容量（kVA）	1000
	调节方式	调匝
	安装场所	户外

6.3.3 典型方案估算书

估算投资为总投资，编制依据按第 3 章要求。典型方案 A3－3 估算书包括总估算汇总表、安装工程专业汇总表、建筑工程专业汇总表、拆除工程专业汇总表、其他费用估算表，分别见表 6－18～表 6－22。

表 6-18　　典型方案 A3-3 总估算汇总表　　金额单位：万元

序号	工程或费用名称	含税金额	占工程投资的比例（%）	不含税金额	可抵扣增值税金额
一	建筑工程费	2.15	2.02	1.97	0.18
二	安装工程费	33.71	31.72	30.12	3.59
三	拆除工程费	1.26	1.19	1.16	0.1
四	设备购置费	56.21	52.89	49.75	6.46
	其中：编制基准期价差	0.33	0.31	0.33	
五	小计	93.33	87.82	83	10.33
	其中：甲供设备材料费	80.95	76.17	71.64	9.31
六	其他费用	12.95	12.18	12.22	0.73
七	基本预备费				
八	特殊项目				
九	工程投资合计	106.28	100	95.22	11.06
	其中：可抵扣增值税金额	11.06			11.06
	其中：施工费	12.39	11.66	11.37	1.02

表 6-19　　典型方案 A3-3 安装工程专业汇总表　　金额单位：元

序号	工程或费用名称	安装工程费			设备购置费	合计
		未计价材料费	安装费	小计		
	安装工程	250279	86785	337063	562082	899145
四	控制及直流系统	2730	564	3294		3294
1	监控或监测系统	2730	564	3294		3294
1.1	计算机监控系统	2730	564	3294		3294
五	站用电系统	247406	20564	267970	562082	830052
1	站用变压器	247406	20564	267970	562082	830052
1.1	变压器本体	247406	20564	267970	562082	830052
六	电缆防护设施	57	113	170		170
2	电缆防火	57	113	170		170
七	全站接地	86	8	93		93
1	接地网	86	8	93		93
九	调试		65535	65535		65535
1	分系统调试		53319	53319		53319
3	特殊调试		12216	12216		12216
	合计	250279	86785	337063	562082	899145

表 6-20　　典型方案 A3-3 建筑工程专业汇总表　　金额单位：元

序号	工程或费用名称	建筑设备购置费	未计价材料费	建筑费	建筑工程费合计
	建筑工程		5044	16506	21549
二	主变压器及配电装置建筑		5044	16506	21549
1	主变压器系统		5044	16506	21549
1.2	主变压器设备基础		5044	16506	21549
	合计		5044	16506	21549

表 6-21　　典型方案 A3-3 拆除工程专业汇总表　　金额单位：元

序号	工程或费用名称	拆除工程费
	拆除工程	12639
	建筑拆除	8192
二	主变压器及配电装置建筑	8192
1	主变压器系统	8192
1.1	构支架及基础	8192
	安装拆除	4448
四	控制及直流系统	3862
1	监控或监测系统	3862
1.1	计算机监控系统	3862
五	站用电系统	585
1	站用变压器	585
1.1	变压器本体	585
	合计	12639

表 6-22　　典型方案 A3-3 其他费用估算　　金额单位：元

序号	工程或费用项目名称	编制依据及计算说明	合价
2	项目管理费		36197
2.1	管理经费	（建筑工程费＋安装工程费＋拆除工程费）×3.53%	13105
2.2	招标费	（建筑工程费＋安装工程费＋拆除工程费）×1.81%	6720
2.3	工程监理费	（建筑工程费＋安装工程费＋拆除工程费）×4.41%	16372
3	项目技术服务费		93313
3.1	前期工作费	（建筑工程费＋安装工程费）×3.05%	10938
3.3	工程勘察设计费		75723
3.3.2	设计费	设计费×100%	75723
3.4	设计文件评审费		4685
3.4.1	初步设计文件评审费	基本设计费×3.5%	2246
3.4.2	施工图文件评审费	基本设计费×3.8%	2439
3.5	施工过程造价咨询及竣工结算审核费	（建筑工程费＋安装工程费＋拆除工程费）×0.53%	1968
	合计		129510

6.3.4 典型方案电气设备材料表

典型方案A3-3电气设备材料见表6-23。

表6-23 典型方案A3-3电气设备材料表

序号	设备或材料名称	单位	数量	备注
	安装工程			
一	主变压器系统			
四	控制及直流系统			
1	监控或监测系统			
1.1	计算机监控系统			
500017121	网络线，超5类，屏蔽	m	100	
500061242	软铜绞线，TJR1，100	t	0.036	
五	站用电系统			
1	站用变压器			
1.1	变压器本体			
500139968	消弧线圈接地变成套装置，AC35kV，1000kVA，油浸，28A，调匝	套	1	
100000010	35kV 变电站控制电缆	km	0.500	
500014823	布电线，BVR，铜，2.5，1	km	0.020	
500109210	电力电缆，AC35kV，YJV，240，3，22，ZC，无阻水	km	0.100	
500021169	35kV 电缆终端，3×240，户外终端，冷缩，铜	个	1	
500021012	35kV 电缆终端，3×240，户内终端，冷缩，铜	个	1	
500109210	低压电力电缆，YJV，铜，185/95，3+1芯，ZC，22，普通	km	0.450	
六	电缆防护设施			
2	电缆防火			
500011727	防火涂料	t	0.003	
500011738	防火堵料	t	0.006	
七	全站接地			
1	接地网			
500011000	扁钢，60mm，8mm，Q235-A	t	0.023	
	建筑工程			
二	主变压器及配电装置建筑			
1	主变压器系统			
1.1	构支架及基础			
C01020712	圆钢 ϕ10以下	kg	535.500	
C01020713	圆钢 ϕ10以上	kg	761.685	

6.3.5 典型方案工程量表

典型方案 A3－3 工程量见表 6－24。

表 6－24　　典型方案 A3－3 工程量表

序号	项目名称	单位	数量	备注
	建筑工程			
JGT2－15	设备基础　变压器基础	m^3	15	
JGT7－11	钢筋、铁件　普通钢筋	t	0.769	
	安装工程			
四	控制及直流系统			
1	监控或监测系统			
1.1	计算机监控系统			
JGD4－1	控制、保护屏柜安装　控制屏柜	块	1	
JGZ7－1	布放设备电缆　布放线缆	100m	1	
JGD7－3	全站电缆敷设　控制电缆　全站	100m	5	
五	站用电系统			
1	站用变压器			
1.1	变压器本体			
JGD1－138	35kV 接地变压器消弧线圈成套装置安装　容量（kVA 以下）1800	套	1	
JGD7－1	全站电缆敷设　电力电缆 6kV 以下　全站	100m	4.500	
JGD7－2	全站电缆敷设　电力电缆 6kV 以上　全站	100m	1	
六	电缆防护设施			
2	电缆防火			
JGD7－10	电缆防火安装　防火堵料	t	0.006	
JGD7－11	电缆防火安装　防火涂料	t	0.003	
九	调试			
JGS1－2	电力变压器系统 35kV	系统	1	
2	特殊调试			
JGS1－265	电流互感器特殊试验 35kV	台	1	
JGS1－273	电压互感器特殊试验 35kV	台	1	
二	安装拆除			
调 CYD4－1 R×0.5 C×0.5 J×0.5	控制保护屏拆除　保护二次屏（柜）	台	1	
调 CYD7－3 R×0.5 C×0.5 J×0.5	全站电缆拆除　控制电缆	100m	5	

续表

序号	项目名称	单位	数量	备注
调 CYD7－1 R×0.5 C×0.5 J×0.5	全站电缆拆除　电力电缆 6kV 以下	100m	4.500	
调 CYD7－2 R×0.5 C×0.5 J×0.5	全站电缆拆除　电力电缆 6kV 以上	100m	1	
调 CYD1－122 R×0.5 C×0.5 J×0.5	35kV 消弧线圈成套装置拆除　容量（kVA 以下）1800	套	1	
	建筑拆除			
调 JGT1－7 R×20 C×20 J×20	机械施工土方　土方运距　每增加 1km	m^3	30	
CYT3－2	拆除钢筋混凝土　基础	m^3	15	

6.4 A3－4 更换 35kV 消弧线圈接地变成套装置（1500kVA，干式）

6.4.1 典型方案主要内容

本典型方案为更换 1 套 35kV 消弧线圈接地变成套装置（1500kVA，干式），内容包括一次、二次电缆的拆除、电缆头制作、电缆敷设及接引；消弧线圈接地变成套装置的拆除与安装；消弧线圈接地变成套装置基础拆除、安装；消弧线圈接地变成套装置的一、二次调试及试验；防火封堵；接地引下线更换。

6.4.2 典型方案主要技术条件

典型方案 A3－4 主要技术条件见表 6－25。

表 6－25　　典型方案 A3－4 主要技术条件

方案名称	工程主要技术条件	
更换 35kV 消弧线圈接地变成套装置（1500kVA，干式）	结构型式	干式
	额定电压（kV）	35
	额定容量（kVA）	1500
	调节方式	调匝
	安装场所	户外

6.4.3 典型方案估算书

估算投资为总投资，编制依据按第 3 章要求。典型方案 A3－4 估算书包括总估算汇总表、安装工程专业汇总表、建筑工程专业汇总表、拆除工程专业汇总表、其他费用估算表，分别见表 6－26～表 6－30。

表 6－26　　典型方案 A3－4 总估算汇总表　　金额单位：万元

序号	工程或费用名称	含税金额	占工程投资的比例（%）	不含税金额	可抵扣增值税金额
一	建筑工程费	2.15	1.8	1.97	0.18
二	安装工程费	33.71	28.26	30.12	3.59
三	拆除工程费	1.26	1.06	1.16	0.1
四	设备购置费	68.45	57.39	60.58	7.87
	其中：编制基准期价差	0.33	0.28	0.33	
五	小计	105.57	88.51	93.83	11.74
	其中：甲供设备材料费	93.19	78.13	82.47	10.72
六	其他费用	13.71	11.49	12.93	0.78
七	基本预备费				
八	特殊项目				
九	工程投资合计	119.28	100	106.76	12.52
	其中：可抵扣增值税金额	12.52			12.52
	其中：施工费	12.39	10.39	11.37	1.02

表 6－27　　典型方案 A3－4 安装工程专业汇总表　　金额单位：元

序号	工程或费用名称	安装工程费			设备购置费	合计
		未计价材料费	安装费	小计		
	安装工程	250279	86785	337063	684496	1021559
四	控制及直流系统	2730	9733	12464		12464
1	监控或监测系统	2730	9733	12464		12464
1.1	计算机监控系统	2730	9733	12464		12464
五	站用电系统	247406	11395	258801	684496	943297
1	站用变压器	247406	11395	258801	684496	943297
1.1	变压器本体	247406	11395	258801	684496	943297
六	电缆防护设施	57	113	170		170
2	电缆防火	57	113	170		170
七	全站接地	86	8	93		93
1	接地网	86	8	93		93
九	调试		65535	65535		65535
1	分系统调试		53319	53319		53319
3	特殊调试		12216	12216		12216
	合计	250279	86785	337063	684496	1021559

表 6-28　　典型方案 A3-4 建筑工程专业汇总表　　金额单位：元

序号	工程或费用名称	建筑设备购置费	未计价材料费	建筑费	建筑工程费合计
	建筑工程		5044	16506	21549
二	主变压器及配电装置建筑		5044	16506	21549
1	主变压器系统		5044	16506	21549
1.2	主变压器设备基础		5044	16506	21549
	合计		5044	16506	21549

表 6-29　　典型方案 A3-4 拆除工程专业汇总表　　金额单位：元

序号	工程或费用名称	拆除工程费
	拆除工程	12639
	建筑拆除	8192
二	主变压器及配电装置建筑	8192
1	主变压器系统	8192
1.1	构支架及基础	8192
	安装拆除	4448
四	控制及直流系统	3862
1	监控或监测系统	3862
1.1	计算机监控系统	3862
五	站用电系统	585
1	站用变压器	585
1.1	变压器本体	585
	合计	12639

表 6-30　　典型方案 A3-4 其他费用估算表　　金额单位：元

序号	工程或费用项目名称	编制依据及计算说明	合价
2	项目管理费		36197
2.1	管理经费	（建筑工程费+安装工程费+拆除工程费）×3.53%	13105
2.2	招标费	（建筑工程费+安装工程费+拆除工程费）×1.81%	6720
2.3	工程监理费	（建筑工程费+安装工程费+拆除工程费）×4.41%	16372
3	项目技术服务费		100867
3.1	前期工作费	（建筑工程费+安装工程费）×3.05%	10938
3.3	工程勘察设计费		82837
3.3.2	设计费	设计费×100%	82837
3.4	设计文件评审费		5125
3.4.1	初步设计文件评审费	基本设计费×3.5%	2457
3.4.2	施工图文件评审费	基本设计费×3.8%	2668
3.5	施工过程造价咨询及竣工结算审核费	（建筑工程费+安装工程费+拆除工程费）×0.53%	1968
	合计		137065

6.4.4 典型方案电气设备材料表

典型方案 A3-4 电气设备材料见表 6-31。

表 6-31 典型方案 A3-4 电气设备材料表

序号	设备或材料名称	单位	数量	备注
	安装工程			
一	主变压器系统			
四	控制及直流系统			
1	监控或监测系统			
1.1	计算机监控系统			
500017121	网络线，超 5 类，屏蔽	m	100	
500061242	软铜绞线，TJR1，100	t	0.036	
五	站用电系统			
1	站用变压器			
1.1	变压器本体			
500139967	消弧线圈接地变成套装置，AC35kV，1500kVA，干式，50A，调匝	套	1	
100000010	35kV 变电站控制电缆	km	0.500	
500014823	布电线，BVR，铜，2.5，1	km	0.020	
500109210	电力电缆，AC35kV，YJV，240，3，22，ZC，无阻水	km	0.100	
500021169	35kV 电缆终端，3×240，户外终端，冷缩，铜	个	1	
500021012	35kV 电缆终端，3×240，户内终端，冷缩，铜	个	1	
500109210	低压电力电缆，YJV，铜，185/95，3+1 芯，ZC，22，普通	km	0.450	
六	电缆防护设施			
2	电缆防火			
500011727	防火涂料	t	0.003	
500011738	防火堵料	t	0.006	
七	全站接地			
1	接地网			
500011000	扁钢，60mm，8mm，Q235-A	t	0.023	
	建筑工程			
二	主变压器及配电装置建筑			
1	主变压器系统			
1.1	构支架及基础			
C01020712	圆钢 ϕ10 以下	kg	535.500	
C01020713	圆钢 ϕ10 以上	kg	761.685	

6.4.5 典型方案工程量表

典型方案 A3－4 工程量见表 6－32。

表 6－32 典型方案 A3－4 工程量表

序号	项目名称	单位	数量	备注
	建筑工程			
JGT2－15	其他设备基础　单体小于 50m^3	m^3	15	
JGT7－11	普通钢筋	t	0.769	
	安装工程			
四	控制及直流系统			
1	监控或监测系统			
1.1	计算机监控系统			
JGD4－1	控制、保护屏柜安装　控制屏柜	块	1	
JGZ7－1	布放设备电缆　布放线缆	100m	1	
JGD7－3	全站电缆敷设　控制电缆　全站	100m	5	
五	站用电系统			
1	站用变压器			
1.1	变压器本体			
JGD1－138	35kV 接地变压器消弧线圈成套装置安装 容量（kVA 以下）1800	套	1	
JGD7－1	全站电缆敷设　电力电缆 6kV 以下　全站	100m	4.500	
JGD7－2	全站电缆敷设　电力电缆 6kV 以上　全站	100m	1	
六	电缆防护设施			
2	电缆防火			
JGD7－10	电缆防火安装　防火堵料	t	0.006	
JGD7－11	电缆防火安装　防火涂料	t	0.003	
九	调试			
JGS1－2	电力变压器系统 35kV	系统	1	
2	特殊调试			
JGS1－265	电流互感器特殊试验 35kV	台	1	
JGS1－273	电压互感器特殊试验 35kV	台	1	
二	安装拆除			
调 CYD4－1 R×0.5 C×0.5 J×0.5	控制保护屏拆除　保护二次屏（柜）	台	1	
调 CYD7－3 R×0.5 C×0.5 J×0.5	全站电缆拆除　控制电缆	100m	5	

续表

序号	项目名称	单位	数量	备注
调 CYD7－1 R×0.5 C×0.5 J×0.5	全站电缆拆除　电力电缆 6kV 以下	100m	4.500	
调 CYD7－2 R×0.5 C×0.5 J×0.5	全站电缆拆除　电力电缆 6kV 以上	100m	1	
调 CYD1－122 R×0.5 C×0.5 J×0.5	35kV 消弧线圈成套装置拆除　容量（kVA 以下）1800	套	1	
	建筑拆除			
调 JGT1－7 R×20 C×20 J×20	机械施工土方　土方运距　每增加 1km	m^3	30	
CYT3－2	拆除钢筋混凝土　基础	m^3	15	

第7章　更换隔离开关

典型方案说明

更换隔离开关典型方案共 16 个：按照电压等级、设备型式、接地方式分为 35kV 至 500kV（不含 330kV）不同类型的隔离开关的典型方案。所有典型方案的工作范围只包含隔离开关本体，不包含相应二次设备更换。

7.1　A4－1 更换 35kV 双柱水平旋转式隔离开关（单接地）

7.1.1　典型方案主要内容

本典型方案为更换 1 组 35kV 双柱水平旋转式隔离开关（单接地）（三相为 1 组），内容包括一次、二次设备引线拆除、安装；隔离开关拆除及安装；隔离开关基础拆除、安装；隔离开关一、二次调试；设备防污闪喷涂；防火封堵；接地引下线更换。

7.1.2　典型方案主要技术条件

典型方案 A4－1 主要技术条件见表 7－1。

表 7－1　　典型方案 A4－1 主要技术条件

方案名称	工程主要技术条件	
更换 35kV 双柱水平旋转式隔离开关（单接地）	结构型式	双柱水平旋转
	额定电压（kV）	35
	额定电流（A）	2500
	额定短时耐受电流（kA）	40
	接地方式	单接地
	操作型式	电动
	安装场所	户外

7.1.3　典型方案估算书

估算投资为总投资，编制依据按第 3 章要求。典型方案 A4－1 估算书包括总估算汇总表、安装工程专业汇总表、建筑工程专业汇总表、拆除工程专业汇总表、其他费用估算表，分别见表 7－2～表 7－6。

表 7－2　　典型方案 A4－1 总估算汇总表　　金额单位：万元

序号	工程或费用名称	含税金额	占工程投资的比例（%）	不含税金额	可抵扣增值税金额
一	建筑工程费	1.02	13.71	0.94	0.08
二	安装工程费	1.23	16.53	1.12	0.11

续表

序号	工程或费用名称	含税金额	占工程投资的比例（%）	不含税金额	可抵扣增值税金额
三	拆除工程费	0.27	3.63	0.25	0.02
四	设备购置费	3.98	53.49	3.52	0.46
	其中：编制基准期价差	0.02	0.27	0.02	
五	小计	6.5	87.37	5.83	0.67
	其中：甲供设备材料费	4.32	58.06	3.82	0.5
六	其他费用	0.94	12.63	0.89	0.05
七	基本预备费				
八	特殊项目				
九	工程投资合计	7.44	100	6.72	0.72
	其中：可抵扣增值税金额	0.72			0.72
	其中：施工费	2.17	29.17	1.99	0.18

表 7-3　　典型方案 A4-1 安装工程专业汇总表　　金额单位：元

序号	工程或费用名称	安装工程费			设备购置费	合计
		未计价材料费	安装费	小计		
	安装工程	7308	5007	12315	39766	52081
二	配电装置	7155	3828	10983	39766	50749
2	屋外配电装置	7155	3828	10983	39766	50749
2.1	35kV 配电装置	7155	3828	10983	39766	50749
六	电缆防护设施	67	114	181		181
2	电缆防火	67	114	181		181
七	全站接地	86	8	93		93
1	接地网	86	8	93		93
九	调试		1058	1058		1058
1	分系统调试		1058	1058		1058
	合计	7308	5007	12315	39766	52081

表 7-4　　典型方案 A4-1 建筑工程专业汇总表　　金额单位：元

序号	工程或费用名称	建筑设备购置费	未计价材料费	建筑费	建筑工程费合计
	建筑工程		1009	9150	10159
二	主变压器及配电装置建筑		1009	9150	10159
2	35kV 构架及设备基础		1009	9150	10159
2.2	设备支架及基础		1009	9150	10159
	合计		1009	9150	10159

表 7-5　　典型方案 A4-1 拆除工程专业汇总表　　金额单位：元

序号	工程或费用名称	拆除工程费
	拆除工程	2687
	建筑拆除	1977
二	主变压器及配电装置建筑	1977
2	35kV 构架及设备基础	1977
2.2	设备支架及基础	1977
	安装拆除	710
二	配电装置	710
2	屋外配电装置	710
2.1	35kV 配电装置	710
	合计	2687

表 7-6　　典型方案 A4-1 其他费用估算表　　金额单位：元

序号	工程或费用项目名称	编制依据及计算说明	合价
2	项目管理费		2453
2.1	管理经费	（建筑工程费＋安装工程费＋拆除工程费）×3.53%	888
2.2	招标费	（建筑工程费＋安装工程费＋拆除工程费）×1.81%	455
2.3	工程监理费	（建筑工程费＋安装工程费＋拆除工程费）×4.41%	1110
3	项目技术服务费		6921
3.1	前期工作费	（建筑工程费＋安装工程费）×3.05%	685
3.3	工程勘察设计费		5119
3.3.2	设计费	设计费×100%	5119
3.4	设计文件评审费		317
3.4.1	初步设计文件评审费	基本设计费×3.5%	152
3.4.2	施工图文件评审费	基本设计费×3.8%	165
3.5	施工过程造价咨询及竣工结算审核费	（建筑工程费＋安装工程费＋拆除工程费）×0.53%	800
	合计		9374

7.1.4 典型方案电气设备材料表

典型方案 A4-1 电气设备材料见表 7-7。

表 7-7　　典型方案 A4-1 电气设备材料表

序号	设备或材料名称	单位	数量	备注
	安装工程			
二	配电装置			
2	屋外配电装置			

续表

序号	设备或材料名称	单位	数量	备注
2.1	35kV 配电装置			
500002322	35kV 三相隔离开关，2500A，40kA，电动双柱水平旋转，单接地	组	1	
500027425	35kV 软导线引下线	组（三相）	1	
100000004	35kV 软导线设备连线	组（三相）	1	
100000010	35kV 变电站控制电缆	km	0.120	
500033083	布电线，BVR，铜，2.5，4	km	0.018	
500033976	电缆保护管，钢管，ϕ50	t	0.612	
500011755	绝缘涂料，PRTV	t	0.007	
500052233	软铜绞线，TJR1，120	t	0.001	
六	电缆防护设施			
2	电缆防火			
500011738	防火堵料	t	0.006	
500011727	防火涂料	t	0.003	
七	全站接地			
1	设备接地			
500010951	扁钢，50mm，5mm，Q235－A	t	0.023	

7.1.5 典型方案工程量表

典型方案 A4－1 工程量见表 7－8。

表 7－8　　典型方案 A4－1 工程量表

序号	项目名称	单位	数量	备注
	建筑工程			
二	主变压器及配电装置建筑			
2	35kV 构架及设备基础			
2.2	设备支架及基础			
JGT2－15	其他设备基础　单体小于 50m³	m³	3	
JGT7－11	普通钢筋	t	0.315	
JGT9－36	不含土方、基础、支架　钢管设备支架	t	0.400	
	安装工程			
二	配电装置			
2	屋外配电装置			
2.1	35kV 配电装置			
JGD2－63	户外双柱式隔离开关安装 35kV 三相带接地	组	1	

续表

序号	项目名称	单位	数量	备注
JGD7－3	全站电缆敷设　控制电缆　全站	100m	1.200	
	电缆防护设施			
2	电缆防火			
JGD7－10	电缆防火安装　防火堵料	t	0.006	
JGD7－11	电缆防火安装　防火涂料	t	0.003	
九	调试			
1	分系统调试			
调 JGS1－12 R×0.1 C×0.1 J×0.1	配电装置系统 35kV	间隔	1	
	拆除工程			
一	建筑拆除			
2	主变压器及配电装置建筑			
2.2	35kV 构架及设备基础			
调 JGT1－7 R×20 C×20 J×20	机械施工土方　土方运距　每增加 1km	m^3	6	
CYT3－2	拆除钢筋混凝土　基础	m^3	3	
CYT4－7	拆除钢构支架	t	0.400	
二	安装拆除			
2	配电装置			
2.2	屋外配电装置			
调 CYD2－67 R×0.5 C×0.5 J×0.5	户外双柱式隔离开关拆除 35kV 三相带接地	组	1	
调 CYD7－3 R×0.5 C×0.5 J×0.5	全站电缆拆除　控制电缆	100m	1.200	

7.2 A4－2 更换 35kV 双柱水平旋转式隔离开关（双接地）

7.2.1 典型方案主要内容

本典型方案为更换 1 组 35kV 双柱水平旋转式隔离开关（双接地）（三相为 1 组），内容包括一次、二次设备引线拆除、安装；隔离开关拆除及安装；隔离开关基础拆除、安装；隔离开关一、二次调试；设备防污闪喷涂；防火封堵；接地引下线更换。

7.2.2 典型方案主要技术条件

典型方案A4–2主要技术条件见表7–9。

表7–9　　典型方案A4–2主要技术条件

方案名称	工程主要技术条件	
更换35kV双柱水平旋转式隔离开关（双接地）	结构型式	双柱水平旋转
	额定电压（kV）	35
	额定电流（A）	2500
	额定短时耐受电流（kA）	40
	接地方式	双接地
	操作型式	电动
	安装场所	户外

7.2.3 典型方案估算书

估算投资为总投资，编制依据按第3章要求。典型方案A4–2估算书包括总估算汇总表、安装工程专业汇总表、建筑工程专业汇总表、拆除工程专业汇总表、其他费用估算表，分别见表7–10～表7–14。

表7–10　　典型方案A4–2总估算汇总表　　金额单位：万元

序号	工程或费用名称	含税金额	占工程投资的比例（%）	不含税金额	可抵扣增值税金额
一	建筑工程费	1.02	12.7	0.94	0.08
二	安装工程费	1.71	21.3	1.55	0.16
三	拆除工程费	0.28	3.49	0.26	0.02
四	设备购置费	3.98	49.56	3.52	0.46
	其中：编制基准期价差	0.02	0.25	0.02	
五	小计	6.99	87.05	6.27	0.72
	其中：甲供设备材料费	4.45	55.42	3.94	0.51
六	其他费用	1.04	12.95	0.98	0.06
七	基本预备费				
八	特殊项目				
九	工程投资合计	8.03	100	7.25	0.78
	其中：可抵扣增值税金额	0.78			0.78
	其中：施工费	2.53	31.51	2.32	0.21

表 7-11　　典型方案 A4-2 安装工程专业汇总表　　金额单位：元

序号	工程或费用名称	安装工程费			设备购置费	合计
		未计价材料费	安装费	小计		
	安装工程	10856	6210	17066	39766	56833
二	配电装置	10703	5031	15734	39766	55500
2	屋外配电装置	10703	5031	15734	39766	55500
2.1	35kV 配电装置	10703	5031	15734	39766	55500
六	电缆防护设施	67	114	181		181
2	电缆防火	67	114	181		181
七	全站接地	86	8	93		93
1	接地网	86	8	93		93
九	调试		1058	1058		1058
1	分系统调试		1058	1058		1058
	合计	10856	6210	17066	39766	56833

表 7-12　　典型方案 A4-2 建筑工程专业汇总表　　金额单位：元

序号	工程或费用名称	建筑设备购置费	未计价材料费	建筑费	建筑工程费合计
	建筑工程		1009	9150	10159
二	主变压器及配电装置建筑		1009	9150	10159
2	35kV 构架及设备基础		1009	9150	10159
2.2	设备支架及基础		1009	9150	10159
	合计		1009	9150	10159

表 7-13　　典型方案 A4-2 拆除工程专业汇总表　　金额单位：元

序号	工程或费用名称	拆除工程费
	拆除工程	2836
	建筑拆除	1977
二	主变压器及配电装置建筑	1977
2	35kV 构架及设备基础	1977
2.2	设备支架及基础	1977
	安装拆除	860
二	配电装置	860
2	屋外配电装置	860
2.1	35kV 配电装置	860
	合计	2836

表 7-14　　典型方案 A4-2 其他费用估算表　　金额单位：元

序号	工程或费用项目名称	编制依据及计算说明	合价
2	项目管理费		2931
2.1	管理经费	（建筑工程费+安装工程费+拆除工程费）×3.53%	1061
2.2	招标费	（建筑工程费+安装工程费+拆除工程费）×1.81%	544
2.3	工程监理费	（建筑工程费+安装工程费+拆除工程费）×4.41%	1326
3	项目技术服务费		7481
3.1	前期工作费	（建筑工程费+安装工程费）×3.05%	830
3.3	工程勘察设计费		5510
3.3.2	设计费	设计费×100%	5510
3.4	设计文件评审费		341
3.4.1	初步设计文件评审费	基本设计费×3.5%	163
3.4.2	施工图文件评审费	基本设计费×3.8%	177
3.5	施工过程造价咨询及竣工结算审核费	（建筑工程费+安装工程费+拆除工程费）×0.53%	800
	合计		10412

7.2.4 典型方案电气设备材料表

典型方案 A4-2 电气设备材料见表 7-15。

表 7-15　　典型方案 A4-2 电气设备材料表

序号	设备或材料名称	单位	数量	备注
	安装工程			
二	配电装置			
2	屋外配电装置			
2.1	35kV 配电装置			
500002323	35kV 三相隔离开关，2500A，40kA，电动双柱水平旋转，双接地	组	1	
500027425	35kV 软导线引下线	组（三相）	1	
100000004	35kV 软导线设备连线	组（三相）	1	
100000010	35kV 变电站控制电缆	km	0.180	
500033083	布电线，BVR，铜，2.5，4	km	0.027	
500033976	电缆保护管，钢管，ϕ50	t	0.918	
500011755	绝缘涂料，PRTV	t	0.009	
500052233	软铜绞线，TJR1，120	t	0.001	
六	电缆防护设施			
2	电缆防火			

续表

序号	设备或材料名称	单位	数量	备注
500011738	防火堵料	t	0.006	
500011727	防火涂料	t	0.003	
七	全站接地			
1	设备接地			
500010951	扁钢，50mm，5mm，Q235－A	t	0.023	

7.2.5 典型方案工程量表

典型方案 A4－2 工程量见表 7－16。

表 7－16　　典型方案 A4－2 工程量表

序号	项目名称	单位	数量	备注
	建筑工程			
二	主变压器及配电装置建筑			
2	35kV 构架及设备基础			
2.2	设备支架及基础			
JGT2－15	其他设备基础　单体小于 50m³	m³	3	
JGT7－11	普通钢筋	t	0.315	
JGT9－36	不含土方、基础、支架　钢管设备支架	t	0.400	
	安装工程			
二	配电装置			
2	屋外配电装置			
2.1	35kV 配电装置			
JGD2－64	户外双柱式隔离开关安装 35kV 三相带双接地	组	1	
JGD7－3	全站电缆敷设　控制电缆　全站	100m	1.800	
	电缆防护设施			
2	电缆防火			
JGD7－10	电缆防火安装　防火堵料	t	0.006	
JGD7－11	电缆防火安装　防火涂料	t	0.003	
九	调试			
1	分系统调试			
调 JGS1－12 R×0.1 C×0.1 J×0.1	配电装置系统 35kV	间隔	1	
	拆除工程			
一	建筑拆除			

续表

序号	项目名称	单位	数量	备注
2	主变压器及配电装置建筑			
2.2	35kV 构架及设备基础			
调 JGT1－7 R×20 C×20 J×20	机械施工土方　土方运距　每增加 1km	m^3	6	
CYT3－2	拆除钢筋混凝土　基础	m^3	3	
CYT4－7	拆除钢构支架	t	0.400	
二	安装拆除			
2	配电装置			
2.2	屋外配电装置			
调 CYD2－68 R×0.5 C×0.5 J×0.5	户外双柱式隔离开关拆除 35kV 三相带双接地	组	1	
调 CYD7－3 R×0.5 C×0.5 J×0.5	全站电缆拆除　控制电缆	100m	1.800	

7.3 A4－3 更换 66kV 双柱水平（V 型）旋转式隔离开关（单接地）

7.3.1 典型方案主要内容

本典型方案为更换 1 组 66kV 双柱水平（V 型）旋转式隔离开关（单接地）（三相为 1 组），内容包括一次、二次设备引线拆除、安装；隔离开关拆除及安装；隔离开关基础拆除、安装；隔离开关一、二次调试；设备防污闪喷涂；防火封堵；接地引下线更换。

7.3.2 典型方案主要技术条件

典型方案 A4－3 主要技术条件见表 7－17。

表 7－17　　典型方案 A4－3 主要技术条件

方案名称	工程主要技术条件	
更换 66kV 双柱水平（V 型）旋转式隔离开关（单接地）	结构型式	双柱水平（V 型）旋转
	额定电压（kV）	66
	额定电流（A）	3150
	额定短时耐受电流（kA）	40
	接地方式	单接地
	操作型式	电动
	安装场所	户外

7.3.3 典型方案估算书

估算投资为总投资，编制依据按第 3 章要求。典型方案 A4–3 估算书包括总估算汇总表、安装工程专业汇总表、建筑工程专业汇总表、拆除工程专业汇总表、其他费用估算表，分别见表 7–18～表 7–22。

表 7–18　　典型方案 A4–3 总估算汇总表　　金额单位：万元

序号	工程或费用名称	含税金额	占工程投资的比例（%）	不含税金额	可抵扣增值税金额
一	建筑工程费	1.21	9.82	1.11	0.1
二	安装工程费	1.06	8.6	0.97	0.09
三	拆除工程费	0.38	3.08	0.35	0.03
四	设备购置费	8.4	68.18	7.43	0.97
	其中：编制基准期价差	0.09	0.73	0.09	
五	小计	11.05	89.69	9.86	1.19
	其中：甲供设备材料费	8.52	69.16	7.54	0.98
六	其他费用	1.27	10.31	1.2	0.07
七	基本预备费				
八	特殊项目				
九	工程投资合计	12.32	100	11.06	1.26
	其中：可抵扣增值税金额	1.26			1.26
	其中：施工费	2.54	20.62	2.33	0.21

表 7–19　　典型方案 A4–3 安装工程专业汇总表　　金额单位：元

序号	工程或费用名称	安装工程费			设备购置费	合计
		主要材料费	安装费	小计		
	安装工程	4606	6038	10644	84000	94644
二	配电装置	4451	3639	8089	84000	92089
2	屋外配电装置	4451	3639	8089	84000	92089
2.1	66kV 配电装置	4451	3639	8089	84000	92089
六	电缆防护设施	69	114	183		183
2	电缆防火	69	114	183		183
七	全站接地	86	619	705		705
1	接地网	86	619	705		705
九	调试		1667	1667		1667
1	分系统调试		1667	1667		1667
	合计	4606	6038	10644	84000	94644

表 7-20　　典型方案 A4-3 建筑工程专业汇总表　　金额单位：元

序号	工程或费用名称	建筑设备购置费	未计价材料费	建筑费	建筑工程费合计
	建筑工程		1446	10635	12081
二	主变压器及配电装置建筑		1446	10635	12081
2	66kV 构架及设备基础		1446	10635	12081
2.2	设备支架及基础		1446	10635	12081
	合计		1446	10635	12081

表 7-21　　典型方案 A4-3 拆除工程专业汇总表　　金额单位：元

序号	工程或费用名称	拆除工程费
	拆除工程	3782
	建筑拆除	2295
二	主变压器及配电装置建筑	2295
2	66kV 构架及设备基础	2295
2.1	构架及基础	2295
	安装拆除	1487
二	配电装置	1487
2	屋外配电装置	1487
2.1	66kV 配电装置	1487
	合计	3782

表 7-22　　典型方案 A4-3 其他费用估算表　　金额单位：元

序号	工程或费用名称	编制依据及计算说明	合价
2	项目管理费		2584
2.1	管理经费	（建筑工程费+安装工程费+拆除工程费）×3.53%	936
2.2	招标费	（建筑工程费+安装工程费+拆除工程费）×1.81%	480
2.3	工程监理费	（建筑工程费+安装工程费+拆除工程费）×4.41%	1169
3	项目技术服务费		10814
3.1	前期工作费	（建筑工程费+安装工程费）×3.05%	693
3.3	工程勘察设计费		8778
3.3.2	设计费	设计费×100%	8778
3.4	设计文件评审费		543
3.4.1	初步设计文件评审费	基本设计费×3.5%	260
3.4.2	施工图文件评审费	基本设计费×3.8%	283
3.5	施工过程造价咨询及竣工结算审核费	（建筑工程费+安装工程费+拆除工程费）×0.53%	140
	合计		12739

7.3.4 典型方案电气设备材料表

典型方案 A4－3 电气设备材料见表 7－23。

表 7－23　典型方案 A4－3 电气设备材料表

序号	设备或材料名称	单位	数量	备注
	安装工程			
二	配电装置			
500075795	66kV 三相隔离开关，3150A，40kA，电动 V 型旋转，单接地	组	1	
100000022	66kV 软导线引下线	组（三相）	1	
100000005	66kV 软导线设备连线	组（三相）	1	
100000011	66kV 变电站控制电缆	km	0.060	
100000011	布电线，BVR，铜，2.5，4	km	0.030	
500033976	电缆保护管，钢管，ϕ50	t	0.080	
500011755	绝缘涂料，PRTV	t	0.003	
500052233	软铜绞线，TJR1，120	t	0.001	
六	电缆防护设施			
2	电缆防火			
500011738	防火堵料	t	0.006	
500011727	防火涂料	t	0.003	
七	全站接地			
1	设备接地			
500010951	扁钢，50mm，5mm，Q235－A	t	0.023	

7.3.5 典型方案工程量表

典型方案 A4－3 工程量见表 7－24。

表 7－24　典型方案 A4－3 工程量表

序号	项目名称	单位	数量	备注
	建筑工程			
二	主变压器及配电装置建筑			
2	66kV 构架及设备基础			
2.1	构架及基础			
JGT2－8	独立基础　钢筋混凝土基础	m^3	4	
JGT9－36	不含土方基础支架　钢管设备支架	t	0.400	
JGT7－11	钢筋、铁件　普通钢筋	t	0.380	
JGT8－6	其他钢结构	t	0.090	
	安装工程			

续表

序号	项目名称	单位	数量	备注
二	配电装置			
2	屋外配电装置			
2.1	66kV 配电装置			
调 JGD2－67 R×0.88 C×0.88 J×0.88	户外双柱式隔离开关安装 110kV 三相带接地	组/三相	1	
JGD7－3	全站电缆敷设　控制电缆　全站	100m	0.600	
六	电缆防护设施			
2	电缆防火			
JGD7－11	电缆防火安装　防火涂料	t	0.003	
JGD7－10	电缆防火安装　防火堵料	t	0.006	
七	全站接地			
1	接地网			
JGD8－1	全站接地	100m	0.120	
九	调试			
1	分系统调试			
调 JGS1－13 R×0.1 C×0.1 J×0.1	配电装置系统 110kV	间隔	1	
	拆除工程			
二	建筑拆除			
2	主变压器及配电装置建筑			
2.1	66kV 构架及设备基础			
	构架及基础			
调 JGT1－7 R×10 C×10 J×10	机械施工土方　土方运距　每增加 1km	m^3	8	
CYT3－2	现浇混凝土　拆除钢筋混凝土　基础	m^3	4	
CYT4－7	拆除金属构件工程　拆除钢构支架	t	0.400	
	安装拆除			
二	配电装置			
2	屋外配电装置			
2.1	66kV 配电装置			
调 CYD2－71 R×0.88 C×0.88 J×0.88	户外双柱式隔离开关拆除 110kV 三相带接地	组/三相	1	
CYD7－1	全站电缆拆除　电力电缆 6kV 以下	100m	0.600	

7.4 A4-4 更换110kV双柱水平旋转式隔离开关（单接地）

7.4.1 典型方案主要内容

本典型方案为更换1组110kV双柱水平旋转式隔离开关（单接地）（三相为1组），内容包括一次、二次设备引线拆除、安装；隔离开关拆除及安装；隔离开关基础拆除、安装；隔离开关一、二次调试；设备防污闪喷涂；防火封堵；接地引下线更换。

7.4.2 典型方案主要技术条件

典型方案A4-4主要技术条件见表7-25。

表7-25　　典型方案A4-4主要技术条件

方案名称	工程主要技术条件	
更换110kV双柱水平旋转式隔离开关（单接地）	结构型式	双柱水平旋转
	额定电压（kV）	110
	额定电流（A）	3150
	额定短时耐受电流（kA）	40
	接地方式	单接地
	操作型式	电动
	安装场所	户外

7.4.3 典型方案估算书

估算投资为总投资，编制依据按第3章要求。典型方案A4-4估算书包括总估算汇总表、安装工程专业汇总表、建筑工程专业汇总表、拆除工程专业汇总表、其他费用估算表，分别见表7-26～表7-30。

表7-26　　典型方案A4-4总估算汇总表　　金额单位：万元

序号	工程或费用名称	含税金额	占工程投资的比例（%）	不含税金额	可抵扣增值税金额
一	建筑工程费	1.02	7.95	0.94	0.08
二	安装工程费	1.6	12.47	1.46	0.14
三	拆除工程费	0.29	2.26	0.27	0.02
四	设备购置费	8.51	66.33	7.53	0.98
	其中：编制基准期价差	0.02	0.16	0.02	
五	小计	11.42	89.01	10.2	1.22
	其中：甲供设备材料费	8.87	69.13	7.85	1.02
六	其他费用	1.41	10.99	1.33	0.08
七	基本预备费				
八	特殊项目				

续表

序号	工程或费用名称	含税金额	占工程投资的比例（%）	不含税金额	可抵扣增值税金额
九	工程投资合计	12.83	100	11.53	1.3
	其中：可抵扣增值税金额	1.3			1.3
	其中：施工费	2.54	19.8	2.33	0.21

表 7-27　　典型方案 A4-4 安装工程专业汇总表　　金额单位：元

序号	工程或费用名称	安装工程费			设备购置费	合计
		未计价材料费	安装费	小计		
	安装工程	8955	7012	15967	85107	101074
二	配电装置	8802	5223	14026	85107	99133
2	屋外配电装置	8802	5223	14026	85107	99133
2.1	110kV 配电装置	8802	5223	14026	85107	99133
六	电缆防护设施	67	114	181		181
2	电缆防火	67	114	181		181
七	全站接地	86	8	93		93
1	接地网	86	8	93		93
九	调试		1667	1667		1667
1	分系统调试		1667	1667		1667
	合计	8955	7012	15967	85107	101074

表 7-28　　典型方案 A4-4 建筑工程专业汇总表　　金额单位：元

序号	工程或费用名称	建筑设备购置费	未计价材料费	建筑费	建筑工程费合计
	建筑工程		1009	9150	10159
二	主变压器及配电装置建筑		1009	9150	10159
2	110kV 构架及设备基础		1009	9150	10159
2.2	设备支架及基础		1009	9150	10159
	合计		1009	9150	10159

表 7-29　　典型方案 A4-4 拆除工程专业汇总表　　金额单位：元

序号	工程或费用名称	拆除工程费
	拆除工程	2867
	建筑拆除	1977
二	主变压器及配电装置建筑	1977
2	110kV 构架及设备基础	1977
2.2	设备支架及基础	1977
	安装拆除	891

续表

序号	工程或费用名称	拆除工程费
二	配电装置	891
2	屋外配电装置	891
2.1	110kV 配电装置	891
	合计	2867

表 7-30　　典型方案 A4-4 其他费用估算表　　金额单位：元

序号	工程或费用项目名称	编制依据及计算说明	合价
2	项目管理费		2827
2.1	管理经费	（建筑工程费+安装工程费+拆除工程费）×3.53%	1023
2.2	招标费	（建筑工程费+安装工程费+拆除工程费）×1.81%	525
2.3	工程监理费	（建筑工程费+安装工程费+拆除工程费）×4.41%	1279
3	项目技术服务费		11311
3.1	前期工作费	（建筑工程费+安装工程费）×3.05%	797
3.3	工程勘察设计费		9148
3.3.2	设计费	设计费×100%	9148
3.4	设计文件评审费		566
3.4.1	初步设计文件评审费	基本设计费×3.5%	271
3.4.2	施工图文件评审费	基本设计费×3.8%	295
3.5	施工过程造价咨询及竣工结算审核费	（建筑工程费+安装工程费+拆除工程费）×0.53%	800
	合计		14138

7.4.4 典型方案电气设备材料表

典型方案 A4-4 电气设备材料见表 7-31。

表 7-31　　典型方案 A4-4 电气设备材料表

序号	设备或材料名称	单位	数量	备注
	安装工程			
二	配电装置			
2	屋外配电装置			
2.1	110kV 配电装置			
500003983	110kV 三相隔离开关，3150A，40kA，电动双柱水平旋转，单接地	组	1	
500026702	110kV 软导线引下线	组（三相）	1	
100000006	110kV 软导线设备连线	组（三相）	1	
100000012	110kV 变电站控制电缆	km	0.150	

续表

序号	设备或材料名称	单位	数量	备注
500033083	布电线，BVR，铜，2.5，4	km	0.018	
500033976	电缆保护管，钢管，φ50	t	0.765	
500011755	绝缘涂料，PRTV	t	0.018	
500052233	软铜绞线，TJR1，120	t	0.001	
六	电缆防护设施			
2	电缆防火			
500011738	防火堵料	t	0.006	
500011727	防火涂料	t	0.003	
七	全站接地			
1	设备接地			
500010951	扁钢，50mm，5mm，Q235-A	t	0.023	

7.4.5 典型方案工程量表

典型方案 A4-4 工程量见表 7-32。

表 7-32 典型方案 A4-4 工程量表

序号	项目名称	单位	数量	备注
	建筑工程			
二	主变压器及配电装置建筑			
2	110kV 构架及设备基础			
2.2	设备支架及基础			
JGT2-15	其他设备基础　单体小于 50m³	m³	3	
JGT7-11	普通钢筋	t	0.315	
JGT9-36	不含土方、基础、支架　钢管设备支架	t	0.400	
	安装工程			
二	配电装置			
2	屋外配电装置			
2.1	110kV 配电装置			
JGD2-67	户外双柱式隔离开关安装 110kV 三相带接地	组	1	
JGD7-3	全站电缆敷设　控制电缆　全站	100m	1.500	
	电缆防护设施			
2	电缆防火			
JGD7-10	电缆防火安装　防火堵料	t	0.006	

续表

序号	项目名称	单位	数量	备注
JGD7-11	电缆防火安装　防火涂料	t	0.003	
九	调试			
1	分系统调试			
调 JGS1-13 R×0.1 C×0.1 J×0.1	配电装置系统 110kV	间隔	1	
	拆除工程			
一	建筑拆除			
2	主变压器及配电装置建筑			
2.2	110kV 构架及设备基础			
调 JGT1-7 R×20 C×20 J×20	机械施工土方　土方运距　每增加 1km	m^3	6	
CYT3-2	拆除钢筋混凝土　基础	m^3	3	
CYT4-7	拆除钢构支架	t	0.400	
二	安装拆除			
2	配电装置			
2.2	屋外配电装置			
调 CYD2-71 R×0.5 C×0.5 J×0.5	户外双柱式隔离开关拆除 110kV 三相带接地	组	1	
调 CYD7-3 R×0.5 C×0.5 J×0.5	全站电缆拆除　控制电缆	100m	1.500	

7.5 A4-5 更换 110kV 单柱垂直伸缩式隔离开关（不接地）

7.5.1 典型方案主要内容

本典型方案为更换 1 组 110kV 单柱垂直伸缩式隔离开关（不接地）（三相为 1 组），内容包括一次、二次设备引线拆除、安装；隔离开关拆除及安装；隔离开关基础拆除、安装；隔离开关一、二次调试；设备防污闪喷涂；防火封堵；接地引下线更换。

7.5.2 典型方案主要技术条件

典型方案 A4-5 主要技术条件见表 7-33。

表 7-33　　典型方案 A4-5 主要技术条件

方案名称	工程主要技术条件	
更换 110kV 单柱垂直伸缩式隔离开关（不接地）	结构型式	单柱垂直伸缩
	额定电压（kV）	110
	额定电流（A）	3150
	额定短时耐受电流（kA）	40
	接地方式	不接地
	操作型式	电动
	安装场所	户外

7.5.3　典型方案估算书

估算投资为总投资，编制依据按第 3 章要求。典型方案 A4-5 估算书包括总估算汇总表、安装工程专业汇总表、建筑工程专业汇总表、拆除工程专业汇总表、其他费用估算表，分别见表 7-34～表 7-38。

表 7-34　　典型方案 A4-5 总估算汇总表　　金额单位：万元

序号	工程或费用名称	含税金额	占工程投资的比例（%）	不含税金额	可抵扣增值税金额
一	建筑工程费	1.52	10.41	1.39	0.13
二	安装工程费	1.63	11.16	1.49	0.14
三	拆除工程费	0.44	3.01	0.4	0.04
四	设备购置费	9.39	64.32	8.31	1.08
	其中：编制基准期价差	0.04	0.27	0.04	
五	小计	12.98	88.9	11.59	1.39
	其中：甲供设备材料费	9.61	65.82	8.5	1.11
六	其他费用	1.62	11.1	1.53	0.09
七	基本预备费				
八	特殊项目				
九	工程投资合计	14.6	100	13.12	1.48
	其中：可抵扣增值税金额	1.48			1.48
	其中：施工费	3.36	23.01	3.08	0.28

表 7-35　　典型方案 A4-5 安装工程专业汇总表　　金额单位：元

序号	工程或费用名称	安装工程费			设备购置费	合计
		未计价材料费	安装费	小计		
	安装工程	5596	10662	16258	93864	110122
二	配电装置	5443	8874	14317	93864	108181

续表

序号	工程或费用名称	安装工程费			设备购置费	合计
		未计价材料费	安装费	小计		
2	屋外配电装置	5443	8874	14317	93864	108181
2.1	110kV 配电装置	5443	8874	14317	93864	108181
六	电缆防护设施	67	114	181		181
2	电缆防火	67	114	181		181
七	全站接地	86	8	93		93
1	接地网	86	8	93		93
九	调试		1667	1667		1667
1	分系统调试		1667	1667		1667
	合计	5596	10662	16258	93864	110122

表 7-36　　典型方案 A4-5 建筑工程专业汇总表　　金额单位：元

序号	工程或费用名称	建筑设备购置费	未计价材料费	建筑费	建筑工程费合计
	建筑工程		1513	13722	15235
二	主变压器及配电装置建筑		1513	13722	15235
2	110kV 构架及设备基础		1513	13722	15235
2.2	设备支架及基础		1513	13722	15235
	合计		1513	13722	15235

表 7-37　　典型方案 A4-5 拆除工程专业汇总表　　金额单位：元

序号	工程或费用名称	拆除工程费
	拆除工程	4363
	建筑拆除	2965
二	主变压器及配电装置建筑	2965
2	110kV 构架及设备基础	2965
2.2	设备支架及基础	2965
	安装拆除	1398
二	配电装置	1398
2	屋外配电装置	1398
2.1	110kV 配电装置	1398
	合计	4363

表 7-38　　典型方案 A4-5 其他费用估算表　　金额单位：元

序号	工程或费用项目名称	编制依据及计算说明	合价
2	项目管理费		3496
2.1	管理经费	（建筑工程费+安装工程费+拆除工程费）×3.53%	1266

续表

序号	工程或费用项目名称	编制依据及计算说明	合价
2.2	招标费	（建筑工程费+安装工程费+拆除工程费）×1.81%	649
2.3	工程监理费	（建筑工程费+安装工程费+拆除工程费）×4.41%	1581
3	项目技术服务费		12708
3.1	前期工作费	（建筑工程费+安装工程费）×3.05%	961
3.3	工程勘察设计费		10310
3.3.2	设计费	设计费×100%	10310
3.4	设计文件评审费		638
3.4.1	初步设计文件评审费	基本设计费×3.5%	306
3.4.2	施工图文件评审费	基本设计费×3.8%	332
3.5	施工过程造价咨询及竣工结算审核费	（建筑工程费+安装工程费+拆除工程费）×0.53%	800
	合计		16204

7.5.4 典型方案电气设备材料表

典型方案A4-5电气设备材料见表7-39。

表7-39　　典型方案A4-5电气设备材料表

序号	设备或材料名称	单位	数量	备注
	安装工程			
二	配电装置			
2	屋外配电装置			
2.1	110kV 配电装置			
500003979	110kV 三相隔离开关，3150A，40kA，电动单臂垂直伸缩，不接地	组	1	
500026702	110kV 软导线引下线	组（三相）	1	
100000006	110kV 软导线设备连线	组（三相）	1	
100000012	110kV 变电站控制电缆	km	0.075	
500033083	布电线，BVR，铜，2.5，4	km	0.009	
500033976	电缆保护管，钢管，ϕ50	t	0.383	
500011755	绝缘涂料，PRTV	t	0.018	
500052233	软铜绞线，TJR1，120	t	0.001	
六	电缆防护设施			
2	电缆防火			
500011738	防火堵料	t	0.006	
500011727	防火涂料	t	0.003	
七	全站接地			
1	设备接地			
500010951	扁钢，50mm，5mm，Q235-A	t	0.023	

7.5.5 典型方案工程量表

典型方案 A4－5 工程量见表 7－40。

表 7－40　　典型方案 A4－5 工程量表

序号	项目名称	单位	数量	备注
	建筑工程			
二	主变压器及配电装置建筑			
2	110kV 构架及设备基础			
2.2	设备支架及基础			
JGT2－15	其他设备基础　单体小于 50m^3	m^3	4.500	
JGT7－11	普通钢筋	t	0.472	
JGT9－36	不含土方、基础、支架　钢管设备支架	t	0.600	
	安装工程			
二	配电装置			
2	屋外配电装置			
2.1	110kV 配电装置			
JGD2－113	户外单柱式隔离开关安装 110kV 三相	组	1	
JGD7－3	全站电缆敷设　控制电缆　全站	100m	0.750	
	电缆防护设施			
2	电缆防火			
JGD7－10	电缆防火安装　防火堵料	t	0.006	
JGD7－11	电缆防火安装　防火涂料	t	0.003	
九	调试			
1	分系统调试			
调 JGS1－13 R×0.1 C×0.1 J×0.1	配电装置系统 110kV	间隔	1	
	拆除工程			
一	建筑拆除			
2	主变压器及配电装置建筑			
2.2	110kV 构架及设备基础			
调 JGT1－7 R×20 C×20 J×20	机械施工土方　土方运距　每增加 1km	m^3	9	
CYT3－2	拆除钢筋混凝土　基础	m^3	4.500	

续表

序号	项目名称	单位	数量	备注
CYT4－7	拆除钢构支架	t	0.600	
二	安装拆除			
2	配电装置			
2.2	屋外配电装置			
调 CYD2－121 R×0.5 C×0.5 J×0.5	户外单柱式隔离开关拆除 110kV 三相	组	1	
调 CYD7－3 R×0.5 C×0.5 J×0.5	全站电缆拆除　控制电缆	100m	0.750	

7.6　A4－6 更换 110kV 单柱垂直伸缩式隔离开关（单接地）

7.6.1　典型方案主要内容

本典型方案为更换 1 组 110kV 单柱垂直伸缩式隔离开关（单接地）（三相为 1 组），内容包括一次、二次设备引线拆除、安装；隔离开关拆除及安装；隔离开关基础拆除、安装；隔离开关一、二次调试；设备防污闪喷涂；防火封堵；接地引下线更换。

7.6.2　典型方案主要技术条件

典型方案 A4－6 主要技术条件见表 7－41。

表 7－41　　典型方案 A4－6 主要技术条件

方案名称	工程主要技术条件	
更换 110kV 单柱垂直伸缩式隔离开关（单接地）	结构型式	单柱垂直伸缩
	额定电压（kV）	110
	额定电流（A）	3150
	额定短时耐受电流（kA）	40
	接地方式	单接地
	操作型式	电动
	安装场所	户外

7.6.3　典型方案估算书

估算投资为总投资，编制依据按第 3 章要求。典型方案 A4－6 估算书包括总估算汇总表、安装工程专业汇总表、建筑工程专业汇总表、拆除工程专业汇总表、其他费用估算表，分别见表 7－42～表 7－46。

表 7-42　　**典型方案 A4-6 总估算汇总表**　　金额单位：万元

序号	工程或费用名称	含税金额	占工程投资的比例（%）	不含税金额	可抵扣增值税金额
一	建筑工程费	1.52	9.13	1.39	0.13
二	安装工程费	2.1	12.62	1.91	0.19
三	拆除工程费	0.46	2.76	0.42	0.04
四	设备购置费	10.72	64.42	9.48	1.24
	其中：编制基准期价差	0.04	0.24	0.04	
五	小计	14.8	88.94	13.2	1.6
	其中：甲供设备材料费	11.08	66.59	9.8	1.28
六	其他费用	1.84	11.06	1.74	0.1
七	基本预备费				
八	特殊项目				
九	工程投资合计	16.64	100	14.94	1.7
	其中：可抵扣增值税金额	1.7			1.7
	其中：施工费	3.72	22.36	3.41	0.31

表 7-43　　**典型方案 A4-6 安装工程专业汇总表**　　金额单位：元

序号	工程或费用名称	安装工程费			设备购置费	合计
		未计价材料费	安装费	小计		
	安装工程	8955	12048	21003	107187	128190
二	配电装置	8802	10259	19062	107187	126249
2	屋外配电装置	8802	10259	19062	107187	126249
2.1	110kV 配电装置	8802	10259	19062	107187	126249
六	电缆防护设施	67	114	181		181
2	电缆防火	67	114	181		181
七	全站接地	86	8	93		93
1	接地网	86	8	93		93
九	调试		1667	1667		1667
1	分系统调试		1667	1667		1667
	合计	8955	12048	21003	107187	128190

表 7-44　　**典型方案 A4-6 建筑工程专业汇总表**　　金额单位：元

序号	工程或费用名称	建筑设备购置费	未计价材料费	建筑费	建筑工程费合计
	建筑工程		1513	13722	15235
二	主变压器及配电装置建筑		1513	13722	15235
2	110kV 构架及设备基础		1513	13722	15235
2.2	设备支架及基础		1513	13722	15235
	合计		1513	13722	15235

表 7-45　　典型方案 A4-6 拆除工程专业汇总表　　金额单位：元

序号	工程或费用名称	拆除工程费
	拆除工程	4589
	建筑拆除	2965
二	主变压器及配电装置建筑	2965
2	110kV 构架及设备基础	2965
2.2	设备支架及基础	2965
	安装拆除	1624
二	配电装置	1624
2	屋外配电装置	1624
2.1	110kV 配电装置	1624
	合计	4589

表 7-46　　典型方案 A4-6 其他费用估算表　　金额单位：元

序号	工程或费用项目名称	编制依据及计算说明	合价
2	项目管理费		3981
2.1	管理经费	（建筑工程费＋安装工程费＋拆除工程费）×3.53%	1441
2.2	招标费	（建筑工程费＋安装工程费＋拆除工程费）×1.81%	739
2.3	工程监理费	（建筑工程费＋安装工程费＋拆除工程费）×4.41%	1800
3	项目技术服务费		14431
3.1	前期工作费	（建筑工程费＋安装工程费）×3.05%	1105
3.3	工程勘察设计费		11796
3.3.2	设计费	设计费×100%	11796
3.4	设计文件评审费		730
3.4.1	初步设计文件评审费	基本设计费×3.5%	350
3.4.2	施工图文件评审费	基本设计费×3.8%	380
3.5	施工过程造价咨询及竣工结算审核费	（建筑工程费＋安装工程费＋拆除工程费）×0.53%	800
	合计		18412

7.6.4　典型方案电气设备材料表

典型方案 A4-6 电气设备材料见表 7-47。

表 7-47　　典型方案 A4-6 电气设备材料表

序号	设备或材料名称	单位	数量	备注
	安装工程			
二	配电装置			

续表

序号	设备或材料名称	单位	数量	备注
2	屋外配电装置			
2.1	110kV 配电装置			
500003978	110kV 三相隔离开关，3150A，40kA，电动单臂垂直伸缩，单接地	组	1	
500026702	110kV 软导线引下线	组（三相）	1	
100000006	110kV 软导线设备连线	组（三相）	1	
100000012	110kV 变电站控制电缆	km	0.150	
500033083	布电线，BVR，铜，2.5，4	km	0.018	
500033976	电缆保护管，钢管，ϕ50	t	0.765	
500011755	绝缘涂料，PRTV	t	0.018	
500052233	软铜绞线，TJR1，120	t	0.001	
六	电缆防护设施			
2	电缆防火			
500011738	防火堵料	t	0.006	
500011727	防火涂料	t	0.003	
七	全站接地			
1	设备接地			
500010951	扁钢，50mm，5mm，Q235－A	t	0.023	

7.6.5 典型方案工程量表

典型方案 A4－6 工程量见表 7－48。

表 7－48　　典型方案 A4－6 工程量表

序号	项目名称	单位	数量	备注
	建筑工程			
二	主变压器及配电装置建筑			
2	110kV 构架及设备基础			
2.2	设备支架及基础			
JGT2－15	其他设备基础　单体小于 50m³	m³	4.500	
JGT7－11	普通钢筋	t	0.472	
JGT9－36	不含土方、基础、支架　钢管设备支架	t	0.600	
	安装工程			
二	配电装置			
2	屋外配电装置			
2.1	110kV 配电装置			

续表

序号	项目名称	单位	数量	备注
JGD2－114	户外单柱柱式隔离开关安装 110kV 三相带接地	组	1	
JGD7－3	全站电缆敷设 控制电缆 全站	100m	1.500	
	电缆防护设施			
2	电缆防火			
JGD7－10	电缆防火安装 防火堵料	t	0.006	
JGD7－11	电缆防火安装 防火涂料	t	0.003	
九	调试			
1	分系统调试			
调 JGS1－13 R×0.1 C×0.1 J×0.1	配电装置系统 110kV	间隔	1	
	拆除工程			
一	建筑拆除			
2	主变压器及配电装置建筑			
2.2	110kV 构架及设备基础			
调 JGT1－7 R×20 C×20 J×20	机械施工土方 土方运距 每增加 1km	m^3	9	
CYT3－2	拆除钢筋混凝土 基础	m^3	4.500	
CYT4－7	拆除钢构支架	t	0.600	
二	安装拆除			
2	配电装置			
2.2	屋外配电装置			
调 CYD2－122 R×0.5 C×0.5 J×0.5	户外单柱柱式隔离开关拆除 110kV 三相带接地	组	1	
调 CYD7－3 R×0.5 C×0.5 J×0.5	全站电缆拆除 控制电缆	100m	1.500	

7.7 A4-7 更换 220kV 三柱水平旋转式隔离开关（不接地）

7.7.1 典型方案主要内容

本典型方案为更换 1 组 220kV 三柱水平旋转式隔离开关（不接地）（三相为 1 组），内容包括一次、二次设备引线拆除、安装；隔离开关拆除及安装；隔离开关基础拆除、安装；隔离开关一、二次调试；设备防污闪喷涂；防火封堵；接地引下线更换。

7.7.2 典型方案主要技术条件

典型方案 A4–7 主要技术条件见表 7–49。

表 7–49　　典型方案 A4–7 主要技术条件

方案名称	工程主要技术条件	
更换 220kV 三柱水平旋转式隔离开关（不接地）	结构型式	三柱水平旋转
	额定电压（kV）	220
	额定电流（A）	5000
	额定短时耐受电流（kA）	63
	接地方式	不接地
	操作型式	电动
	安装场所	户外

7.7.3 典型方案估算书

估算投资为总投资，编制依据按第 3 章要求。典型方案 A4–7 估算书包括总估算汇总表、安装工程专业汇总表、建筑工程专业汇总表、拆除工程专业汇总表、其他费用估算表，分别见表 7–50～表 7–54。

表 7–50　　典型方案 A4–7 总估算汇总表　　金额单位：万元

序号	工程或费用名称	含税金额	占工程投资的比例（%）	不含税金额	可抵扣增值税金额
一	建筑工程费	3.05	10.47	2.8	0.25
二	安装工程费	2.04	7.01	1.86	0.18
三	拆除工程费	0.72	2.47	0.66	0.06
四	设备购置费	20.29	69.68	17.96	2.33
	其中：编制基准期价差	0.05	0.17	0.05	
五	小计	26.1	89.63	23.28	2.82
	其中：甲供设备材料费	20.76	71.29	18.37	2.39
六	其他费用	3.02	10.37	2.85	0.17
七	基本预备费				
八	特殊项目				
九	工程投资合计	29.12	100	26.13	2.99
	其中：可抵扣增值税金额	2.99			2.99
	其中：施工费	5.34	18.34	4.9	0.44

表 7－51 **典型方案 A4－7 安装工程专业汇总表** 金额单位：元

序号	工程或费用名称	安装工程费			设备购置费	合计
		未计价材料费	安装费	小计		
	安装工程	9596	10838	20434	202854	223288
二	配电装置	9443	8409	17852	202854	220706
2	屋外配电装置	9443	8409	17852	202854	220706
2.1	220kV 配电装置	9443	8409	17852	202854	220706
六	电缆防护设施	67	114	181		181
2	电缆防火	67	114	181		181
七	全站接地	86	8	93		93
1	接地网	86	8	93		93
九	调试		2307	2307		2307
1	分系统调试		2307	2307		2307
	合计	9596	10838	20434	202854	223288

表 7－52 **典型方案 A4－7 建筑工程专业汇总表** 金额单位：元

序号	工程或费用名称	建筑设备购置费	未计价材料费	建筑费	建筑工程费合计
	建筑工程		3026	27444	30470
二	主变压器及配电装置建筑		3026	27444	30470
2	220kV 构架及设备基础		3026	27444	30470
2.2	设备支架及基础		3026	27444	30470
	合计		3026	27444	30470

表 7－53 **典型方案 A4－7 拆除工程专业汇总表** 金额单位：元

序号	工程或费用名称	拆除工程费
	拆除工程	7238
	建筑拆除	5930
二	主变压器及配电装置建筑	5930
2	220kV 构架及设备基础	5930
2.2	设备支架及基础	5930
	安装拆除	1309
二	配电装置	1309
2	屋外配电装置	1309
2.1	220kV 配电装置	1309
	合计	7238

表 7-54　　**典型方案 A4-7 其他费用估算表**　　金额单位：元

序号	工程或费用项目名称	编制依据及计算说明	合价
2	项目管理费		5669
2.1	管理经费	（建筑工程费＋安装工程费＋拆除工程费）×3.53%	2052
2.2	招标费	（建筑工程费＋安装工程费＋拆除工程费）×1.81%	1052
2.3	工程监理费	（建筑工程费＋安装工程费＋拆除工程费）×4.41%	2564
3	项目技术服务费		24514
3.1	前期工作费	（建筑工程费＋安装工程费）×3.05%	1553
3.3	工程勘察设计费		20871
3.3.2	设计费	设计费×100%	20871
3.4	设计文件评审费		1291
3.4.1	初步设计文件评审费	基本设计费×3.5%	619
3.4.2	施工图文件评审费	基本设计费×3.8%	672
3.5	施工过程造价咨询及竣工结算审核费	（建筑工程费＋安装工程费＋拆除工程费）×0.53%	800
	合计		30183

7.7.4　典型方案电气设备材料表

典型方案 A4-7 电气设备材料见表 7-55。

表 7-55　　**典型方案 A4-7 电气设备材料表**

序号	设备或材料名称	单位	数量	备注
	安装工程			
二	配电装置			
2	屋外配电装置			
2.1	220kV 配电装置			
500063684	220kV 三相隔离开关，5000A，63kA，电动三柱水平旋转，不接地	组	1	
500026705	220kV 软导线引下线	组（三相）	1	
100000007	220kV 软导线设备连线	组（三相）	1	
100000013	220kV 变电站控制电缆	km	0.090	
500033083	布电线，BVR，铜，2.5，4	km	0.009	
500033976	电缆保护管，钢管，ϕ50	t	0.459	
500011755	绝缘涂料，PRTV	t	0.036	
500052233	软铜绞线，TJR1，120	t	0.001	
六	电缆防护设施			
2	电缆防火			
500011738	防火堵料	t	0.006	

续表

序号	设备或材料名称	单位	数量	备注
500011727	防火涂料	t	0.003	
七	全站接地			
1	设备接地			
500010951	扁钢，50mm，5mm，Q235-A	t	0.023	

7.7.5 典型方案工程量表

典型方案A4-7工程量见表7-56。

表7-56　　典型方案A4-7工程量表

序号	项目名称	单位	数量	备注
	建筑工程			
二	主变压器及配电装置建筑			
2	220kV 构架及设备基础			
2.2	设备支架及基础			
JGT2-15	其他设备基础　单体小于50m³	m^3	9	
JGT7-11	普通钢筋	t	0.944	
JGT9-36	不含土方、基础、支架　钢管设备支架	t	1.200	
	安装工程			
二	配电装置			
2	屋外配电装置			
2.1	220kV 配电装置			
JGD2-92	户外三柱式隔离开关安装 220kV 三相	组	1	
JGD7-3	全站电缆敷设　控制电缆　全站	100m	0.900	
	电缆防护设施			
2	电缆防火			
JGD7-10	电缆防火安装　防火堵料	t	0.006	
JGD7-11	电缆防火安装　防火涂料	t	0.003	
九	调试			
1	分系统调试			
调 JGS1-14 R×0.1 C×0.1 J×0.1	配电装置系统 220kV	间隔	1	
拆除工程				
一	建筑拆除			
2	主变压器及配电装置建筑			

续表

序号	项目名称	单位	数量	备注
2.2	220kV 构架及设备基础			
调 JGT1－7 R×20 C×20 J×20	机械施工土方　土方运距　每增加 1km	m^3	18	
CYT3－2	拆除钢筋混凝土　基础	m^3	9	
CYT4－7	拆除钢构支架	t	1.200	
二	安装拆除			
2	配电装置			
2.2	屋外配电装置			
调 CYD2－100 R×0.5 C×0.5 J×0.5	户外三柱式隔离开关拆除 220kV 三相	组	1	
调 CYD7－3 R×0.5 C×0.5 J×0.5	全站电缆拆除　控制电缆	100m	0.900	

7.8　A4－8 更换 220kV 三柱水平旋转式隔离开关（单接地）

7.8.1　典型方案主要内容

本典型方案为更换 1 组 220kV 三柱水平旋转式隔离开关（单接地）（三相为 1 组），内容包括一次、二次设备引线拆除、安装；隔离开关拆除及安装；隔离开关基础拆除、安装；隔离开关一、二次调试；设备防污闪喷涂；防火封堵；接地引下线更换。

7.8.2　典型方案主要技术条件

典型方案 A4－8 主要技术条件见表 7－57。

表 7－57　　典型方案 A4－8 主要技术条件

方案名称	工程主要技术条件	
更换 220kV 三柱水平旋转式隔离开关（单接地）	结构型式	三柱水平旋转
	额定电压（kV）	220
	额定电流（A）	5000
	额定短时耐受电流（kA）	63
	接地方式	单接地
	操作型式	电动
	安装场所	户外

7.8.3 典型方案估算书

估算投资为总投资，编制依据按第 3 章要求。典型方案 A4－8 估算书包括总估算汇总表、安装工程专业汇总表、建筑工程专业汇总表、拆除工程专业汇总表、其他费用估算表，分别见表 7－58～表 7－62。

表 7－58　　典型方案 A4－8 总估算汇总表　　金额单位：万元

序号	工程或费用名称	含税金额	占工程投资的比例（%）	不含税金额	可抵扣增值税金额
一	建筑工程费	3.05	9.46	2.8	0.25
二	安装工程费	2.65	8.22	2.41	0.24
三	拆除工程费	0.75	2.33	0.69	0.06
四	设备购置费	22.46	69.64	19.88	2.58
	其中：编制基准期价差	0.05	0.16	0.05	
五	小计	28.91	89.64	25.78	3.13
	其中：甲供设备材料费	23.1	71.63	20.44	2.66
六	其他费用	3.34	10.36	3.15	0.19
七	基本预备费				
八	特殊项目				
九	工程投资合计	32.25	100	28.93	3.32
	其中：可抵扣增值税金额	3.32			3.32
	其中：施工费	5.81	18.02	5.33	0.48

表 7－59　　典型方案 A4－8 安装工程专业汇总表　　金额单位：元

序号	工程或费用名称	安装工程费			设备购置费	合计
		未计价材料费	安装费	小计		
	安装工程	13627	12881	26508	224592	251101
二	配电装置	13474	10452	23926	224592	248519
2	屋外配电装置	13474	10452	23926	224592	248519
2.1	220kV 配电装置	13474	10452	23926	224592	248519
六	电缆防护设施	67	114	181		181
2	电缆防火	67	114	181		181
七	全站接地	86	8	93		93
1	接地网	86	8	93		93
九	调试		2307	2307		2307
1	分系统调试		2307	2307		2307
	合计	13627	12881	26508	224592	251101

表 7-60　　典型方案 A4-8 建筑工程专业汇总表　　金额单位：元

序号	工程或费用名称	建筑设备购置费	未计价材料费	建筑费	建筑工程费合计
	建筑工程		3026	27444	30470
二	主变压器及配电装置建筑		3026	27444	30470
2	220kV 构架及设备基础		3026	27444	30470
2.2	设备支架及基础		3026	27444	30470
	合计		3026	27444	30470

表 7-61　　典型方案 A4-8 拆除工程专业汇总表　　金额单位：元

序号	工程或费用名称	拆除工程费
	拆除工程	7518
	建筑拆除	5930
二	主变压器及配电装置建筑	5930
2	220kV 构架及设备基础	5930
2.2	设备支架及基础	5930
	安装拆除	1588
二	配电装置	1588
2	屋外配电装置	1588
2.1	220kV 配电装置	1588
	合计	7518

表 7-62　　典型方案 A4-8 其他费用估算表　　金额单位：元

序号	工程或费用项目名称	编制依据及计算说明	合价
2	项目管理费		6288
2.1	管理经费	（建筑工程费+安装工程费+拆除工程费）×3.53%	2277
2.2	招标费	（建筑工程费+安装工程费+拆除工程费）×1.81%	1167
2.3	工程监理费	（建筑工程费+安装工程费+拆除工程费）×4.41%	2844
3	项目技术服务费		27129
3.1	前期工作费	（建筑工程费+安装工程费）×3.05%	1738
3.3	工程勘察设计费		23158
3.3.2	设计费	设计费×100%	23158
3.4	设计文件评审费		1433
3.4.1	初步设计文件评审费	基本设计费×3.5%	687
3.4.2	施工图文件评审费	基本设计费×3.8%	746
3.5	施工过程造价咨询及竣工结算审核费	（建筑工程费+安装工程费+拆除工程费）×0.53%	800
	合计		33417

7.8.4 典型方案电气设备材料表

典型方案 A4－8 电气设备材料见表 7－63。

表 7－63　　典型方案 A4－8 电气设备材料表

序号	安装工程	单位	数量	备注
二	配电装置			
2	屋外配电装置			
2.1	220kV 配电装置			
500063682	220kV 三相隔离开关，5000A，63kA，电动三柱水平旋转，单接地	组	1	
500026705	220kV 软导线引下线	组（三相）	1	
100000007	220kV 软导线设备连线	组（三相）	1	
100000013	220kV 变电站控制电缆	km	0.180	
500033083	布电线，BVR，铜，2.5，4	km	0.018	
500033976	电缆保护管，钢管，ϕ50	t	0.918	
500011755	绝缘涂料，PRTV	t	0.036	
500052233	软铜绞线，TJR1，120	t	0.001	
六	电缆防护设施			
2	电缆防火			
500011738	防火堵料	t	0.006	
500011727	防火涂料	t	0.003	
七	全站接地			
1	设备接地			
500010951	扁钢，50mm，5mm，Q235－A	t	0.023	

7.8.5 典型方案工程量表

典型方案 A4－8 工程量见表 7－64。

表 7－64　　典型方案 A4－8 工程量表

序号	项目名称	单位	数量	备注
	建筑工程			
二	主变压器及配电装置建筑			
2	220kV 构架及设备基础			
2.2	设备支架及基础			
JGT2－15	其他设备基础　单体小于 50m^3	m^3	9	
JGT7－11	普通钢筋	t	0.944	
JGT9－36	不含土方、基础、支架　钢管设备支架	t	1.200	
	安装工程			

续表

序号	项目名称	单位	数量	备注
二	配电装置			
2	屋外配电装置			
2.1	220kV 配电装置			
JGD2－93	户外三柱式隔离开关安装 220kV 三相带接地	组	1	
JGD7－3	全站电缆敷设 控制电缆 全站	100m	1.800	
	电缆防护设施			
2	电缆防火			
JGD7－10	电缆防火安装 防火堵料	t	0.006	
JGD7－11	电缆防火安装 防火涂料	t	0.003	
九	调试			
1	分系统调试			
调 JGS1－14 R×0.1 C×0.1 J×0.1	配电装置系统 220kV	间隔	1	
	拆除工程			
一	建筑拆除			
2	主变压器及配电装置建筑			
2.2	220kV 构架及设备基础			
调 JGT1－7 R×20 C×20 J×20	机械施工土方 土方运距 每增加 1km	m^3	18	
CYT3－2	拆除钢筋混凝土 基础	m^3	9	
CYT4－7	拆除钢构支架	t	1.200	
二	安装拆除			
2	配电装置			
2.2	屋外配电装置			
调 CYD2－101 R×0.5 C×0.5 J×0.5	户外三柱式隔离开关拆除 220kV 三相带接地	组	1	
调 CYD7－3 R×0.5 C×0.5 J×0.5	全站电缆拆除 控制电缆	100m	1.800	

7.9 A4－9 更换 220kV 三柱水平旋转式隔离开关（双接地）

7.9.1 典型方案主要内容

本典型方案为更换 1 组 220kV 三柱水平旋转式隔离开关（双接地）（三相为 1 组），内容包括一次、二次设备引线拆除、安装；隔离开关拆除及安装；隔离开关基础拆除、安装；隔离开关一、二次调试；设备防污闪喷涂；防火封堵；接地引下线更换。

7.9.2 典型方案主要技术条件

典型方案 A4-9 主要技术条件见表 7-65。

表 7-65 典型方案 A4-9 主要技术条件

方案名称	工程主要技术条件	
更换 220kV 三柱水平旋转式隔离开关（双接地）	结构型式	三柱水平旋转
	额定电压（kV）	220
	额定电流（A）	5000
	额定短时耐受电流（kA）	63
	接地方式	双接地
	操作型式	电动
	安装场所	户外

7.9.3 典型方案估算书

估算投资为总投资，编制依据按第 3 章要求。典型方案 A4-9 估算书包括总估算汇总表、安装工程专业汇总表、建筑工程专业汇总表、拆除工程专业汇总表、其他费用估算表，分别见表 7-66～表 7-70。

表 7-66 典型方案 A4-9 总估算汇总表 金额单位：万元

序号	工程或费用名称	含税金额	占工程投资的比例（%）	不含税金额	可抵扣增值税金额
一	建筑工程费	3.05	8.42	2.8	0.25
二	安装工程费	3.23	8.92	2.94	0.29
三	拆除工程费	0.78	2.15	0.72	0.06
四	设备购置费	25.43	70.21	22.51	2.92
	其中：编制基准期价差	0.06	0.17	0.06	
五	小计	32.49	89.7	28.97	3.52
	其中：甲供设备材料费	26.23	72.42	23.21	3.02
六	其他费用	3.73	10.3	3.52	0.21
七	基本预备费				
八	特殊项目				
九	工程投资合计	36.22	100	32.49	3.73
	其中：可抵扣增值税金额	3.73			3.73
	其中：施工费	6.25	17.26	5.73	0.52

表 7-67　　**典型方案 A4-9 安装工程专业汇总表**　　金额单位：元

序号	工程或费用名称	安装工程费			设备购置费	合计
		未计价材料费	安装费	小计		
	安装工程	17658	14628	32287	254344	286631
二	配电装置	17505	12199	29705	254344	284049
2	屋外配电装置	17505	12199	29705	254344	284049
2.1	220kV 配电装置	17505	12199	29705	254344	284049
六	电缆防护设施	67	114	181		181
2	电缆防火	67	114	181		181
七	全站接地	86	8	93		93
1	接地网	86	8	93		93
九	调试		2307	2307		2307
1	分系统调试		2307	2307		2307
	合计	17658	14628	32287	254344	286631

表 7-68　　**典型方案 A4-9 建筑工程专业汇总表**　　金额单位：元

序号	工程或费用名称	建筑设备购置费	未计价材料费	建筑费	建筑工程费合计
	建筑工程		3026	27444	30470
二	主变压器及配电装置建筑		3026	27444	30470
2	220kV 构架及设备基础		3026	27444	30470
2.2	设备支架及基础		3026	27444	30470
	合计		3026	27444	30470

表 7-69　　**典型方案 A4-9 拆除工程专业汇总表**　　金额单位：元

序号	工程或费用名称	拆除工程费
	拆除工程	7763
	建筑拆除	5930
二	主变压器及配电装置建筑	5930
2	220kV 构架及设备基础	5930
2.2	设备支架及基础	5930
	安装拆除	1833
二	配电装置	1833
2	屋外配电装置	1833
2.1	220kV 配电装置	1833
	合计	7763

表 7-70　　典型方案 A4-9 其他费用估算表　　金额单位：元

序号	工程或费用项目名称	编制依据及计算说明	合价
2	项目管理费		6876
2.1	管理经费	（建筑工程费＋安装工程费＋拆除工程费）×3.53%	2489
2.2	招标费	（建筑工程费＋安装工程费＋拆除工程费）×1.81%	1276
2.3	工程监理费	（建筑工程费＋安装工程费＋拆除工程费）×4.41%	3110
3	项目技术服务费		30408
3.1	前期工作费	（建筑工程费＋安装工程费）×3.05%	1914
3.3	工程勘察设计费		26080
3.3.2	设计费	设计费×100%	26080
3.4	设计文件评审费		1613
3.4.1	初步设计文件评审费	基本设计费×3.5%	774
3.4.2	施工图文件评审费	基本设计费×3.8%	840
3.5	施工过程造价咨询及竣工结算审核费	（建筑工程费＋安装工程费＋拆除工程费）×0.53%	800
	合计		37283

7.9.4 典型方案电气设备材料表

典型方案 A4-9 电气设备材料见表 7-71。

表 7-71　　典型方案 A4-9 电气设备材料表

序号	设备或材料名称	单位	数量	备注
	安装工程			
二	配电装置			
2	屋外配电装置			
2.1	220kV 配电装置			
500063686	220kV 三相隔离开关，5000A，63kA，电动三柱水平旋转，双接地	组	1	
500026705	220kV 软导线引下线	组（三相）	1	
100000007	220kV 软导线设备连线	组（三相）	1	
100000013	220kV 变电站控制电缆	km	0.270	
500033083	布电线，BVR，铜，2.5，4	km	0.027	
500033976	电缆保护管，钢管，ϕ50	t	1.377	
500011755	绝缘涂料，PRTV	t	0.036	
500052233	软铜绞线，TJR1，120	t	0.001	
六	电缆防护设施			
2	电缆防火			
500011738	防火堵料	t	0.006	

续表

序号	设备或材料名称	单位	数量	备注
500011727	防火涂料	t	0.003	
七	全站接地			
1	设备接地			
500010951	扁钢，50mm，5mm，Q235－A	t	0.023	

7.9.5 典型方案工程量表

典型方案 A4－9 工程量见表 7－72。

表 7－72　　典型方案 A4－9 工程量表

序号	项目名称	单位	数量	备注
	建筑工程			
二	主变压器及配电装置建筑			
2	220kV 构架及设备基础			
2.2	设备支架及基础			
JGT2－15	其他设备基础　单体小于 $50m^3$	m^3	9	
JGT7－11	普通钢筋	t	0.944	
JGT9－36	不含土方、基础、支架　钢管设备支架	t	1.200	
	安装工程			
二	配电装置			
2	屋外配电装置			
2.1	220kV 配电装置			
JGD2－94	户外三柱式隔离开关安装 220kV 三相带双接地	组	1	
JGD7－3	全站电缆敷设　控制电缆　全站	100m	2.700	
	电缆防护设施			
2	电缆防火			
JGD7－10	电缆防火安装　防火堵料	t	0.006	
JGD7－11	电缆防火安装　防火涂料	t	0.003	
九	调试			
1	分系统调试			
调 JGS1－14 R×0.1 C×0.1 J×0.1	配电装置系统 220kV		1	
	拆除工程			
一	建筑拆除			
2	主变压器及配电装置建筑			

续表

序号	项目名称	单位	数量	备注
2.2	220kV 构架及设备基础			
调 JGT1－7 R×20 C×20 J×20	机械施工土方　土方运距　每增加 1km	m^3	18	
CYT3－2	拆除钢筋混凝土　基础	m^3	9	
CYT4－7	拆除钢构支架	t	1.200	
二	安装拆除			
2	配电装置			
2.2	屋外配电装置			
调 CYD2－102 R×0.5 C×0.5 J×0.5	户外三柱式隔离开关拆除 220kV 三相带双接地	组	1	
调 CYD7－3 R×0.5 C×0.5 J×0.5	全站电缆拆除　控制电缆	100m	2.700	

7.10 A4－10 更换 220kV 双柱水平伸缩式隔离开关（不接地）

7.10.1 典型方案主要内容

本典型方案为更换 1 组 220kV 双柱水平伸缩式隔离开关（不接地）（三相为 1 组），内容包括一次、二次设备引线拆除、安装；隔离开关拆除及安装；隔离开关基础拆除、安装；隔离开关一、二次调试；设备防污闪喷涂；防火封堵；接地引下线更换。

7.10.2 典型方案主要技术条件

典型方案 A4－10 主要技术条件见表 7－73。

表 7－73　　典型方案 A4－10 主要技术条件

方案名称	工程主要技术条件	
更换 220kV 双柱水平伸缩式隔离开关（不接地）	结构型式	双柱水平伸缩
	额定电压（kV）	220
	额定电流（A）	4000
	额定短时耐受电流（kA）	50
	接地方式	不接地
	操作型式	电动
	安装场所	户外

7.10.3 典型方案估算书

估算投资为总投资，编制依据按第 3 章要求。典型方案 A4-10 估算书包括总估算汇总表、安装工程专业汇总表、建筑工程专业汇总表、拆除工程专业汇总表、其他费用估算表，分别见表 7-74～表 7-78。

表 7-74 典型方案 A4-10 总估算汇总表 金额单位：万元

序号	工程或费用名称	含税金额	占工程投资的比例（%）	不含税金额	可抵扣增值税金额
一	建筑工程费	3.05	13.6	2.8	0.25
二	安装工程费	2.12	9.46	1.93	0.19
三	拆除工程费	0.73	3.26	0.67	0.06
四	设备购置费	14.03	62.58	12.42	1.61
	其中：编制基准期价差	0.05	0.22	0.05	
五	小计	19.93	88.89	17.82	2.11
	其中：甲供设备材料费	14.5	64.67	12.83	1.67
六	其他费用	2.49	11.11	2.35	0.14
七	基本预备费				
八	特殊项目				
九	工程投资合计	22.42	100	20.17	2.25
	其中：可抵扣增值税金额	2.25			2.25
	其中：施工费	5.42	24.17	4.97	0.45

表 7-75 典型方案 A4-10 安装工程专业汇总表 金额单位：元

序号	工程或费用名称	安装工程费			设备购置费	合计
		未计价材料费	安装费	小计		
	安装工程	9596	11593	21189	140263	161452
二	配电装置	9443	9164	18607	140263	158870
2	屋外配电装置	9443	9164	18607	140263	158870
2.1	220kV 配电装置	9443	9164	18607	140263	158870
六	电缆防护设施	67	114	181		181
2	电缆防火	67	114	181		181
七	全站接地	86	8	93		93
1	接地网	86	8	93		93
九	调试		2307	2307		2307
1	分系统调试		2307	2307		2307
	合计	9596	11593	21189	140263	161452

表 7-76　　典型方案 A4-10 建筑工程专业汇总表　　金额单位：元

序号	工程或费用名称	建筑设备购置费	未计价材料费	建筑费	建筑工程费合计
	建筑工程		3026	27444	30470
二	主变压器及配电装置建筑		3026	27444	30470
2	220kV 构架及设备基础		3026	27444	30470
2.2	设备支架及基础		3026	27444	30470
	合计		3026	27444	30470

表 7-77　　典型方案 A4-10 拆除工程专业汇总表　　金额单位：元

序号	工程或费用名称	拆除工程费
	拆除工程	7296
	建筑拆除	5930
二	主变压器及配电装置建筑	5930
2	220kV 构架及设备基础	5930
2.2	设备支架及基础	5930
	安装拆除	1366
二	配电装置	1366
2	屋外配电装置	1366
2.1	220kV 配电装置	1366
	合计	7296

表 7-78　　典型方案 A4-10 其他费用估算表　　金额单位：元

序号	工程或费用项目名称	编制依据及计算说明	合价
2	项目管理费		5748
2.1	管理经费	（建筑工程费+安装工程费+拆除工程费）×3.53%	2081
2.2	招标费	（建筑工程费+安装工程费+拆除工程费）×1.81%	1067
2.3	工程监理费	（建筑工程费+安装工程费+拆除工程费）×4.41%	2600
3	项目技术服务费		19137
3.1	前期工作费	（建筑工程费+安装工程费）×3.05%	1576
3.3	工程勘察设计费		15785
3.3.2	设计费	设计费×100%	15785
3.4	设计文件评审费		977
3.4.1	初步设计文件评审费	基本设计费×3.5%	468
3.4.2	施工图文件评审费	基本设计费×3.8%	508
3.5	施工过程造价咨询及竣工结算审核费	（建筑工程费+安装工程费+拆除工程费）×0.53%	800
	合计		24885

7.10.4 典型方案电气设备材料表

典型方案 A4－10 电气设备材料见表 7－79。

表 7－79 典型方案 A4－10 电气设备材料表

序号	设备或材料名称	单位	数量	备注
	安装工程			
二	配电装置			
2	屋外配电装置			
2.1	220kV 配电装置			
500004099	220kV 三相隔离开关，4000A，50kA，电动双柱水平伸缩，不接地	组	1	
500026705	220kV 软导线引下线	组（三相）	1	
100000007	220kV 软导线设备连线	组（三相）	1	
100000013	220kV 变电站控制电缆	km	0.090	
500033083	布电线，BVR，铜，2.5，4	km	0.009	
500033976	电缆保护管，钢管，ϕ50	t	0.459	
500011755	绝缘涂料，PRTV	t	0.036	
500052233	软铜绞线，TJR1，120	t	0.001	
六	电缆防护设施			
2	电缆防火			
500011738	防火堵料	t	0.006	
500011727	防火涂料	t	0.003	
七	全站接地			
1	设备接地			
500010951	扁钢，50mm，5mm，Q235－A	t	0.023	

7.10.5 典型方案工程量表

典型方案 A4－10 工程量见表 7－80。

表 7－80 典型方案 A4－10 工程量表

序号	项目名称	单位	数量	备注
	建筑工程			
二	主变压器及配电装置建筑			
2	220kV 构架及设备基础			
2.2	设备支架及基础			
JGT2－15	其他设备基础 单体小于 50m^3	m^3	9	
JGT7－11	普通钢筋	t	0.944	
JGT9－36	不含土方、基础、支架 钢管设备支架	t	1.200	

续表

序号	项目名称	单位	数量	备注
	安装工程			
二	配电装置			
2	屋外配电装置			
2.1	220kV 配电装置			
JGD2－71	户外双柱式隔离开关安装 220kV 三相	组	1	
JGD7－3	全站电缆敷设　控制电缆　全站	100m	0.900	
	电缆防护设施			
2	电缆防火			
JGD7－10	电缆防火安装　防火堵料	t	0.006	
JGD7－11	电缆防火安装　防火涂料	t	0.003	
九	调试			
1	分系统调试			
调 JGS1－14 R×0.1 C×0.1 J×0.1	配电装置系统 220kV	间隔		
	拆除工程			
一	建筑拆除			
2	主变压器及配电装置建筑			
2.2	220kV 构架及设备基础			
调 JGT1－7 R×20 C×20 J×20	机械施工土方　土方运距　每增加 1km	m^3	18	
CYT3－2	拆除钢筋混凝土　基础	m^3	9	
CYT4－7	拆除钢构支架	t	1.200	
二	安装拆除			
2	配电装置			
2.2	屋外配电装置			
调 CYD2－75 R×0.5 C×0.5 J×0.5	户外双柱式隔离开关拆除 220kV 三相	组	1	
调 CYD7－3 R×0.5 C×0.5 J×0.5	全站电缆拆除　控制电缆	100m	0.900	

7.11 A4-11 更换220kV双柱水平伸缩式隔离开关（单接地）

7.11.1 典型方案主要内容

本典型方案为更换1组220kV双柱水平伸缩式隔离开关（单接地）（三相为1组），内容包括一次、二次设备引线拆除、安装；隔离开关拆除及安装；隔离开关基础拆除、安装；隔离开关一、二次调试；设备防污闪喷涂；防火封堵；接地引下线更换。

7.11.2 典型方案主要技术条件

典型方案A4-11主要技术条件见表7-81。

表7-81　典型方案A4-11主要技术条件

方案名称	工程主要技术条件	
更换220kV双柱水平伸缩式隔离开关（单接地）	结构型式	双柱水平伸缩
	额定电压（kV）	220
	额定电流（A）	4000
	额定短时耐受电流（kA）	50
	接地方式	单接地
	操作型式	电动
	安装场所	户外

7.11.3 典型方案估算书

估算投资为总投资，编制依据按第3章要求。典型方案A4-11估算书包括总估算汇总表、安装工程专业汇总表、建筑工程专业汇总表、拆除工程专业汇总表、其他费用估算表，分别见表7-82～表7-86。

表7-82　典型方案A4-11总估算汇总表　　金额单位：万元

序号	工程或费用名称	含税金额	占工程投资的比例（%）	不含税金额	可抵扣增值税金额
一	建筑工程费	3.05	12.58	2.8	0.25
二	安装工程费	2.7	11.14	2.46	0.24
三	拆除工程费	0.76	3.14	0.7	0.06
四	设备购置费	15.03	62	13.3	1.73
	其中：编制基准期价差	0.05	0.21	0.05	
五	小计	21.54	88.86	19.26	2.28
	其中：甲供设备材料费	15.67	64.65	13.87	1.8
六	其他费用	2.7	11.14	2.55	0.15
七	基本预备费				
八	特殊项目				

续表

序号	工程或费用名称	含税金额	占工程投资的比例（%）	不含税金额	可抵扣增值税金额
九	工程投资合计	24.24	100	21.81	2.43
	其中：可抵扣增值税金额	2.43			2.43
	其中：施工费	5.87	24.22	5.39	0.48

表 7-83　　典型方案 A4-11 安装工程专业汇总表　　金额单位：元

序号	工程或费用名称	安装工程费			设备购置费	合计
		未计价材料费	安装费	小计		
	安装工程	13627	13391	27018	150281	177299
二	配电装置	13474	10962	24436	150281	174717
2	屋外配电装置	13474	10962	24436	150281	174717
2.1	220kV 配电装置	13474	10962	24436	150281	174717
六	电缆防护设施	67	114	181		181
2	电缆防火	67	114	181		181
七	全站接地	86	8	93		93
1	接地网	86	8	93		93
九	调试		2307	2307		2307
1	分系统调试		2307	2307		2307
	合计	13627	13391	27018	150281	177299

表 7-84　　典型方案 A4-11 建筑工程专业汇总表　　金额单位：元

序号	工程或费用名称	建筑设备购置费	未计价材料费	建筑费	建筑工程费合计
	建筑工程		3026	27444	30470
二	主变压器及配电装置建筑		3026	27444	30470
2	220kV 构架及设备基础		3026	27444	30470
2.2	设备支架及基础		3026	27444	30470
	合计		3026	27444	30470

表 7-85　　典型方案 A4-11 拆除工程专业汇总表　　金额单位：元

序号	工程或费用名称	拆除工程费
	拆除工程	7568
	建筑拆除	5930
二	主变压器及配电装置建筑	5930
2	220kV 构架及设备基础	5930
2.2	设备支架及基础	5930
	安装拆除	1638

续表

序号	工程或费用名称	拆除工程费
二	配电装置	1638
2	屋外配电装置	1638
2.1	220kV 配电装置	1638
	合计	7568

表 7-86　　典型方案 A4-11 其他费用估算表　　金额单位：元

序号	工程或费用项目名称	编制依据及计算说明	合价
2	项目管理费		6343
2.1	管理经费	（建筑工程费+安装工程费+拆除工程费）×3.53%	2296
2.2	招标费	（建筑工程费+安装工程费+拆除工程费）×1.81%	1178
2.3	工程监理费	（建筑工程费+安装工程费+拆除工程费）×4.41%	2869
3	项目技术服务费		20699
3.1	前期工作费	（建筑工程费+安装工程费）×3.05%	1753
3.3	工程勘察设计费		17088
3.3.2	设计费	设计费×100%	17088
3.4	设计文件评审费		1057
3.4.1	初步设计文件评审费	基本设计费×3.5%	507
3.4.2	施工图文件评审费	基本设计费×3.8%	550
3.5	施工过程造价咨询及竣工结算审核费	（建筑工程费+安装工程费+拆除工程费）×0.53%	800
	合计		27042

7.11.4 典型方案电气设备材料表

典型方案 A4-11 电气设备材料见表 7-87。

表 7-87　　典型方案 A4-11 电气设备材料表

序号	设备或材料名称	单位	数量	备注
	安装工程			
二	配电装置			
2	屋外配电装置			
2.1	220kV 配电装置			
500004098	220kV 三相隔离开关，4000A，50kA，电动双柱水平伸缩，单接地	组	1	
500026705	220kV 软导线引下线	组（三相）	1	
100000007	220kV 软导线设备连线	组（三相）	1	
100000013	220kV 变电站控制电缆	km	0.180	

续表

序号	设备或材料名称	单位	数量	备注
500033083	布电线，BVR，铜，2.5，4	km	0.018	
500033976	电缆保护管，钢管，ϕ50	t	0.918	
500011755	绝缘涂料，PRTV	t	0.036	
500052233	软铜绞线，TJR1，120	t	0.001	
六	电缆防护设施			
2	电缆防火			
500011738	防火堵料	t	0.006	
500011727	防火涂料	t	0.003	
七	全站接地			
1	设备接地			
500010951	扁钢，50mm，5mm，Q235-A	t	0.023	

7.11.5 典型方案工程量表

典型方案 A4-11 工程量见表 7-88。

表 7-88　　典型方案 A4-11 工程量表

序号	项目名称	单位	数量	备注
	建筑工程			
二	主变压器及配电装置建筑			
2	220kV 构架及设备基础			
2.2	设备支架及基础			
JGT2-15	其他设备基础　单体小于 50m^3	m^3	9	
JGT7-11	普通钢筋	t	0.944	
JGT9-36	不含土方、基础、支架　钢管设备支架	t	1.200	
	安装工程			
二	配电装置			
2	屋外配电装置			
2.1	220kV 配电装置			
JGD2-72	户外双柱式隔离开关安装 220kV 三相	组	1	
JGD7-3	全站电缆敷设　控制电缆　全站	100m	1.800	
	电缆防护设施			
2	电缆防火			
JGD7-10	电缆防火安装　防火堵料	t	0.006	

续表

序号	项目名称	单位	数量	备注
JGD7－11	电缆防火安装　防火涂料	t	0.003	
九	调试			
1	分系统调试			
调 JGS1－14 R×0.1 C×0.1 J×0.1	配电装置系统 220kV	间隔	1	
	拆除工程			
一	建筑拆除			
2	主变压器及配电装置建筑			
2.2	220kV 构架及设备基础			
调 JGT1－7 R×20 C×20 J×20	机械施工土方　土方运距　每增加 1km	m^3	18	
CYT3－2	拆除钢筋混凝土　基础	m^3	9	
CYT4－7	拆除钢构支架	t	1.200	
二	安装拆除			
2	配电装置			
2.2	屋外配电装置			
调 CYD2－76 R×0.5 C×0.5 J×0.5	户外双柱式隔离开关拆除 220kV 三相	组	1	
调 CYD7－3 R×0.5 C×0.5 J×0.5	全站电缆拆除　控制电缆	100m	1.800	

7.12 A4－12 更换 220kV 双柱水平伸缩式隔离开关（双接地）

7.12.1 典型方案主要内容

本典型方案为更换 1 组 220kV 双柱水平伸缩式隔离开关（双接地）（三相为 1 组），内容包括一次、二次设备引线拆除、安装；隔离开关拆除及安装；隔离开关基础拆除、安装；隔离开关一、二次调试；设备防污闪喷涂；防火封堵；接地引下线更换。

7.12.2 典型方案主要技术条件

典型方案 A4－12 主要技术条件见表 7－89。

表 7-89　　典型方案 A4-12 主要技术条件

方案名称	工程主要技术条件	
更换 220kV 双柱水平伸缩式隔离开关（双接地）	结构型式	双柱水平伸缩
	额定电压（kV）	220
	额定电流（A）	4000
	额定短时耐受电流（kA）	50
	接地方式	双接地
	操作型式	电动
	安装场所	户外

7.12.3　典型方案估算书

估算投资为总投资，编制依据按第 3 章要求。典型方案 A4-12 估算书包括总估算汇总表、安装工程专业汇总表、建筑工程专业汇总表、拆除工程专业汇总表、其他费用估算表，分别见表 7-90～表 7-94。

表 7-90　　典型方案 A4-12 总估算汇总表　　金额单位：万元

序号	工程或费用名称	含税金额	占工程投资的比例（%）	不含税金额	可抵扣增值税金额
一	建筑工程费	3.05	10.91	2.8	0.25
二	安装工程费	3.28	11.74	2.98	0.3
三	拆除工程费	0.78	2.79	0.72	0.06
四	设备购置费	17.77	63.58	15.73	2.04
	其中：编制基准期价差	0.06	0.21	0.06	
五	小计	24.88	89.02	22.23	2.65
	其中：甲供设备材料费	18.57	66.44	16.43	2.14
六	其他费用	3.07	10.98	2.9	0.17
七	基本预备费				
八	特殊项目				
九	工程投资合计	27.95	100	25.13	2.82
	其中：可抵扣增值税金额	2.82			2.82
	其中：施工费	6.32	22.61	5.8	0.52

表 7-91　　典型方案 A4-12 安装工程专业汇总表　　金额单位：元

序号	工程或费用名称	安装工程费			设备购置费	合计
		未计价材料费	安装费	小计		
	安装工程	17658	15177	32835	177710	210546
二	配电装置	17505	12748	30254	177710	207964

续表

序号	工程或费用名称	安装工程费			设备购置费	合计
		未计价材料费	安装费	小计		
2	屋外配电装置	17505	12748	30254	177710	207964
2.1	220kV 配电装置	17505	12748	30254	177710	207964
六	电缆防护设施	67	114	181		181
2	电缆防火	67	114	181		181
七	全站接地	86	8	93		93
1	接地网	86	8	93		93
九	调试		2307	2307		2307
1	分系统调试		2307	2307		2307
	合计	17658	15177	32835	177710	210546

表 7－92　　典型方案 A4－12 建筑工程专业汇总表　　金额单位：元

序号	工程或费用名称	建筑设备购置费	未计价材料费	建筑费	建筑工程费合计
	建筑工程		3026	27444	30470
二	主变压器及配电装置建筑		3026	27444	30470
2	220kV 构架及设备基础		3026	27444	30470
2.2	设备支架及基础		3026	27444	30470
	合计		3026	27444	30470

表 7－93　　典型方案 A4－12 拆除工程专业汇总表　　金额单位：元

序号	工程或费用名称	拆除工程费
	拆除工程	7837
	建筑拆除	5930
二	主变压器及配电装置建筑	5930
2	220kV 构架及设备基础	5930
2.2	设备支架及基础	5930
	安装拆除	1907
二	配电装置	1907
2	屋外配电装置	1907
2.1	220kV 配电装置	1907
	合计	7837

表 7－94　　典型方案 A4－12 其他费用估算表　　金额单位：元

序号	工程或费用项目名称	编制依据及计算说明	合价
2	项目管理费		6936
2.1	管理经费	（建筑工程费＋安装工程费＋拆除工程费）×3.53%	2511

续表

序号	工程或费用项目名称	编制依据及计算说明	合价
2.2	招标费	（建筑工程费＋安装工程费＋拆除工程费）×1.81%	1288
2.3	工程监理费	（建筑工程费＋安装工程费＋拆除工程费）×4.41%	3137
3	项目技术服务费		23780
3.1	前期工作费	（建筑工程费＋安装工程费）×3.05%	1931
3.3	工程勘察设计费		19823
3.3.2	设计费	设计费×100%	19823
3.4	设计文件评审费		1226
3.4.1	初步设计文件评审费	基本设计费×3.5%	588
3.4.2	施工图文件评审费	基本设计费×3.8%	638
3.5	施工过程造价咨询及竣工结算审核费	（建筑工程费＋安装工程费＋拆除工程费）×0.53%	800
	合计		30716

7.12.4 典型方案电气设备材料表

典型方案A4－12电气设备材料见表7－95。

表7－95　　典型方案A4－12电气设备材料表

序号	设备或材料名称	单位	数量	备注
	安装工程			
二	配电装置			
2	屋外配电装置			
2.1	220kV 配电装置			
500001395	220kV 三相隔离开关，4000A，50kA，电动双柱水平伸缩，双接地	组	1	
500026705	220kV 软导线引下线	组（三相）	1	
100000007	220kV 软导线设备连线	组（三相）	1	
100000013	220kV 变电站控制电缆	km	0.270	
500033083	布电线，BVR，铜，2.5，4	km	0.027	
500033976	电缆保护管，钢管，ϕ50	t	1.377	
500011755	绝缘涂料，PRTV	t	0.036	
500052233	软铜绞线，TJR1，120	t	0.001	
六	电缆防护设施			
2	电缆防火			
500011738	防火堵料	t	0.006	
500011727	防火涂料	t	0.003	
七	全站接地			
1	设备接地			
500010951	扁钢，50mm，5mm，Q235－A	t	0.023	

7.12.5 典型方案工程量表

典型方案A4-12工程量见表7-96。

表7-96 典型方案A4-12工程量表

序号	项目名称	单位	数量	备注
	建筑工程			
二	主变压器及配电装置建筑			
2	220kV 构架及设备基础			
2.2	设备支架及基础			
JGT2-15	其他设备基础 单体小于50m^3	m^3	9	
JGT7-11	普通钢筋	t	0.944	
JGT9-36	不含土方、基础、支架 钢管设备支架	t	1.200	
	安装工程			
二	配电装置			
2	屋外配电装置			
2.1	220kV 配电装置			
JGD2-73	户外双柱式隔离开关安装 220kV 三相	组	1	
JGD7-3	全站电缆敷设 控制电缆 全站	100m	2.700	
	电缆防护设施			
2	电缆防火			
JGD7-10	电缆防火安装 防火堵料	t	0.006	
JGD7-11	电缆防火安装 防火涂料	t	0.003	
九	调试			
1	分系统调试			
调 JGS1-14 R×0.1 C×0.1 J×0.1	配电装置系统 220kV	间隔		
	拆除工程			
一	建筑拆除			
2	主变压器及配电装置建筑			
2.2	220kV 构架及设备基础			
调 JGT1-7 R×20 C×20 J×20	机械施工土方 土方运距 每增加1km	m^3	18	
CYT3-2	拆除钢筋混凝土 基础	m^3	9	

续表

序号	项目名称	单位	数量	备注
CYT4－7	拆除钢构支架	t	1.200	
二	安装拆除			
2	配电装置			
2.2	屋外配电装置			
调 CYD2－77 R×0.5 C×0.5 J×0.5	户外双柱式隔离开关拆除 220kV 三相	组	1	
调 CYD7－3 R×0.5 C×0.5 J×0.5	全站电缆拆除　控制电缆	100m	2.700	

7.13 A4－13 更换 220kV 单柱垂直伸缩式隔离开关（不接地）

7.13.1 典型方案主要内容

本典型方案为更换 1 组 220kV 单柱垂直伸缩式隔离开关（不接地）（三相为 1 组），内容包括一次、二次设备引线拆除、安装；隔离开关拆除及安装；隔离开关基础拆除、安装；隔离开关一、二次调试；设备防污闪喷涂；防火封堵；接地引下线更换。

7.13.2 典型方案主要技术条件

典型方案 A4－13 主要技术条件见表 7－97。

表 7－97　　典型方案 A4－13 主要技术条件

方案名称	工程主要技术条件	
更换 220kV 单柱垂直伸缩式隔离开关（不接地）	结构型式	单柱垂直伸缩
	额定电压（kV）	220
	额定电流（A）	4000
	额定短时耐受电流（kA）	50
	接地方式	不接地
	操作型式	电动
	安装场所	户外

7.13.3 典型方案估算书

估算投资为总投资，编制依据按第 3 章要求。典型方案 A4－13 估算书包括总估算汇总表、安装工程专业汇总表、建筑工程专业汇总表、拆除工程专业汇总表、其他费用估算表，分别见表 7－98～表 7－102。

表 7-98　　典型方案 A4-13 总估算汇总表　　金额单位：万元

序号	工程或费用名称	含税金额	占工程投资的比例（%）	不含税金额	可抵扣增值税金额
一	建筑工程费	3.05	12.47	2.8	0.25
二	安装工程费	2.69	11	2.45	0.24
三	拆除工程费	0.79	3.23	0.72	0.07
四	设备购置费	15.21	62.18	13.47	1.74
	其中：编制基准期价差	0.07	0.29	0.07	
五	小计	21.74	88.88	19.44	2.3
	其中：甲供设备材料费	15.69	64.15	13.89	1.8
六	其他费用	2.72	11.12	2.57	0.15
七	基本预备费				
八	特殊项目				
九	工程投资合计	24.46	100	22.01	2.45
	其中：可抵扣增值税金额	2.45			2.45
	其中：施工费	6.05	24.73	5.55	0.5

表 7-99　　典型方案 A4-13 安装工程专业汇总表　　金额单位：元

序号	工程或费用名称	安装工程费			设备购置费	合计
		未计价材料费	安装费	小计		
	安装工程	9596	17298	26894	152066	178959
二	配电装置	9443	14869	24312	152066	176377
2	屋外配电装置	9443	14869	24312	152066	176377
2.1	220kV 配电装置	9443	14869	24312	152066	176377
六	电缆防护设施	67	114	181		181
2	电缆防火	67	114	181		181
七	全站接地	86	8	93		93
1	接地网	86	8	93		93
九	调试		2307	2307		2307
1	分系统调试		2307	2307		2307
	合计	9596	17298	26894	152066	178959

表 7-100　　典型方案 A4-13 建筑工程专业汇总表　　金额单位：元

序号	工程或费用名称	建筑设备购置费	未计价材料费	建筑费	建筑工程费合计
	建筑工程		3026	27444	30470
二	主变压器及配电装置建筑		3026	27444	30470
2	220kV 构架及设备基础		3026	27444	30470
2.2	设备支架及基础		3026	27444	30470
	合计		3026	27444	30470

表 7-101　　典型方案 A4-13 拆除工程专业汇总表　　金额单位：元

序号	工程或费用名称	拆除工程费
	拆除工程	7926
	建筑拆除	5930
二	主变压器及配电装置建筑	5930
2	220kV 构架及设备基础	5930
2.2	设备支架及基础	5930
	安装拆除	1997
二	配电装置	1997
2	屋外配电装置	1997
2.1	220kV 配电装置	1997
	合计	7926

表 7-102　　典型方案 A4-13 其他费用估算表　　金额单位：元

序号	工程或费用项目名称	编制依据及计算说明	合价
2	项目管理费		6366
2.1	管理经费	（建筑工程费+安装工程费+拆除工程费）×3.53%	2305
2.2	招标费	（建筑工程费+安装工程费+拆除工程费）×1.81%	1182
2.3	工程监理费	（建筑工程费+安装工程费+拆除工程费）×4.41%	2879
3	项目技术服务费		20840
3.1	前期工作费	（建筑工程费+安装工程费）×3.05%	1750
3.3	工程勘察设计费		17225
3.3.2	设计费	设计费×100%	17225
3.4	设计文件评审费		1066
3.4.1	初步设计文件评审费	基本设计费×3.5%	511
3.4.2	施工图文件评审费	基本设计费×3.8%	555
3.5	施工过程造价咨询及竣工结算审核费	（建筑工程费+安装工程费+拆除工程费）×0.53%	800
	合计		27206

7.13.4　典型方案电气设备材料表

典型方案 A4-13 电气设备材料见表 7-103。

表 7-103　　典型方案 A4-13 电气设备材料表

序号	设备或材料名称	单位	数量	备注
	安装工程			
二	配电装置			
2	屋外配电装置			

续表

序号	设备或材料名称	单位	数量	备注
2.1	220kV 配电装置			
500001244	220kV 三相隔离开关，4000A，50kA，电动单臂垂直伸缩，不接地	组	1	
500026705	220kV 软导线引下线	组（三相）	1	
100000007	220kV 软导线设备连线	组（三相）	1	
100000013	220kV 变电站控制电缆	km	0.090	
500033083	布电线，BVR，铜，2.5，4	km	0.009	
500033976	电缆保护管，钢管，ϕ50	t	0.459	
500011755	绝缘涂料，PRTV	t	0.036	
500052233	软铜绞线，TJR1，120	t	0.001	
六	电缆防护设施			
2	电缆防火			
500011738	防火堵料	t	0.006	
500011727	防火涂料	t	0.003	
七	全站接地			
1	设备接地			
500010951	扁钢，50mm，5mm，Q235－A	t	0.023	

7.13.5 典型方案工程量表

典型方案 A4－13 工程量见表 7－104。

表 7－104　　典型方案 A4－13 工程量表

序号	项目名称	单位	数量	备注
	建筑工程			
二	主变压器及配电装置建筑			
2	220kV 构架及设备基础			
2.2	设备支架及基础			
JGT2－15	其他设备基础　单体小于 50m^3	m^3	9	
JGT7－11	普通钢筋	t	0.944	
JGT9－36	不含土方、基础、支架　钢管设备支架	t	1.200	
	安装工程			
二	配电装置			
2	屋外配电装置			
2.1	220kV 配电装置			
JGD2－115	户外单柱式隔离开关安装 220kV 三相	组	1	

续表

序号	项目名称	单位	数量	备注
JGD7－3	全站电缆敷设　控制电缆　全站	100m	0.900	
	电缆防护设施			
2	电缆防火			
JGD7－10	电缆防火安装　防火堵料	t	0.006	
JGD7－11	电缆防火安装　防火涂料	t	0.003	
九	调试			
1	分系统调试			
调 JGS1－14 R×0.1 C×0.1 J×0.1	配电装置系统 220kV	间隔	1	
	拆除工程			
一	建筑拆除			
2	主变压器及配电装置建筑			
2.2	220kV 构架及设备基础			
调 JGT1－7 R×20 C×20 J×20	机械施工土方　土方运距　每增加 1km	m^3	18	
CYT3－2	拆除钢筋混凝土　基础	m^3	9	
CYT4－7	拆除钢构支架	t	1.200	
二	安装拆除			
2	配电装置			
2.2	屋外配电装置			
调 CYD2－123 R×0.5 C×0.5 J×0.5	户外单柱式隔离开关拆除 220kV 三相	组	1	
调 CYD7－3 R×0.5 C×0.5 J×0.5	全站电缆拆除　控制电缆	100m	0.900	

7.14　A4－14 更换 220kV 单柱垂直伸缩式隔离开关（单接地）

7.14.1　典型方案主要内容

本典型方案为更换 1 组 220kV 单柱垂直伸缩式隔离开关（单接地）（三相为 1 组），内容包括一次、二次设备引线拆除、安装；隔离开关拆除及安装；隔离开关基础拆除、安装；隔离开关一、二次调试；设备防污闪喷涂；防火封堵；接地引下线更换。

7.14.2 典型方案主要技术条件

典型方案 A4－14 主要技术条件见表 7－105。

表 7－105　　典型方案 A4－14 主要技术条件

方案名称	工程主要技术条件	
更换 220kV 单柱垂直伸缩式隔离开关（单接地）	结构型式	单柱垂直伸缩
	额定电压（kV）	220
	额定电流（A）	4000
	额定短时耐受电流（kA）	50
	接地方式	单接地
	操作型式	电动
	安装场所	户外

7.14.3 典型方案估算书

估算投资为总投资，编制依据按第 3 章要求。典型方案 A4－14 估算书包括总估算汇总表、安装工程专业汇总表、建筑工程专业汇总表、拆除工程专业汇总表、其他费用估算表，分别见表 7－106～表 7－110。

表 7－106　　典型方案 A4－14 总估算汇总表　　金额单位：万元

序号	工程或费用名称	含税金额	占工程投资的比例（%）	不含税金额	可抵扣增值税金额
一	建筑工程费	3.05	10.47	2.8	0.25
二	安装工程费	4.34	14.9	3.96	0.38
三	拆除工程费	0.81	2.78	0.74	0.07
四	设备购置费	17.64	60.56	15.62	2.02
	其中：编制基准期价差	0.07	0.24	0.07	
五	小计	25.84	88.71	23.12	2.72
	其中：甲供设备材料费	18.28	62.75	16.18	2.1
六	其他费用	3.29	11.29	3.1	0.19
七	基本预备费				
八	特殊项目				
九	工程投资合计	29.13	100	26.22	2.91
	其中：可抵扣增值税金额	2.91			2.91
	其中：施工费	7.56	25.95	6.94	0.62

表 7－107　　典型方案 A4－14 安装工程专业汇总表　　金额单位：元

序号	工程或费用名称	安装工程费			设备购置费	合计
		未计价材料费	安装费	小计		
	安装工程	23497	19928	43425	176408	219833
二	配电装置	23344	17499	40843	176408	217251
2	屋外配电装置	23344	17499	40843	176408	217251
2.1	220kV 配电装置	23344	17499	40843	176408	217251
六	电缆防护设施	67	114	181		181
2	电缆防火	67	114	181		181
七	全站接地	86	8	93		93
1	接地网	86	8	93		93
九	调试		2307	2307		2307
1	分系统调试		2307	2307		2307
	合计	23497	19928	43425	176408	219833

表 7－108　　典型方案 A4－14 建筑工程专业汇总表　　金额单位：元

序号	工程或费用名称	建筑设备购置费	未计价材料费	建筑费	建筑工程费合计
	建筑工程		3026	27444	30470
二	主变压器及配电装置建筑		3026	27444	30470
2	220kV 构架及设备基础		3026	27444	30470
2.2	设备支架及基础		3026	27444	30470
	合计		3026	27444	30470

表 7－109　　典型方案 A4－14 拆除工程专业汇总表　　金额单位：元

序号	工程或费用名称	拆除工程费
	拆除工程	8053
	建筑拆除	5930
二	主变压器及配电装置建筑	5930
2	220kV 构架及设备基础	5930
2.2	设备支架及基础	5930
	安装拆除	2123
二	配电装置	2123
2	屋外配电装置	2123
2.1	220kV 配电装置	2123
	合计	8053

表 7-110　　典型方案 A4-14 其他费用估算表　　金额单位：元

序号	工程或费用项目名称	编制依据及计算说明	合价
2	项目管理费		7990
2.1	管理经费	（建筑工程费＋安装工程费＋拆除工程费）×3.53%	2893
2.2	招标费	（建筑工程费＋安装工程费＋拆除工程费）×1.81%	1483
2.3	工程监理费	（建筑工程费＋安装工程费＋拆除工程费）×4.41%	3614
3	项目技术服务费		24914
3.1	前期工作费	（建筑工程费＋安装工程费）×3.05%	2254
3.3	工程勘察设计费		20586
3.3.2	设计费	设计费×100%	20586
3.4	设计文件评审费		1274
3.4.1	初步设计文件评审费	基本设计费×3.5%	611
3.4.2	施工图文件评审费	基本设计费×3.8%	663
3.5	施工过程造价咨询及竣工结算审核费	（建筑工程费＋安装工程费＋拆除工程费）×0.53%	800
	合计		32904

7.14.4　典型方案电气设备材料表

典型方案 A4-14 电气设备材料见表 7-111。

表 7-111　　典型方案 A4-14 电气设备材料表

序号	设备或材料名称	单位	数量	备注
	安装工程			
二	配电装置			
2	屋外配电装置			
2.1	220kV 配电装置			
500001245	220kV 三相隔离开关，4000A，50kA，电动单臂垂直伸缩，单接地	组	1	
500026705	220kV 软导线引下线	组（三相）	1	
100000007	220kV 软导线设备连线	组（三相）	1	
100000013	220kV 变电站控制电缆	km	0.180	
500033083	布电线，BVR，铜，2.5，4	km	0.018	
500033976	电缆保护管，钢管，ϕ50	t	0.918	
500011755	绝缘涂料，PRTV	t	0.200	
500052233	软铜绞线，TJR1，120	t	0.010	
六	电缆防护设施			
2	电缆防火			
500011738	防火堵料	t	0.006	

续表

序号	设备或材料名称	单位	数量	备注
500011727	防火涂料	t	0.003	
七	全站接地			
1	设备接地			
500010951	扁钢，50mm，5mm，Q235－A	t	0.023	

7.14.5 典型方案工程量表

典型方案 A4－14 工程量见表 7－112。

表 7－112　　典型方案 A4－14 工程量表

序号	项目名称	单位	数量	备注
	建筑工程			
二	主变压器及配电装置建筑			
2	500kV 构架及设备基础			
2.2	设备支架及基础			
JGT2－15	其他设备基础　单体小于 50m³	m³	9	
JGT7－11	普通钢筋	t	0.944	
JGT9－36	不含土方、基础、支架　钢管设备支架	t	1.200	
	安装工程			
二	配电装置			
2	屋外配电装置			
2.1	220kV 配电装置			
JGD2－116	户外单柱式隔离开关安装 220kV 三相带接地	组	1	
JGD7－3	全站电缆敷设　控制电缆　全站	100m	1.800	
	电缆防护设施			
2	电缆防火			
JGD7－10	电缆防火安装　防火堵料	t	0.006	
JGD7－11	电缆防火安装　防火涂料	t	0.003	
九	调试			
1	分系统调试			
调 JGS1－14 R×0.1 C×0.1 J×0.1	配电装置系统 220kV	间隔	1	
	拆除工程			
一	建筑拆除			
2	主变压器及配电装置建筑			

续表

序号	项目名称	单位	数量	备注
2.2	220kV 构架及设备基础			
调 JGT1－7 R×20 C×20 J×20	机械施工土方　土方运距　每增加 1km	m^3	18	
CYT3－2	拆除钢筋混凝土　基础	m^3	9	
CYT4－7	拆除钢构支架	t	1.200	
二	安装拆除			
2	配电装置			
2.2	屋外配电装置			
调 CYD2－124 R×0.5 C×0.5 J×0.5	户外单柱式隔离开关拆除 220kV 三相带接地	组	1	
调 CYD7－3 R×0.5 C×0.5 J×0.5	全站电缆拆除　控制电缆	100m	1.800	

7.15 A4－15 更换 500kV 双柱水平伸缩式隔离开关（单接地）

7.15.1 典型方案主要内容

本典型方案为更换 1 组 500kV 双柱水平伸缩式隔离开关（单接地）（三相为 1 组），内容包括一次、二次设备引线拆除、安装；隔离开关拆除及安装；隔离开关基础拆除、安装；隔离开关一、二次调试；设备防污闪喷涂；防火封堵；接地引下线更换。

7.15.2 典型方案主要技术条件

典型方案 A4－15 主要技术条件见表 7－113。

表 7－113　　典型方案 A4－15 主要技术条件

方案名称	工程主要技术条件	
更换 500kV 双柱水平伸缩式隔离开关（单接地）	结构型式	双柱水平伸缩
	额定电压（kV）	500
	额定电流（A）	4000
	额定短时耐受电流（kA）	63
	接地方式	单接地
	操作型式	电动
	安装场所	户外

7.15.3 典型方案估算书

估算投资为总投资，编制依据按第 3 章要求。典型方案 A4－15 估算书包括总估算汇总表、安装工程专业汇总表、建筑工程专业汇总表、拆除工程专业汇总表、其他费用估算表，分别见表 7－114～表 7－118。

表 7－114　　典型方案 A4－15 总估算汇总表　　金额单位：万元

序号	工程或费用名称	含税金额	占工程投资的比例（%）	不含税金额	可抵扣增值税金额
一	建筑工程费	3.05	5.73	2.8	0.25
二	安装工程费	9.18	17.25	8.34	0.84
三	拆除工程费	0.96	1.8	0.88	0.08
四	设备购置费	34.24	64.32	30.31	3.93
	其中：编制基准期价差	0.11	0.21	0.11	
五	小计	47.43	89.1	42.33	5.1
	其中：甲供设备材料费	36.87	69.27	32.63	4.24
六	其他费用	5.8	10.9	5.47	0.33
七	基本预备费				
八	特殊项目				
九	工程投资合计	53.23	100	47.8	5.43
	其中：可抵扣增值税金额	5.43			5.43
	其中：施工费	10.56	19.84	9.69	0.87

表 7－115　　典型方案 A4－15 安装工程专业汇总表　　金额单位：元

序号	工程或费用名称	安装工程费			设备购置费	合计
		未计价材料费	安装费	小计		
	安装工程	55656	36154	91810	342398	434208
二	配电装置	55421	32682	88103	342398	430501
2	屋外配电装置	55421	32682	88103	342398	430501
2.1	500kV 配电装置	55421	32682	88103	342398	430501
六	电缆防护设施	67	114	181		181
2	电缆防火	67	114	181		181
七	全站接地	168	15	183		183
1	接地网	168	15	183		183
九	调试		3343	3343		3343
1	分系统调试		3343	3343		3343
	合计	55656	36154	91810	342398	434208

表 7-116　　典型方案 A4-15 建筑工程专业汇总表　　金额单位：元

序号	工程或费用名称	建筑设备购置费	未计价材料费	建筑费	建筑工程费合计
	建筑工程		4035	26487	30522
二	主变压器及配电装置建筑		4035	26487	30522
2	500kV 构架及设备基础		4035	26487	30522
2.2	设备支架及基础		4035	26487	30522
	合计		4035	26487	30522

表 7-117　　典型方案 A4-15 拆除工程专业汇总表　　金额单位：元

序号	工程或费用名称	拆除工程费
	拆除工程	9556
	建筑拆除	4687
二	主变压器及配电装置建筑	4687
2	500kV 构架及设备基础	4687
2.2	设备支架及基础	4687
	安装拆除	4869
二	配电装置	4869
2	屋外配电装置	4869
2.1	500kV 配电装置	4869
	合计	9556

表 7-118　　典型方案 A4-15 其他费用估算表　　金额单位：元

序号	工程或费用项目名称	编制依据及计算说明	合价
2	项目管理费		12859
2.1	管理经费	（建筑工程费+安装工程费+拆除工程费）×3.53%	4656
2.2	招标费	（建筑工程费+安装工程费+拆除工程费）×1.81%	2387
2.3	工程监理费	（建筑工程费+安装工程费+拆除工程费）×4.41%	5816
3	项目技术服务费		45118
3.1	前期工作费	（建筑工程费+安装工程费）×3.05%	3731
3.3	工程勘察设计费		38222
3.3.2	设计费	设计费×100%	38222
3.4	设计文件评审费		2365
3.4.1	初步设计文件评审费	基本设计费×3.5%	1134
3.4.2	施工图文件评审费	基本设计费×3.8%	1231
3.5	施工过程造价咨询及竣工结算审核费	（建筑工程费+安装工程费+拆除工程费）×0.53%	800
	合计		57977

7.15.4 典型方案电气设备材料表

典型方案 A4－15 电气设备材料见表 7－119。

表 7－119 典型方案 A4－15 电气设备材料表

序号	设备或材料名称	单位	数量	备注
	安装工程			
二	配电装置			
2	屋外配电装置			
2.1	500kV 配电装置			
500001538	500kV 三相隔离开关，4000A，63kA，电动双柱水平伸缩，单接地	组	1	
500014616	500kV 软导线引下线	组（三相）	1	
100000008	500kV 软导线设备连线	组（三相）	1	
100000014	500kV 变电站控制电缆	km	0.630	
500033083	布电线，BVR，铜，2.5，4	km	0.054	
500033976	电缆保护管，钢管，ϕ50	t	3.213	
500011755	绝缘涂料，PRTV	t	0.200	
500052233	软铜绞线，TJR1，120	t	0.002	
六	电缆防护设施			
2	电缆防火			
500011738	防火堵料	t	0.006	
500011727	防火涂料	t	0.003	
七	全站接地			
1	设备接地			
500010951	扁钢，50mm，5mm，Q235－A	t	0.045	

7.15.5 典型方案工程量表

典型方案 A4－15 工程量见表 7－120。

表 7－120 典型方案 A4－15 工程量表

序号	项目名称	单位	数量	备注
	建筑工程			
二	主变压器及配电装置建筑			
2	500kV 构架及设备基础			
2.2	设备支架及基础			
JGT2－15	其他设备基础 单体小于 50m³	m³	12	
JGT7－11	普通钢筋	t	1.259	

续表

序号	项目名称	单位	数量	备注
JGT9－36	不含土方、基础、支架　钢管设备支架	t	1.668	
	安装工程			
二	配电装置			
2	屋外配电装置			
2.1	500kV 配电装置			
JGD2－79	户外双柱式隔离开关安装 500kV 三相带接地	组	1	
JGD7－3	全站电缆敷设　控制电缆　全站	100m	6.300	
	电缆防护设施			
2	电缆防火			
JGD7－10	电缆防火安装　防火堵料	t	0.006	
JGD7－11	电缆防火安装　防火涂料	t	0.003	
九	调试			
1	分系统调试			
调 JGS1－16 R×0.1 C×0.1 J×0.1	配电装置系统 500kV	间隔	1	
	拆除工程			
一	建筑拆除			
2	主变压器及配电装置建筑			
2.2	500kV 构架及设备基础			
调 JGT1－7 R×20 C×20 J×20	机械施工土方　土方运距　每增加 1km	m^3	12	
CYT3－2	拆除钢筋混凝土　基础	m^3	6	
CYT4－7	拆除钢构支架	t	1.668	
二	安装拆除			
2	配电装置			
2.2	屋外配电装置			
调 CYD2－83 R×0.5 C×0.5 J×0.5	户外单柱式隔离开关拆除 500kV 三相带接地	组	1	
调 CQ6－22 R×0.5 C×0.5 J×0.5	电缆拆除　截面积（mm^2 以内）10	100m	6.300	

7.16 A4-16 更换500kV单柱垂直伸缩式隔离开关（单接地）

7.16.1 典型方案主要内容

本典型方案为更换1组500kV单柱垂直伸缩式隔离开关（单接地）（三相为1组），内容包括一次、二次设备引线拆除、安装；隔离开关拆除及安装；隔离开关基础拆除、安装；隔离开关一、二次调试；设备防污闪喷涂；防火封堵；接地引下线更换。

7.16.2 典型方案主要技术条件

典型方案A4-16主要技术条件见表7-121。

表7-121　　典型方案A4-16主要技术条件

方案名称	工程主要技术条件	
更换500kV单柱垂直伸缩式隔离开关（单接地）	结构型式	单柱垂直伸缩
	额定电压（kV）	500
	额定电流（A）	4000
	额定短时耐受电流（kA）	63
	接地方式	单接地
	操作型式	电动
	安装场所	户外

7.16.3 典型方案估算书

估算投资为总投资，编制依据按第3章要求。典型方案A4-16估算书包括总估算汇总表、安装工程专业汇总表、建筑工程专业汇总表、拆除工程专业汇总表、其他费用估算表，分别见表7-122～表7-126。

表7-122　　典型方案A4-16总估算汇总表　　金额单位：万元

序号	工程或费用名称	含税金额	占工程投资的比例（%）	不含税金额	可抵扣增值税金额
一	建筑工程费	0.98	2.18	0.9	0.08
二	安装工程费	9.53	21.16	8.66	0.87
三	拆除工程费	0.88	1.95	0.81	0.07
四	设备购置费	28.71	63.74	25.42	3.29
	其中：编制基准期价差	0.11	0.24	0.11	
五	小计	40.1	89.03	35.79	4.31
	其中：甲供设备材料费	31.34	69.58	27.74	3.6
六	其他费用	4.94	10.97	4.66	0.28
七	基本预备费				
八	特殊项目				

续表

序号	工程或费用名称	含税金额	占工程投资的比例（%）	不含税金额	可抵扣增值税金额
九	工程投资合计	45.04	100	40.45	4.59
	其中：可抵扣增值税金额	4.59			4.59
	其中：施工费	8.76	19.45	8.04	0.72

表 7-123　　典型方案 A4-16 安装工程专业汇总表　　金额单位：元

序号	工程或费用名称	安装工程费			设备购置费	合计
		未计价材料费	安装费	小计		
	安装工程	55656	39653	95309	287102	382410
二	配电装置	55421	36181	91601	287102	378703
2	屋外配电装置	55421	36181	91601	287102	378703
2.1	500kV 配电装置	55421	36181	91601	287102	378703
六	电缆防护设施	67	114	181		181
2	电缆防火	67	114	181		181
七	全站接地	168	15	183		183
1	接地网	168	15	183		183
九	调试		3343	3343		3343
1	分系统调试		3343	3343		3343
	合计	55656	39653	95309	287102	382410

表 7-124　　典型方案 A4-16 建筑工程专业汇总表　　金额单位：元

序号	工程或费用名称	建筑设备购置费	未计价材料费	建筑费	建筑工程费合计
	建筑工程		2017	7749	9766
二	主变压器及配电装置建筑		2017	7749	9766
2	500kV 构架及设备基础		2017	7749	9766
2.2	设备支架及基础		2017	7749	9766
	合计		2017	7749	9766

表 7-125　　典型方案 A4-16 拆除工程专业汇总表　　金额单位：元

序号	工程或费用名称	拆除工程费
	拆除工程	8774
	建筑拆除	3982
二	主变压器及配电装置建筑	3982
2	500kV 构架及设备基础	3982
2.2	设备支架及基础	3982
	安装拆除	4792

续表

序号	工程或费用名称	拆除工程费
二	配电装置	4792
2	屋外配电装置	4792
2.1	500kV 配电装置	4792
	合计	8774

表 7－126　　典型方案 A4－16 其他费用估算表　　金额单位：元

序号	工程或费用项目名称	编制依据及计算说明	合价
2	项目管理费		11100
2.1	管理经费	（建筑工程费＋安装工程费＋拆除工程费）×3.53%	4019
2.2	招标费	（建筑工程费＋安装工程费＋拆除工程费）×1.81%	2061
2.3	工程监理费	（建筑工程费＋安装工程费＋拆除工程费）×4.41%	5021
3	项目技术服务费		38255
3.1	前期工作费	（建筑工程费＋安装工程费）×3.05%	3205
3.3	工程勘察设计费		32255
3.3.2	设计费	设计费×100%	32255
3.4	设计文件评审费		1995
3.4.1	初步设计文件评审费	基本设计费×3.5%	957
3.4.2	施工图文件评审费	基本设计费×3.8%	1039
3.5	施工过程造价咨询及竣工结算审核费	（建筑工程费＋安装工程费＋拆除工程费）×0.53%	800
	合计		49356

7.16.4　典型方案电气设备材料表

典型方案 A4－16 电气设备材料见表 7－127。

表 7－127　　典型方案 A4－16 电气设备材料表

序号	设备或材料名称	单位	数量	备注
	安装工程			
二	配电装置			
2	屋外配电装置			
2.1	500kV 配电装置			
500001522	500kV 三相隔离开关，4000A，63kA，电动单臂垂直伸缩，单接地	组	1	
500014616	500kV 软导线引下线	组（三相）	1	
100000008	500kV 软导线设备连线	组（三相）	1	
100000014	500kV 变电站控制电缆	km	0.630	

续表

序号	设备或材料名称	单位	数量	备注
500033083	布电线，BVR，铜，2.5，4	km	0.054	
500033976	电缆保护管，钢管，ϕ50	t	3.213	
500011755	绝缘涂料，PRTV	t	0.200	
500052233	软铜绞线，TJR1，120	t	0.002	
六	电缆防护设施			
2	电缆防火			
500011738	防火堵料	t	0.006	
500011727	防火涂料	t	0.003	
七	全站接地			
1	设备接地			
500010951	扁钢，50mm，5mm，Q235－A	t	0.045	

7.16.5 典型方案工程量表

典型方案 A4－16 工程量见表 7－128。

表 7－128　　典型方案 A4－16 工程量表

序号	项目名称	单位	数量	备注
	建筑工程			
二	主变压器及配电装置建筑			
2	500kV 构架及设备基础			
2.2	设备支架及基础			
JGT2－15	其他设备基础　单体小于 50m^3	m^3	6	
JGT7－11	普通钢筋	t	0.629	
JGT9－36	不含土方、基础、支架　钢管设备支架	t	0.834	
	安装工程			
二	配电装置			
2	屋外配电装置			
2.1	500kV 配电装置			
JGD2－120	户外单柱式隔离开关安装 500kV 三相带接地	组	1	
JGD7－3	全站电缆敷设　控制电缆　全站	100m	6.300	
	电缆防护设施			
2	电缆防火			
JGD7－10	电缆防火安装　防火堵料	t	0.006	
JGD7－11	电缆防火安装　防火涂料	t	0.003	
九	调试			

续表

序号	项目名称	单位	数量	备注
1	分系统调试			
调 JGS1－16 R×0.1 C×0.1 J×0.1	配电装置系统 500kV	间隔	1	
	拆除工程			
一	建筑拆除			
2	主变压器及配电装置建筑			
2.2	500kV 构架及设备基础			
调 JGT1－7 R×20 C×20 J×20	机械施工土方　土方运距　每增加 1km	m^3	12	
CYT3－2	拆除钢筋混凝土　基础	m^3	6	
CYT4－7	拆除钢构支架	t	0.834	
二	安装拆除			
2	配电装置			
2.2	屋外配电装置			
调 CYD2－128 R×0.5 C×0.5 J×0.5	户外单柱式隔离开关拆除 500kV 三相带接地	组	1	
调 CQ6－22 R×0.5 C×0.5 J×0.5	电缆拆除　截面积（mm^2 以内）10	100m	6.300	

第8章 更换断路器

典型方案说明

更换断路器典型方案共5个：按照电压等级、设备型式分为35kV至500kV（不含330kV）不同类型的更换断路器典型方案。所有典型方案的工作范围只包含断路器本体，不包含相应二次设备更换。

8.1 A5－1 更换35kV SF_6瓷柱式断路器

8.1.1 典型方案主要内容

本典型方案为更换1台35kV SF_6瓷柱式断路器（三相为1台），内容包括一次、二次设备引线拆除、安装；断路器拆除、安装；断路器一次、二次调试；油气及耐压试验；断路器基础拆除、安装；设备防污闪喷涂；防火封堵；接地引下线更换。

8.1.2 典型方案主要技术条件

典型方案A5－1主要技术条件见表8－1。

表8－1 典型方案A5－1主要技术条件

方案名称	工程主要技术条件	
更换35kV SF_6瓷柱式断路器	断路器型式	瓷柱式
	绝缘介质	SF_6
	额定电压（kV）	35
	额定电流（A）	3150
	额定短时耐受电（kA）	40
	操作方式	机械联动
	安装场所	户外

8.1.3 典型方案估算书

估算投资为总投资，编制依据按第3章要求。典型方案A5－1估算书包括总估算汇总表、安装工程专业汇总表、建筑工程专业汇总表、拆除工程专业汇总表、其他费用估算表，分别见表8－2～表8－6。

表8－2 典型方案A5－1总估算汇总表 金额单位：万元

序号	工程或费用名称	含税金额	占工程投资的比例（%）	不含税金额	可抵扣增值税金额
一	建筑工程费	0.65	3.33	0.6	0.05
二	安装工程费	3.26	16.68	2.97	0.29

续表

序号	工程或费用名称	含税金额	占工程投资的比例（%）	不含税金额	可抵扣增值税金额
三	拆除工程费	0.42	2.15	0.39	0.03
四	设备购置费	13.1	67.04	11.59	1.51
	其中：编制基准期价差	0.06	0.31	0.06	
五	小计	17.43	89.2	15.55	1.88
	其中：甲供设备材料费	13.62	69.7	12.05	1.57
六	其他费用	2.11	10.8	1.99	0.12
七	基本预备费				
八	特殊项目				
九	工程投资合计	19.54	100	17.54	2
	其中：可抵扣增值税金额	2			2
	其中：施工费	3.81	19.5	3.5	0.31

表 8-3　　典型方案 A5-1 安装工程专业汇总表　　金额单位：元

序号	工程或费用名称	安装工程费			设备购置费	合计
		未计价材料费	安装费	小计		
	安装工程	11216	21363	32579	131029	163608
二	配电装置	11063	9692	20755	131029	151784
2	屋外配电装置	11063	9692	20755	131029	151784
2.1	35kV 配电装置	11063	9692	20755	131029	151784
六	电缆防护设施	67	114	181		181
2	电缆防火	67	114	181		181
七	全站接地	86	8	93		93
1	接地网	86	8	93		93
九	调试		11550	11550		11550
1	分系统调试		3173	3173		3173
3	特殊调试		8377	8377		8377
	合计	11216	21363	32579	131029	163608

表 8-4　　典型方案 A5-1 建筑工程专业汇总表　　金额单位：元

序号	工程或费用名称	建筑设备购置费	未计价材料费	建筑费	建筑工程费合计
	建筑工程		1681	4808	6489
二	主变压器及配电装置建筑		1681	4808	6489
2	35kV 构架及设备基础		1681	4808	6489
2.2	设备支架及基础		1681	4808	6489
	合计		1681	4808	6489

表 8-5　　典型方案 A5-1 拆除工程专业汇总表　　金额单位：元

序号	工程或费用名称	拆除工程费
	拆除工程	4227
	建筑拆除	2731
二	主变压器及配电装置建筑	2731
2	35kV 构架及设备基础	2731
2.2	设备支架及基础	2731
	安装拆除	1496
二	配电装置	1496
2	屋外配电装置	1496
2.1	35kV 配电装置	1496
	合计	4227

表 8-6　　典型方案 A5-1 其他费用估算表　　金额单位：元

序号	工程或费用项目名称	编制依据及计算说明	合价
2	项目管理费		4221
2.1	管理经费	（建筑工程费＋安装工程费＋拆除工程费）×3.53%	1528
2.2	招标费	（建筑工程费＋安装工程费＋拆除工程费）×1.81%	784
2.3	工程监理费	（建筑工程费＋安装工程费＋拆除工程费）×4.41%	1909
3	项目技术服务费		16847
3.1	前期工作费	（建筑工程费＋安装工程费）×3.05%	1192
3.3	工程勘察设计费		13990
3.3.2	设计费	设计费×100%	13990
3.4	设计文件评审费		865
3.4.1	初步设计文件评审费	基本设计费×3.5%	415
3.4.2	施工图文件评审费	基本设计费×3.8%	451
3.5	施工过程造价咨询及竣工结算审核费	（建筑工程费＋安装工程费＋拆除工程费）×0.53%	800
	合计		21068

8.1.4 典型方案电气设备材料表

典型方案 A5-1 电气设备材料见表 8-7。

表 8-7　　典型方案 A5-1 电气设备材料表

序号	设备或材料名称	单位	数量	备注
	安装工程			
二	配电装置			
2	屋外配电装置			

续表

序号	设备或材料名称	单位	数量	备注
2.1	35kV 配电装置			
500002187	35kV SF_6 瓷柱式断路器，3150A，40kA，三相机械联动，户外	台	1	
500027425	35kV 软导线引下线	组（三相）	1	
100000005	35kV 软导线设备连线	组（三相）	1	
100000010	35kV 变电站控制电缆	km	0.200	
500033976	电缆保护管，钢管，ϕ50	t	0.950	
500011755	绝缘涂料，PRTV	t	0.015	
六	电缆防护设施			
2	电缆防火			
500011738	防火堵料	t	0.006	
500011727	防火涂料	t	0.003	
七	全站接地			
1	设备接地			
500011000	扁钢，60mm，8mm，Q235－A	t	0.023	

8.1.5 典型方案工程量表

典型方案 A5－1 工程量见表 8－8。

表 8－8　　典型方案 A5－1 工程量表

序号	项目名称	单位	数量	备注
	建筑工程			
二	主变压器及配电装置建筑			
2	35kV 构架及设备基础			
2.1	架构及基础			
JGT2－15	其他设备基础　单体小于 $50m^3$	m^3	5	
JGT7－11	普通钢筋	t	0.050	
	安装工程			
二	配电装置			
2	屋外配电装置			
2.1	35kV 配电装置			
JGD2－12	SF_6 断路器安装　户外　电压（kV）35	台	1	
JGD7－3	全站电缆敷设　控制电缆　全站	100m	2	
六	电缆防护设施			
2	电缆防火			

续表

序号	项目名称	单位	数量	备注
JGD7－10	电缆防火安装　防火堵料	t	0.006	
JGD7－11	电缆防火安装　防火涂料	t	0.003	
九	调试			
1	分系统调试			
调 JGS1－12 R×0.3 C×0.3 J×0.3	配电装置系统 35kV	间隔	1	
3	特殊调试			
JGS1－325	SF_6气体试验	气室	1	
JGS1－326	SF_6全分析试验	气瓶	1	
	拆除工程			
一	建筑拆除			
2	主变压器及配电装置建筑			
2.2	110kV 构架及设备基础			
调 JGT1－7 R×20 C×20 J×20	机械施工土方　土方运距　每增加 1km	m^3	10	
CYT3－2	拆除钢筋混凝土　基础	m^3	5	
二	安装拆除			
2	配电装置			
2.2	屋外配电装置			
调 CYD2－15 R×0.5 C×0.5 J×0.5	SF_6 断路器拆除　户外　电压（kV）35	台	1	
调 CYD7－3 R×0.5 C×0.5 J×0.5	全站电缆拆除　控制电缆	100m	2	

8.2 A5－2 更换 110kV SF_6瓷柱式断路器

8.2.1 典型方案主要内容

本典型方案为更换 1 台 110kV SF_6瓷柱式断路器（三相为 1 台），内容包括一次、二次设备引线拆除、安装；断路器拆除、安装；断路器一次、二次调试；油气及耐压试验；断路器基础拆除、安装；设备防污闪喷涂；防火封堵；接地引下线更换。

8.2.2 典型方案主要技术条件

典型方案 A5－2 主要技术条件见表 8－9。

表 8-9　　典型方案 A5-2 主要技术条件

方案名称	工程主要技术条件	
更换 110kV SF_6 瓷柱式断路器	断路器型式	瓷柱式
	绝缘介质	SF_6
	额定电压（kV）	110
	额定电流（A）	3150
	额定短时耐受电（kA）	40
	操作方式	机械联动
	安装场所	户外

8.2.3　典型方案估算书

估算投资为总投资，编制依据按第 3 章要求。典型方案 A5-2 估算书包括总估算汇总表、安装工程专业汇总表、建筑工程专业汇总表、拆除工程专业汇总表、其他费用估算表，分别见表 8-10～表 8-14。

表 8-10　　典型方案 A5-2 总估算汇总表　　金额单位：万元

序号	工程或费用名称	含税金额	占工程投资的比例（%）	不含税金额	可抵扣增值税金额
一	建筑工程费	1.79	7.51	1.64	0.15
二	安装工程费	5.34	22.41	4.87	0.47
三	拆除工程费	0.77	3.23	0.71	0.06
四	设备购置费	13.1	54.97	11.6	1.5
	其中：编制基准期价差	0.13	0.55	0.13	
五	小计	21	88.12	18.82	2.18
	其中：甲供设备材料费	13.91	58.37	12.32	1.59
六	其他费用	2.83	11.88	2.67	0.16
七	基本预备费				
八	特殊项目				
九	工程投资合计	23.83	100	21.49	2.34
	其中：可抵扣增值税金额	2.34			2.34
	其中：施工费	7.09	29.75	6.5	0.59

表 8-11　　典型方案 A5-2 安装工程专业汇总表　　金额单位：元

序号	工程或费用名称	安装工程费			设备购置费	合计
		未计价材料费	安装费	小计		
	安装工程	10281	43084	53365	131029	184394
二	配电装置	10128	14575	24703	131029	155732
2	屋外配电装置	10128	14575	24703	131029	155732

续表

序号	工程或费用名称	安装工程费			设备购置费	合计
		未计价材料费	安装费	小计		
2.1	110kV 配电装置	10128	14575	24703	131029	155732
六	电缆防护设施	67	114	181		181
2	电缆防火	67	114	181		181
七	全站接地	86	8	93		93
1	接地网	86	8	93		93
九	调试		28387	28387		28387
1	分系统调试		5000	5000		5000
3	特殊调试		23387	23387		23387
	合计	10281	43084	53365	131029	184394

表 8-12　　典型方案 A5-2 建筑工程专业汇总表　　金额单位：元

序号	工程或费用名称	建筑设备购置费	未计价材料费	建筑费	建筑工程费合计
	建筑工程		3268	14616	17884
二	主变压器及配电装置建筑		3268	14616	17884
2	110kV 构架及设备基础		3268	14616	17884
2.2	设备支架及基础		3268	14616	17884
	合计		3268	14616	17884

表 8-13　　典型方案 A5-2 拆除工程专业汇总表　　金额单位：元

序号	工程或费用名称	拆除工程费
	拆除工程	7670
	建筑拆除	5308
二	主变压器及配电装置建筑	5308
2	110kV 构架及设备基础	5308
2.2	设备支架及基础	5308
	安装拆除	2362
二	配电装置	2362
2	屋外配电装置	2362
2.1	110kV 配电装置	2362
	合计	7670

表 8-14　　典型方案 A5-2 其他费用估算表　　金额单位：元

序号	工程或费用项目名称	编制依据及计算说明	合价
2	项目管理费		7695
2.1	管理经费	（建筑工程费+安装工程费+拆除工程费）×3.53%	2786

续表

序号	工程或费用项目名称	编制依据及计算说明	合价
2.2	招标费	（建筑工程费＋安装工程费＋拆除工程费）×1.81%	1428
2.3	工程监理费	（建筑工程费＋安装工程费＋拆除工程费）×4.41%	3480
3	项目技术服务费		20639
3.1	前期工作费	（建筑工程费＋安装工程费）×3.05%	2173
3.3	工程勘察设计费		16637
3.3.2	设计费	设计费×100%	16637
3.4	设计文件评审费		1029
3.4.1	初步设计文件评审费	基本设计费×3.5%	493
3.4.2	施工图文件评审费	基本设计费×3.8%	536
3.5	施工过程造价咨询及竣工结算审核费	（建筑工程费＋安装工程费＋拆除工程费）×0.53%	800
	合计		28334

8.2.4 典型方案电气设备材料表

典型方案A5－2电气设备材料见表8－15。

表8－15　　典型方案A5－2电气设备材料表

序号	设备或材料名称	单位	数量	备注
	安装工程			
二	配电装置			
2	屋外配电装置			
2.1	110kV 配电装置			
500001131	110kV SF_6 瓷柱式断路器，3150A，40kA，三相机械联动，户外	台	1	
500026702	110kV 软导线引下线	组（三相）	1	
100000006	110kV 软导线设备连线	组（三相）	1	
100000012	110kV 变电站控制电缆	km	0.400	
500033976	电缆保护管，钢管，ϕ50	t	0.189	
500011755	绝缘涂料，PRTV	t	0.018	
六	电缆防护设施			
2	电缆防火			
500011738	防火堵料	t	0.006	
500011727	防火涂料	t	0.003	
七	全站接地			
1	设备接地			
500011000	扁钢，60mm，8mm，Q235－A	t	0.023	

8.2.5 典型方案工程量表

典型方案 A5－2 工程量见表 8－16。

表 8－16　　典型方案 A5－2 工程量表

序号	项目名称	单位	数量	备注
	建筑工程			
二	主变压器及配电装置建筑			
2	110kV 构架及设备基础			
2.1	架构及基础			
JGT2－15	其他设备基础　单体小于 $50m^3$	m^3	9.720	
JGT7－11	普通钢筋	t	0.922	
	安装工程			
二	配电装置			
2	屋外配电装置			
2.1	110kV 配电装置			
JGD2－13	SF_6 断路器安装　户外　电压（kV）110	台	1	
JGD7－3	全站电缆敷设　控制电缆　全站	100m	4	
六	电缆防护设施			
2	电缆防火			
JGD7－10	电缆防火安装　防火堵料	t	0.006	
JGD7－11	电缆防火安装　防火涂料	t	0.003	
九	调试			
1	分系统调试			
调 JGS1－13 R×0.3 C×0.3 J×0.3	配电装置系统 110kV	间隔	1	
3	特殊调试			
JGS1－227	断路器特殊试验 110kV	台	1	
JGS1－325	SF_6 气体试验	气室	1	
JGS1－326	SF_6 全分析试验	气瓶	1	
	拆除工程			
一	建筑拆除			
2	主变压器及配电装置建筑			
2.2	110kV 构架及设备基础			
调 JGT1－7 R×20 C×20 J×20	机械施工土方　土方运距　每增加 1km	m^3	19.440	
CYT3－2	拆除钢筋混凝土　基础	m^3	9.720	

续表

序号	项目名称	单位	数量	备注
二	安装拆除			
2	配电装置			
2.2	屋外配电装置			
调 CYD2-16 R×0.5 C×0.5 J×0.5	SF_6 断路器拆除　户外　电压（kV）110	台	1	
调 CYD7-3 R×0.5 C×0.5 J×0.5	全站电缆拆除　控制电缆	100m	4	

8.3 A5-3 更换 220kV SF_6 瓷柱式断路器

8.3.1 典型方案主要内容

本典型方案为更换 1 台 220kV SF_6 瓷柱式断路器（三相为 1 台），内容包括一次、二次设备引线拆除、安装；断路器拆除、安装；断路器一次、二次调试；油气及耐压试验；断路器基础拆除、安装；设备防污闪喷涂；防火封堵；接地引下线更换。

8.3.2 典型方案主要技术条件

典型方案 A5-3 主要技术条件见表 8-17。

表 8-17　典型方案 A5-3 主要技术条件

方案名称	工程主要技术条件	
更换 220kV SF_6 瓷柱式断路器	断路器型式	瓷柱式
	绝缘介质	SF_6
	额定电压（kV）	220
	额定电流（A）	5000
	额定短时耐受电（kA）	63
	操作方式	分相操作
	安装场所	户外

8.3.3 典型方案估算书

估算投资为总投资，编制依据按第 3 章要求。典型方案 A5-3 估算书包括总估算汇总表、安装工程专业汇总表、建筑工程专业汇总表、拆除工程专业汇总表、其他费用估算表，分别见表 8-18～表 8-22。

表 8-18　　典型方案 A5-3 总估算汇总表　　金额单位：万元

序号	工程或费用名称	含税金额	占工程投资的比例（%）	不含税金额	可抵扣增值税金额
一	建筑工程费	2.55	3.74	2.34	0.21
二	安装工程费	7.89	11.58	7.2	0.69
三	拆除工程费	1.14	1.67	1.05	0.09
四	设备购置费	49.79	73.05	44.06	5.73
	其中：编制基准期价差	0.2	0.29	0.2	
五	小计	61.37	90.04	54.65	6.72
	其中：甲供设备材料费	51	74.82	45.13	5.87
六	其他费用	6.79	9.96	6.41	0.38
七	基本预备费				
八	特殊项目				
九	工程投资合计	68.16	100	61.06	7.1
	其中：可抵扣增值税金额	7.1			7.1
	其中：施工费	10.38	15.23	9.52	0.86

表 8-19　　典型方案 A5-3 安装工程专业汇总表　　金额单位：元

序号	工程或费用名称	安装工程费			设备购置费	合计
		未计价材料费	安装费	小计		
	安装工程	15394	63503	78897	497870	576767
二	配电装置	15241	23954	39195	497870	537065
2	屋外配电装置	15241	23954	39195	497870	537065
2.1	220kV 配电装置	15241	23954	39195	497870	537065
六	电缆防护设施	67	114	181		181
2	电缆防火	67	114	181		181
七	全站接地	86	8	93		93
1	接地网	86	8	93		93
九	调试		39428	39428		39428
1	分系统调试		6922	6922		6922
3	特殊调试		32506	32506		32506
	合计	15394	63503	78897	497870	576767

表 8-20　　典型方案 A5-3 建筑工程专业汇总表　　金额单位：元

序号	工程或费用名称	建筑设备购置费	未计价材料费	建筑费	建筑工程费合计
	建筑工程		4660	20843	25503
二	主变压器及配电装置建筑		4660	20843	25503
2	220kV 构架及设备基础		4660	20843	25503
2.2	设备支架及基础		4660	20843	25503
	合计		4660	20843	25503

表 8-21　　典型方案 A5-3 拆除工程专业汇总表　　金额单位：元

序号	工程或费用名称	拆除工程费
	拆除工程	11447
	建筑拆除	7569
二	主变压器及配电装置建筑	7569
2	220kV 构架及设备基础	7569
2.2	设备支架及基础	7569
	安装拆除	3878
二	配电装置	3878
2	屋外配电装置	3878
2.1	220kV 配电装置	3878
	合计	11447

表 8-22　　典型方案 A5-3 其他费用估算表　　金额单位：元

序号	工程或费用项目名称	编制依据及计算说明	合价
2	项目管理费		11295
2.1	管理经费	（建筑工程费＋安装工程费＋拆除工程费）×3.53%	4089
2.2	招标费	（建筑工程费＋安装工程费＋拆除工程费）×1.81%	2097
2.3	工程监理费	（建筑工程费＋安装工程费＋拆除工程费）×4.41%	5109
3	项目技术服务费		56583
3.1	前期工作费	（建筑工程费＋安装工程费）×3.05%	3184
3.3	工程勘察设计费		49534
3.3.2	设计费	设计费×100%	49534
3.4	设计文件评审费		3064
3.4.1	初步设计文件评审费	基本设计费×3.5%	1469
3.4.2	施工图文件评审费	基本设计费×3.8%	1595
3.5	施工过程造价咨询及竣工结算审核费	（建筑工程费＋安装工程费＋拆除工程费）×0.53%	800
	合计		67878

8.3.4　典型方案电气设备材料表

典型方案 A5-3 电气设备材料见表 8-23。

表 8-23　　典型方案 A5-3 电气设备材料表

序号	设备或材料名称	单位	数量	备注
	安装工程			
二	配电装置			
2	屋外配电装置			

续表

序号	设备或材料名称	单位	数量	备注
2.1	220kV 配电装置			
500124635	220kV SF_6 瓷柱式断路器，5000A，63kA，分相操作，户外	台	1	
500026705	220kV 软导线引下线	组（三相）	1	
100000007	220kV 软导线设备连线	组（三相）	1	
100000013	220kV 变电站控制电缆	km	0.500	
500033976	电缆保护管，钢管，$\phi 50$	t	0.189	
500011755	绝缘涂料，PRTV	t	0.036	
六	电缆防护设施			
2	电缆防火			
500011738	防火堵料	t	0.006	
500011727	防火涂料	t	0.003	
七	设备接地			
1	接地网			
500011000	扁钢，60mm，8mm，Q235－A	t	0.023	
500002128	220kV SF_6 瓷柱式断路器，5000A，63kA，分相操作，户外	台	1	

8.3.5 典型方案工程量表

典型方案 A5－3 工程量见表 8－24。

表 8－24　　典型方案 A5－3 工程量表

序号	项目名称	单位	数量	备注
	建筑工程			
二	主变压器及配电装置建筑			
2	220kV 构架及设备基础			
2.1	架构及基础			
JGT2－15	其他设备基础　单体小于 $50m^3$	m^3	13.860	
JGT7－11	普通钢筋	t	1.315	
	安装工程			
二	配电装置			
2	屋外配电装置			
2.1	220kV 配电装置			
JGD2－14	SF_6 断路器安装　户外　电压（kV）220	台	1	
JGD7－3	全站电缆敷设　控制电缆　全站	100m	5	
六	电缆防护设施			
2	电缆防火			

续表

序号	项目名称	单位	数量	备注
JGD7－10	电缆防火安装　防火堵料	t	0.006	
JGD7－11	电缆防火安装　防火涂料	t	0.003	
九	调试			
1	分系统调试			
调 JGS1－14 R×0.3 C×0.3 J×0.3	配电装置系统 220kV	间隔	1	
3	特殊调试			
JGS1－228	断路器特殊试验 220kV	台	1	
JGS1－325	SF_6气体试验	气室	3	
JGS1－326	SF_6全分析试验	气瓶	1	
	拆除工程			
一	建筑拆除			
2	主变压器及配电装置建筑			
2.2	220kV 构架及设备基础			
调 JGT1－7 R×20 C×20 J×20	机械施工土方　土方运距　每增加 1km	m^3	27.720	
CYT3－2	拆除钢筋混凝土　基础	m^3	13.860	
二	安装拆除			
2	配电装置			
2.2	屋外配电装置			
调 CYD2－17 R×0.5 C×0.5 J×0.5	SF_6 断路器拆除　户外　电压（kV）220	台	1	
调 CYD7－3 R×0.5 C×0.5 J×0.5	全站电缆拆除　控制电缆	100m	5	

8.4 A5－4 更换 500kV SF_6瓷柱式断路器

8.4.1 典型方案主要内容

本典型方案为更换 1 台 500kV SF_6瓷柱式断路器（三相为 1 台），内容包括一次、二次设备引线拆除、安装；断路器拆除、安装；断路器一次、二次调试；油气及耐压试验；断路器基础拆除、安装；设备防污闪喷涂；防火封堵；接地引下线更换。

8.4.2 典型方案主要技术条件

典型方案 A5–4 主要技术条件见表 8–25。

表 8–25 **典型方案 A5–4 主要技术条件**

方案名称	工程主要技术条件	
更换 500kV SF_6 瓷柱式断路器	断路器型式	瓷柱式
	绝缘介质	SF_6
	额定电压（kV）	500
	额定电流（A）	4000
	额定短时耐受电（kA）	63
	操作方式	分相操作
	安装场所	户外

8.4.3 典型方案估算书

估算投资为总投资，编制依据按第 3 章要求。典型方案 A5–4 估算书包括总估算汇总表、安装工程专业汇总表、建筑工程专业汇总表、拆除工程专业汇总表、其他费用估算表，分别见表 8–26～表 8–30。

表 8–26 **典型方案 A5–4 总估算汇总表** 金额单位：万元

序号	工程或费用名称	含税金额	占工程投资的比例（%）	不含税金额	可抵扣增值税金额
一	建筑工程费	2.48	2.18	2.27	0.21
二	安装工程费	19.36	17.03	17.57	1.79
三	拆除工程费	1.97	1.73	1.81	0.16
四	设备购置费	78.28	68.85	69.28	9
	其中：编制基准期价差	0.38	0.33	0.38	
五	小计	102.09	89.8	90.93	11.16
	其中：甲供设备材料费	84.21	74.07	74.53	9.68
六	其他费用	11.6	10.2	10.94	0.66
七	基本预备费				
八	特殊项目				
九	工程投资合计	113.69	100	101.87	11.82
	其中：可抵扣增值税金额	11.82			11.82
	其中：施工费	17.88	15.73	16.4	1.48

表 8-27　　典型方案 A5-4 安装工程专业汇总表　　金额单位：元

序号	工程或费用名称	安装工程费			设备购置费	合计
		未计价材料费	安装费	小计		
	安装工程	66542	127079	193621	782767	976388
二	配电装置	66307	79683	145990	782767	928758
2	屋外配电装置	66307	79683	145990	782767	928758
2.1	500kV 配电装置	66307	79683	145990	782767	928758
六	电缆防护设施	67	114	181		181
2	电缆防火	67	114	181		181
七	全站接地	168	15	183		183
1	接地网	168	15	183		183
九	调试		47267	47267		47267
1	分系统调试		10030	10030		10030
3	特殊调试		37237	37237		37237
	合计	66542	127079	193621	782767	976388

表 8-28　　典型方案 A5-4 建筑工程专业汇总表　　金额单位：元

序号	工程或费用名称	建筑设备购置费	未计价材料费	建筑费	建筑工程费合计
	建筑工程		4539	20302	24842
二	主变压器及配电装置建筑		4539	20302	24842
2	500kV 构架及设备基础		4539	20302	24842
2.2	设备支架及基础		4539	20302	24842
	合计		4539	20302	24842

表 8-29　　典型方案 A5-4 拆除工程专业汇总表　　金额单位：元

序号	工程或费用名称	拆除工程费
	拆除工程	19671
	建筑拆除	7373
二	主变压器及配电装置建筑	7373
2	500kV 构架及设备基础	7373
2.2	设备支架及基础	7373
	安装拆除	12298
二	配电装置	12298
2	屋外配电装置	12298
2.1	500kV 配电装置	12298
	合计	19671

表 8-30　　典型方案 A5-4 其他费用估算表　　金额单位：元

序号	工程或费用项目名称	编制依据及计算说明	合价
2	项目管理费		23218
2.1	管理经费	（建筑工程费+安装工程费+拆除工程费）×3.53%	8406
2.2	招标费	（建筑工程费+安装工程费+拆除工程费）×1.81%	4310
2.3	工程监理费	（建筑工程费+安装工程费+拆除工程费）×4.41%	10502
3	项目技术服务费		92732
3.1	前期工作费	（建筑工程费+安装工程费）×3.05%	6663
3.3	工程勘察设计费		79866
3.3.2	设计费	设计费×100%	79866
3.4	设计文件评审费		4941
3.4.1	初步设计文件评审费	基本设计费×3.5%	2369
3.4.2	施工图文件评审费	基本设计费×3.8%	2572
3.5	施工过程造价咨询及竣工结算审核费	（建筑工程费+安装工程费+拆除工程费）×0.53%	1262
	合计		115950

8.4.4 典型方案电气设备材料表

典型方案 A5-4 电气设备材料见表 8-31。

表 8-31　　典型方案 A5-4 电气设备材料表

序号	设备或材料名称	单位	数量	备注
	安装工程			
二	配电装置			
2	屋外配电装置			
2.1	500kV 配电装置			
500002133	500kV SF_6 瓷柱式断路器，4000A，63kA，分相操作，户外	台	1	
500014616	500kV 软导线引下线	组（三相）	1	
100000008	500kV 软导线设备连线	组（三相）	1	
100000014	500kV 变电站控制电缆	km	2.600	
500033976	电缆保护管，钢管，ϕ50	t	0.300	
500011755	绝缘涂料，PRTV	t	0.090	
六	电缆防护设施			
2	电缆防火			
500011738	防火堵料	t	0.006	
500011727	防火涂料	t	0.003	

续表

序号	设备或材料名称	单位	数量	备注
七	设备接地			
1	接地网			
500011000	扁钢，60mm，8mm，Q235－A	t	0.045	
500002133	500kV SF_6 瓷柱式断路器，4000A，63kA，分相操作	台	1	

8.4.5 典型方案工程量表

典型方案 A5－4 工程量见表 8－32。

表 8－32 典型方案 A5－4 工程量表

序号	项目名称	单位	数量	备注
	建筑工程			
二	主变压器及配电装置建筑			
2	500kV 构架及设备基础			
2.2	设备支架及基础			
JGT2－15	其他设备基础　单体小于 $50m^3$	m^3	13.500	
JGT7－11	普通钢筋	t	1.281	
	安装工程			
二	配电装置			
2	屋外配电装置			
2.1	500kV 配电装置			
JGD2－16	SF_6 断路器安装　户外　电压（kV）500	台	1	
JGD7－3	全站电缆敷设　控制电缆　全站	100m	26	
六	电缆防护设施			
2	电缆防火			
JGD7－10	电缆防火安装　防火堵料	t	0.006	
JGD7－11	电缆防火安装　防火涂料	t	0.003	
九	调试			
1	分系统调试			
调 JGS1－16 R×0.3 C×0.3 J×0.3	配电装置系统 500kV	间隔	1	
3	特殊调试			
JGS1－230	断路器特殊试验 500kV	台	1	
JGS1－325	SF_6气体试验	气室	3	
JGS1－326	SF_6全分析试验	气瓶	1	

续表

序号	项目名称	单位	数量	备注
	拆除工程			
一	建筑拆除			
2	主变压器及配电装置建筑			
2.2	500kV 构架及设备基础			
调 JGT1－7 R×20 C×20 J×20	机械施工土方　土方运距　每增加 1km	m^3	27	
CYT3－2	拆除钢筋混凝土　基础	m^3	13.500	
二	安装拆除			
2	配电装置			
2.2	屋外配电装置			
调 CYD2－19 R×0.5 C×0.5 J×0.5	SF_6 断路器拆除　户外　电压（kV）500	台	1	
调 CYD7－3 R×0.5 C×0.5 J×0.5	全站电缆拆除　控制电缆	100m	26	

8.5 A5－5 更换 500kV SF_6 罐式断路器

8.5.1 典型方案主要内容

本典型方案为更换 1 台 500kV SF_6 罐式断路器（三相为 1 台），内容包括一次、二次设备引线拆除、安装；断路器拆除、安装；断路器一次、二次调试；油气及耐压试验；断路器基础拆除、安装；设备防污闪喷涂；防火封堵；接地引下线更换。

8.5.2 典型方案主要技术条件

典型方案 A5－5 主要技术条件见表 8－33。

表 8－33　　典型方案 A5－5 主要技术条件

方案名称	工程主要技术条件	
更换 500kV SF_6 罐式断路器	断路器型式	罐式
	绝缘介质	SF_6
	额定电压（kV）	500
	额定电流（A）	4000
	额定短时耐受电（kA）	63
	操作方式	分相操作
	安装场所	户外

8.5.3 典型方案估算书

估算投资为总投资，编制依据按第 3 章要求。典型方案 A5－5 估算书包括总估算汇总表、安装工程专业汇总表、建筑工程专业汇总表、拆除工程专业汇总表、其他费用估算表，分别见表 8－34～表 8－38。

表 8－34 典型方案 A5－5 总估算汇总表 金额单位：万元

序号	工程或费用名称	含税金额	占工程投资的比例（%）	不含税金额	可抵扣增值税金额
一	建筑工程费	6.21	2.18	5.7	0.51
二	安装工程费	20.9	7.33	18.97	1.93
三	拆除工程费	5.24	1.84	4.81	0.43
四	设备购置费	230.4	80.76	203.87	26.53
	其中：编制基准期价差	0.47	0.16	0.47	
五	小计	262.75	92.1	233.35	29.4
	其中：甲供设备材料费	236.67	82.95	209.42	27.25
六	其他费用	22.55	7.9	21.27	1.28
七	基本预备费				
八	特殊项目				
九	工程投资合计	285.3	100	254.62	30.68
	其中：可抵扣增值税金额	30.68			30.68
	其中：施工费	26.09	9.14	23.94	2.15

表 8－35 典型方案 A5－5 安装工程专业汇总表 金额单位：元

序号	工程或费用名称	安装工程费			设备购置费	合计
		未计价材料费	安装费	小计		
	安装工程	69896	139146	209042	2304025	2513067
二	配电装置	69662	91750	161411	2304025	2465436
2	屋外配电装置	69662	91750	161411	2304025	2465436
2.1	500kV 配电装置	69662	91750	161411	2304025	2465436
六	电缆防护设施	67	114	181		181
2	电缆防火	67	114	181		181
七	全站接地	168	15	183		183
1	接地网	168	15	183		183
九	调试		47267	47267		47267
1	分系统调试		10030	10030		10030
3	特殊调试		37237	37237		37237
	合计	69896	139146	209042	2304025	2513067

表 8-36　典型方案 A5-5 建筑工程专业汇总表　金额单位：元

序号	工程或费用名称	建筑设备购置费	未计价材料费	建筑费	建筑工程费合计
	建筑工程		11348	50759	62107
二	主变压器及配电装置建筑		11348	50759	62107
2	500kV 构架及设备基础		11348	50759	62107
2.2	设备支架及基础		11348	50759	62107
	合计		11348	50759	62107

表 8-37　典型方案 A5-5 拆除工程专业汇总表　金额单位：元

序号	工程或费用名称	拆除工程费
	拆除工程	52380
	建筑拆除	36864
二	主变压器及配电装置建筑	36864
2	500kV 构架及设备基础	36864
2.2	设备支架及基础	36864
	安装拆除	15517
二	配电装置	15517
2	屋外配电装置	15517
2.1	500kV 配电装置	15517
	合计	52380

表 8-38　典型方案 A5-5 其他费用估算表　金额单位：元

序号	工程或费用项目名称	编制依据及计算说明	合价
2	项目管理费		31544
2.1	管理经费	（建筑工程费＋安装工程费＋拆除工程费）×3.53%	11421
2.2	招标费	（建筑工程费＋安装工程费＋拆除工程费）×1.81%	5856
2.3	工程监理费	（建筑工程费＋安装工程费＋拆除工程费）×4.41%	14268
3	项目技术服务费		193906
3.1	前期工作费	（建筑工程费＋安装工程费）×3.05%	8270
3.3	工程勘察设计费		173206
3.3.2	设计费	设计费×100%	173206
3.4	设计文件评审费		10715
3.4.1	初步设计文件评审费	基本设计费×3.5%	5137
3.4.2	施工图文件评审费	基本设计费×3.8%	5578
3.5	施工过程造价咨询及竣工结算审核费	（建筑工程费＋安装工程费＋拆除工程费）×0.53%	1715
	合计		225450

8.5.4 典型方案电气设备材料表

典型方案 A5－5 电气设备材料见表 8－39。

表 8－39　　典型方案 A5－5 电气设备材料表

序号	设备或材料名称	单位	数量	备注
	安装工程			
二	配电装置			
2	屋外配电装置			
2.1	500kV 配电装置			
500000811	500kV SF_6 罐式断路器，4000A，63kA，分相操作，户外，液压	台	1	
500014616	500kV 软导线引下线	组（三相）	1	
100000008	500kV 软导线设备连线	组（三相）	1	
100000014	500kV 变电站控制电缆	km	2.800	
500033976	电缆保护管，钢管，ϕ50	t	0.300	
500011755	绝缘涂料，PRTV	t	0.090	
六	电缆防护设施			
2	电缆防火			
500011738	防火堵料	t	0.006	
500011727	防火涂料	t	0.003	
七	设备接地			
1	接地网			
500011000	扁钢，60mm，8mm，Q235－A	t	0.045	
500000811	500kV SF_6 罐式断路器，4000A，63kA，分相操作，液压	台	1	

8.5.5 典型方案工程量表

典型方案 A5－5 工程量见表 8－40。

表 8－40　　典型方案 A5－5 工程量表

序号	项目名称	单位	数量	备注
	建筑工程			
二	主变压器及配电装置建筑			
2	500kV 构架及设备基础			
2.2	设备支架及基础			
JGT2－15	其他设备基础　单体小于 $50m^3$	m^3	33.750	
JGT7－11	普通钢筋	t	3.203	
	安装工程			
二	配电装置			

续表

序号	项目名称	单位	数量	备注
2	屋外配电装置			
2.1	500kV 配电装置			
调 JGD2－16 R×1.2 C×1.2 J×1.2	SF_6 断路器安装　户外　电压（kV）500	台	1	
JGD7－3	全站电缆敷设　控制电缆　全站	100m	28	
六	电缆防护设施			
2	电缆防火			
JGD7－10	电缆防火安装　防火堵料	t	0.006	
JGD7－11	电缆防火安装　防火涂料	t	0.003	
九	调试			
1	分系统调试			
调 JGS1－16 R×0.3 C×0.3 J×0.3	配电装置系统 500kV	间隔	1	
3	特殊调试			
JGS1－230	断路器特殊试验 500kV	台	1	
JGS1－325	SF_6气体试验	气室	3	
JGS1－326	SF_6全分析试验	气瓶	1	
	拆除工程			
一	建筑拆除			
2	主变压器及配电装置建筑			
2.2	500kV 构架及设备基础			
调 JGT1－7 R×20 C×20 J×20	机械施工土方　土方运距　每增加 1km	m^3	135	
CYT3－2	拆除钢筋混凝土　基础	m^3	67.500	
二	安装拆除			
2	配电装置			
2.2	屋外配电装置			
调 CYD2－19 R×1.2 C×1.2 J×1.2	SF_6 断路器拆除　户外　电压（kV）500	台	1	
调 CYD7－3 R×0.5 C×0.5 J×0.5	全站电缆拆除　控制电缆	100m	28	

第9章 更换电流互感器

典型方案说明

更换电流互感器典型方案共4个：按照电压等级分为66kV至500kV（不含330kV）不同类型的电流互感器的典型方案。所有典型方案的工作范围只包含电流互感器本体，不包含相应二次设备更换。

9.1 A6-1 更换 66kV 电流互感器

9.1.1 典型方案主要内容

本典型方案为更换1台66kV电流互感器（一相为1台），内容包括一次、二次设备引线拆除、安装；电流互感器拆除、安装；电流互感器基础拆除、安装；电流互感器绝缘油试验及一次、二次调试及试验；设备防污闪喷涂；防火封堵；接地引下线更换。

9.1.2 典型方案主要技术条件

典型方案A6-1主要技术条件见表9-1。

表9-1 典型方案A6-1主要技术条件

方案名称	工程主要技术条件	
更换66kV电流互感器	设备型式	油浸正立式
	额定电压（kV）	66
	额定一次电流（A）	2×300
	额定二次电流（A）	5
	二次绕组数	4
	安装场所	户外

9.1.3 典型方案估算书

估算投资为总投资，编制依据按第3章要求。典型方案A6-1估算书包括总估算汇总表、安装工程专业汇总表、建筑工程专业汇总表、拆除工程专业汇总表、其他费用估算表，分别见表9-2～表9-6。

表9-2 典型方案A6-1总估算汇总表 金额单位：万元

序号	工程或费用名称	含税金额	占工程投资的比例（%）	不含税金额	可抵扣增值税金额
一	建筑工程费	0.71	8.07	0.65	0.06
二	安装工程费	3.05	34.66	2.78	0.27
三	拆除工程费	0.36	4.09	0.33	0.03

续表

序号	工程或费用名称	含税金额	占工程投资的比例（%）	不含税金额	可抵扣增值税金额
四	设备购置费	3.51	39.89	3.11	0.4
	其中：编制基准期价差	0.12	1.36	0.12	
五	小计	7.63	86.7	6.87	0.76
	其中：甲供设备材料费	4.08	46.36	3.61	0.47
六	其他费用	1.17	13.3	1.1	0.07
七	基本预备费				
八	特殊项目				
九	工程投资合计	8.8	100	7.97	0.83
	其中：可抵扣增值税金额	0.83			0.83
	其中：施工费	3.55	40.34	3.26	0.29

表 9–3　　典型方案 A6–1 安装工程专业汇总表　　金额单位：元

序号	工程或费用名称	安装工程费			设备购置费	合计
		主要材料费	安装费	小计		
	安装工程	8308	22198	30507	35061	65568
二	配电装置	8042	5354	13396	35061	48457
2	屋外配电装置	8042	5354	13396	35061	48457
2.1	66kV 配电装置	8042	5354	13396	35061	48457
六	电缆防护设施	69	114	183		183
2	电缆防火	69	114	183		183
七	全站接地	197	731	928		928
1	接地网	197	731	928		928
九	调试		15999	15999		15999
1	分系统调试		3000	3000		3000
3	特殊调试		12999	12999		12999
	合计	8308	22198	30507	35061	65568

表 9–4　　典型方案 A6–1 建筑工程专业汇总表　　金额单位：元

序号	工程或费用名称	设备费	主要材料费	建筑费	建筑工程费合计
	建筑工程			7126	7126
二	主变压器及配电装置建筑			7126	7126
2	66kV 构架及设备基础			7126	7126
2.1	构架及基础			7126	7126
	合计			7126	7126

表 9-5　　典型方案 A6-1 拆除工程专业汇总表　　金额单位：元

序号	工程或费用名称	拆除工程费
	拆除工程	3610
	建筑拆除	979
二	主变压器及配电装置建筑	979
2	66kV 构架及设备基础	979
2.1	构架及基础	979
	安装拆除	2631
二	配电装置	2631
2	屋外配电装置	2631
2.1	66kV 配电装置	2631
	合计	3610

表 9-6　　典型方案 A6-1 其他费用估算表　　金额单位：元

序号	工程或费用名称	编制依据及计算说明	合价
2	项目管理费		4021
2.1	管理经费	（建筑工程费＋安装工程费＋拆除工程费）×3.53%	1456
2.2	招标费	（建筑工程费＋安装工程费＋拆除工程费）×1.81%	746
2.3	工程监理费	（建筑工程费＋安装工程费＋拆除工程费）×4.41%	1819
3	项目技术服务费		8296
3.1	前期工作费	（建筑工程费＋安装工程费）×3.05%	1148
3.3	工程勘察设计费		5979
3.3.2	设计费	设计费×100%	5979
3.4	设计文件评审费		370
3.4.1	初步设计文件评审费	基本设计费×3.5%	177
3.4.2	施工图文件评审费	基本设计费×3.8%	193
3.5	施工过程造价咨询及竣工结算审核费	（建筑工程费＋安装工程费＋拆除工程费）×0.53%	219
	合计		11736

9.1.4 典型方案电气设备材料表

典型方案 A6-1 电气设备材料见表 9-7。

表 9-7　　典型方案 A6-1 电气设备材料表

序号	设备或材料名称	单位	数量	备注
二	配电装置			
	安装工程			
二	配电装置			

续表

序号	设备或材料名称	单位	数量	备注
2	屋外配电装置			
2.1	110kV 配电装置			
500061510	66kV 油浸电磁 CT，2×300/5，0.5，5P，4，50，正立	台	1	
100000022	66kV 软导线引下线	组（三相）	0.333	
100000005	66kV 软导线设备连线	组（三相）	0.333	
100000011	66kV 变电站控制电缆	km	0.300	
500033976	电缆保护管，钢管，ϕ50	t	0.035	
500011755	绝缘涂料，PRTV	t	0.003	
六	电缆防护设施			
2	电缆防火			
500011727	防火涂料	t	0.003	
500011738	防火堵料	t	0.006	
七	全站接地			
1	接地网			
500011000	扁钢，60mm，8mm，Q235－A	t	0.053	

9.1.5 典型方案工程量表

典型方案 A6－1 工程量见表 9－8。

表 9－8　　典型方案 A6－1 工程量表

序号	项目名称	单位	数量	备注
	建筑工程			
二	主变压器及配电装置建筑			
2	66kV 构架及设备基础			
2.1	构架及基础			
JGT2－8	独立基础　钢筋混凝土基础	m^3	2	
JGT9－36	不含土方基础支架　钢管设备支架	t	0.400	
JGT7－11	钢筋、铁件　普通钢筋	t	0.190	
JGT8－6	其他钢结构	t	0.040	
	安装工程			
二	配电装置			
2	屋外配电装置			
2.1	66kV 配电装置			
调 JGD2－162 R×0.88 C×0.88 J×0.88	电流互感器安装　户外电压（kV 以下）110	台/单相	1	

续表

序号	项目名称	单位	数量	备注
JGD7－3	全站电缆敷设　控制电缆　全站	100m	3	
六	电缆防护设施			
2	电缆防火			
JGD7－10	电缆防火安装　防火堵料	t	0.006	
JGD7－11	电缆防火安装　防火涂料	t	0.003	
七	全站接地			
1	接地网			
JGD8－1	全站接地	100m	0.140	
九	调试			
1	分系统调试			
调 JGS1－13 R×0.18 C×0.18 J×0.18	配电装置系统 110kV	间隔	1	
3	特殊调试			
调 JGS1－266 R×0.88 C×0.88 J×0.88	电流互感器特殊试验 110kV	台	1	
JGS1－324	互感器（断路器）绝缘油试验	台	1	
	拆除工程			
二	建筑拆除			
2	主变压器及配电装置建筑			
2.1	66kV 构架及设备基础			
	构架及基础			
调 JGT1－7×10 R×10 C×10 J×10	机械施工土方　土方运距　每增加 1km	m^3	4	
CYT3－2	现浇混凝土　拆除钢筋混凝土　基础	m^3	2	
	小计			
	安装拆除			
二	配电装置			
2	屋外配电装置			
2.1	66kV 配电装置			
调 CYD2－170 R×0.88 C×0.88 J×0.88	户外型电流互感器拆除　电压（kV 以下）110	台	1	
CYD7－1	全站电缆拆除　电力电缆 6kV 以下	100m	3	

9.2 A6-2 更换 110kV 电流互感器

9.2.1 典型方案主要内容

本典型方案为更换 1 台 110kV 电流互感器（一相为 1 台），内容包括一次、二次设备引线拆除、安装；电流互感器拆除、安装；电流互感器基础拆除、安装；电流互感器绝缘油试验及一次、二次调试及试验；设备防污闪喷涂；防火封堵；接地引下线更换。

9.2.2 典型方案主要技术条件

典型方案 A6-2 主要技术条件见表 9-9。

表 9-9　典型方案 A6-2 主要技术条件

方案名称	工程主要技术条件	
更换 110kV 电流互感器	设备型式	油浸正立式
	额定电压（kV）	110
	额定一次电流（A）	2×600
	额定二次电流（A）	5
	二次绕组数	5
	安装场所	户外

9.2.3 典型方案估算书

估算投资为总投资，编制依据按第 3 章要求。典型方案 A6-2 估算书包括总估算汇总表、安装工程专业汇总表、建筑工程专业汇总表、拆除工程专业汇总表、其他费用估算表，分别见表 9-10～表 9-14。

表 9-10　典型方案 A6-2 总估算汇总表　金额单位：万元

序号	工程或费用名称	含税金额	占工程投资的比例（%）	不含税金额	可抵扣增值税金额
一	建筑工程费	0.51	6.22	0.47	0.04
二	安装工程费	3.21	39.15	2.93	0.28
三	拆除工程费	0.16	1.95	0.15	0.01
四	设备购置费	3.15	38.41	2.79	0.36
	其中：编制基准期价差	0.07	0.85	0.07	
五	小计	7.03	85.73	6.34	0.69
	其中：甲供设备材料费	3.68	44.88	3.26	0.42
六	其他费用	1.17	14.27	1.1	0.07
七	基本预备费				
八	特殊项目				
九	工程投资合计	8.2	100	7.44	0.76
	其中：可抵扣增值税金额	0.76			0.76
	其中：施工费	3.36	40.98	3.08	0.28

表 9-11　　典型方案 A6-2 安装工程专业汇总表　　金额单位：元

序号	工程或费用名称	安装工程费			设备购置费	合计
		未计价材料费	安装费	小计		
	安装工程	7015	25130	32145	31455	63600
二	配电装置	6872	5510	12383	31455	43838
2	屋外配电装置	6872	5510	12383	31455	43838
2.1	110kV 配电装置	6872	5510	12383	31455	43838
六	电缆防护设施	57	113	170		170
2	电缆防火	57	113	170		170
七	全站接地	86	8	93		93
1	接地网	86	8	93		93
九	调试		19499	19499		19499
1	分系统调试		5000	5000		5000
3	特殊调试		14498	14498		14498
	合计	7015	25130	32145	31455	63600

表 9-12　　典型方案 A6-2 建筑工程专业汇总表　　金额单位：元

序号	工程或费用名称	建筑设备购置费	未计价材料费	建筑费	建筑工程费合计
	建筑工程		504	4635	5139
二	主变压器及配电装置建筑		504	4635	5139
1.1	构支架及基础		504	4635	5139
	合计		504	4635	5139

表 9-13　　典型方案 A6-2 拆除工程专业汇总表　　金额单位：元

序号	工程或费用名称	拆除工程费
	拆除工程	1633
	建筑拆除	819
二	主变压器及配电装置建筑	819
1	主变压器系统	819
1.1	构支架及基础	819
	安装拆除	814
二	配电装置	814
2	屋外配电装置	814
2.1	110kV 配电装置	814
	合计	1633

表 9-14　　典型方案 A6-2 其他费用估算表　　金额单位：元

序号	工程或费用项目名称	编制依据及计算说明	合价
2	项目管理费		3794
2.1	管理经费	（建筑工程费+安装工程费+拆除工程费）×3.53%	1374
2.2	招标费	（建筑工程费+安装工程费+拆除工程费）×1.81%	704
2.3	工程监理费	（建筑工程费+安装工程费+拆除工程费）×4.41%	1716
3	项目技术服务费		7940
3.1	前期工作费	（建筑工程费+安装工程费）×3.05%	1137
3.3	工程勘察设计费		5654
3.3.2	设计费	设计费×100%	5654
3.4	设计文件评审费		350
3.4.1	初步设计文件评审费	基本设计费×3.5%	168
3.4.2	施工图文件评审费	基本设计费×3.8%	182
3.5	施工过程造价咨询及竣工结算审核费	（建筑工程费+安装工程费+拆除工程费）×0.53%	800
	合计		11735

9.2.4 典型方案电气设备材料表

典型方案 A6-2 电气设备材料见表 9-15。

表 9-15　　典型方案 A6-2 电气设备材料表

序号	设备或材料名称	单位	数量	备注
	安装工程			
二	配电装置			
2	屋外配电装置			
2.1	110kV 配电装置			
500034078	110kV 油浸电磁 CT，2×600/5，0.5，10P，5，40，正立	台	1	根据实际情况增加爬裙
100000023	110kV 软导线引下线	组（三相）	0.333	
100000006	110kV 软导线设备连线	组（三相）	0.333	
100000012	110kV 变电站控制电缆	km	0.300	
500033976	电缆保护管，钢管，ϕ50	t	0.035	
500011755	绝缘涂料，PRTV	t	0.018	
六	电缆防护设施			
2	电缆防火			
500011727	防火涂料	t	0.003	
500011738	防火堵料	t	0.006	

续表

序号	设备或材料名称	单位	数量	备注
七	全站接地			
1	接地网			
500011000	扁钢，60mm，8mm，Q235－A	t	0.023	
	建筑工程			
二	主变压器及配电装置建筑			
1	主变压器系统			
1.1	构支架及基础			
C01020712	圆钢 ϕ10 以下	kg	53.550	
C01020713	圆钢 ϕ10 以上	kg	76.169	

9.2.5 典型方案工程量表

典型方案 A6－2 工程量见表 9－16。

表 9－16　　典型方案 A6－2 工程量表

序号	项目名称	单位	数量	备注
	建筑工程			
JGT2－15	其他设备基础　单体小于 50m³	m³	1.500	
JGT7－11	普通钢筋	t	0.015	
JGT9－36	不含土方、基础、支架　钢管设备支架	t	0.400	
2	屋外配电装置			
2.1	110kV 配电装置			
JGD2－162	户外型电流互感器安装　电压（kV 以下）110	台	1	
JGD7－3	全站电缆敷设　控制电缆　全站	100m	3	
六	电缆防护设施			
2	电缆防火			
JGD7－10	电缆防火安装　防火堵料	t	0.006	
JGD7－11	电缆防火安装　防火涂料	t	0.003	
九	调试			
调 JGS1－13 R×0.3 C×0.3 J×0.3	配电装置系统 110kV	间隔	1	
3	特殊调试			
JGS1－266	电流互感器特殊试验 110kV	台	1	
JGS1－324	互感器（断路器）绝缘油试验	台	1	
二	安装拆除			

续表

序号	项目名称	单位	数量	备注
调 CYD2－170 R×0.5 C×0.5 J×0.5	户外型电流互感器拆除　电压（kV 以下）110	台	1	
调 CYD7－3 R×0.5 C×0.5 J×0.5	全站电缆拆除　控制电缆	100m	3	
一	建筑拆除			
2	主变压器及配电装置建筑			
2.2	110kV 构架及设备基础			
调 JGT1－7 R×20 C×20 J×20	机械施工土方　土方运距　每增加 1km	m^3	3	
CYT3－2	拆除钢筋混凝土　基础	m^3	1.500	

9.3　A6－3 更换 220kV 电流互感器

9.3.1　典型方案主要内容

本典型方案为更换 1 台 220kV 电流互感器（一相为 1 台），内容包括一次、二次设备引线拆除、安装；电流互感器拆除、安装；电流互感器基础拆除、安装；电流互感器绝缘油试验及一次、二次调试及试验；设备防污闪喷涂；防火封堵；接地引下线更换。

9.3.2　典型方案主要技术条件

典型方案 A6－3 主要技术条件见表 9－17。

表 9－17　　　典型方案 A6－3 主要技术条件

方案名称	工程主要技术条件	
更换 220kV 电流互感器	设备型式	油浸正立式
	额定电压（kV）	220
	额定一次电流（A）	2×800
	额定二次电流（A）	5
	二次绕组数	6
	安装场所	户外

9.3.3　典型方案估算书

估算投资为总投资，编制依据按第 3 章要求。典型方案 A6－3 估算书包括总估算汇总表、安装工程专业汇总表、建筑工程专业汇总表、拆除工程专业汇总表、其他费用估算表，分别见表 9－18～表 9－22。

表 9-18　　典型方案 A6-3 总估算汇总表　　金额单位：万元

序号	工程或费用名称	含税金额	占工程投资的比例（%）	不含税金额	可抵扣增值税金额
一	建筑工程费	0.51	4.31	0.47	0.04
二	安装工程费	4.32	36.55	3.95	0.37
三	拆除工程费	0.17	1.44	0.16	0.01
四	设备购置费	5.23	44.25	4.63	0.6
	其中：编制基准期价差	0.1	0.85	0.1	
五	小计	10.23	86.55	9.21	1.02
	其中：甲供设备材料费	5.76	48.73	5.1	0.66
六	其他费用	1.59	13.45	1.5	0.09
七	基本预备费				
八	特殊项目				
九	工程投资合计	11.82	100	10.71	1.11
	其中：可抵扣增值税金额	1.11			1.11
	其中：施工费	4.47	37.82	4.1	0.37

表 9-19　　典型方案 A6-3 安装工程专业汇总表　　金额单位：元

序号	工程或费用名称	安装工程费			设备购置费	合计
		未计价材料费	安装费	小计		
	安装工程	8762	34422	43184	52291	95475
二	配电装置	8619	6926	15544	52291	67836
2	屋外配电装置	8619	6926	15544	52291	67836
2.1	220kV 配电装置	8619	6926	15544	52291	67836
六	电缆防护设施	57	113	170		170
2	电缆防火	57	113	170		170
七	全站接地	86	8	93		93
1	接地网	86	8	93		93
九	调试		27376	27376		27376
1	分系统调试		6922	6922		6922
3	特殊调试		20454	20454		20454
	合计	8762	34422	43184	52291	95475

表 9-20　　典型方案 A6-3 建筑工程专业汇总表　　金额单位：元

序号	工程或费用名称	建筑设备购置费	未计价材料费	建筑费	建筑工程费合计
	建筑工程		504	4635	5139
二	主变压器及配电装置建筑		504	4635	5139
1.1	构支架及基础		504	4635	5139
	合计		504	4635	5139

表 9-21 **典型方案 A6-3 拆除工程专业汇总表** 金额单位：元

序号	工程或费用名称	拆除工程费
	拆除工程	1718
	建筑拆除	819
二	主变压器及配电装置建筑	819
1	主变压器系统	819
1.1	构支架及基础	819
	安装拆除	899
二	配电装置	899
2	屋外配电装置	899
2.1	110kV 配电装置	899
	合计	1718

表 9-22 **典型方案 A6-3 其他费用估算表** 金额单位：元

序号	工程或费用项目名称	编制依据及计算说明	合价
2	项目管理费		4879
2.1	管理经费	（建筑工程费＋安装工程费＋拆除工程费）×3.53%	1766
2.2	招标费	（建筑工程费＋安装工程费＋拆除工程费）×1.81%	906
2.3	工程监理费	（建筑工程费＋安装工程费＋拆除工程费）×4.41%	2207
3	项目技术服务费		11061
3.1	前期工作费	（建筑工程费＋安装工程费）×3.05%	1474
3.3	工程勘察设计费		8275
3.3.2	设计费	设计费×100%	8275
3.4	设计文件评审费		512
3.4.1	初步设计文件评审费	基本设计费×3.5%	245
3.4.2	施工图文件评审费	基本设计费×3.8%	266
3.5	施工过程造价咨询及竣工结算审核费	（建筑工程费＋安装工程费＋拆除工程费）×0.53%	800
	合计		15940

9.3.4 典型方案电气设备材料表

典型方案 A6-3 电气设备材料见表 9-23。

表 9-23 **典型方案 A6-3 电气设备材料表**

序号	设备或材料名称	单位	数量	备注
	安装工程			
一	主变压器系统			
2	屋外配电装置			

续表

序号	设备或材料名称	单位	数量	备注
2.1	220kV 配电装置			
500034009	220kV 油浸电磁 CT，2×800/5，0.5，10P，6，50，正立	台	1	根据实际情况增加爬裙
100000024	220kV 软导线引下线	组（三相）	0.333	
100000007	220kV 软导线设备连线	组（三相）	0.333	
100000013	220kV 变电站控制电缆	km	0.300	
500033976	电缆保护管，钢管，ϕ50	t	0.035	
500011755	绝缘涂料，PRTV	t	0.036	
六	电缆防护设施			
2	电缆防火			
500011727	防火涂料	t	0.003	
500011738	防火堵料	t	0.006	
七	全站接地			
1	接地网			
500011000	扁钢，60mm，8mm，Q235－A	t	0.023	

9.3.5 典型方案工程量表

典型方案 A6－3 工程量见表 9－24。

表 9－24　　典型方案 A6－3 工程量表

序号	项目名称	单位	数量	备注
	建筑工程			
JGT2－15	其他设备基础　单体小于 50m³	m³	1.500	
JGT7－11	普通钢筋	t	0.015	
JGT9－36	不含土方、基础、支架　钢管设备支架	t	0.400	
	安装工程			
2	屋外配电装置			
2.1	220kV 配电装置			
JGD2－163	户外型电流互感器安装　电压（kV 以下）220	台	1	
JGD7－3	全站电缆敷设　控制电缆　全站	100m	3	
六	电缆防护设施			
2	电缆防火			
JGD7－10	电缆防火安装　防火堵料	t	0.006	
JGD7－11	电缆防火安装　防火涂料	t	0.003	
九	调试			

续表

序号	项目名称	单位	数量	备注
JGS1-14 R×0.3 C×0.3 J×0.3	配电装置系统 220kV	间隔	1	
3	特殊调试			
JGS1-267	电流互感器特殊试验 220kV	台	1	
JGS1-324	互感器（断路器）绝缘油试验	台	1	
二	安装拆除			
调 CYD2-171 R×0.5 C×0.5 J×0.5	户外型电流互感器拆除　电压（kV 以下）220	台	1	
调 CYD7-3 R×0.5 C×0.5 J×0.5	全站电缆拆除　控制电缆	100m	3	
一	建筑拆除			
2	主变压器及配电装置建筑			
2.2	220kV 构架及设备基础			
JGT1-7	机械施工土方　土方运距　每增加 1km	m^3	3	
CYT3-2	拆除钢筋混凝土　基础	m^3	1.500	

9.4 A6-4 更换 500kV 电流互感器

9.4.1 典型方案主要内容

本典型方案为更换 1 台 500kV 电流互感器（一相为 1 台），内容包括一次、二次设备引线拆除、安装；电流互感器拆除、安装；电流互感器基础拆除、安装；电流互感器绝缘油试验及一次、二次调试及试验；设备防污闪喷涂；防火封堵；接地引下线更换。

9.4.2 典型方案主要技术条件

典型方案 A6-4 主要技术条件见表 9-25。

表 9-25　　典型方案 A6-4 主要技术条件

方案名称	工程主要技术条件	
更换 500kV 电流互感器	设备型式	油浸倒立式
	额定电压（kV）	500
	额定一次电流（A）	2×1250
	额定二次电流（A）	1
	二次绕组数	8
	安装场所	户外

9.4.3 典型方案估算书

估算投资为总投资，编制依据按第 3 章要求。典型方案 A6-4 估算书包括总估算汇总表、安装工程专业汇总表、建筑工程专业汇总表、拆除工程专业汇总表、其他费用估算表，分别见表 9-26～表 9-30。

表 9-26　　典型方案 A6-4 总估算汇总表　　金额单位：万元

序号	工程或费用名称	含税金额	占工程投资的比例（%）	不含税金额	可抵扣增值税金额
一	建筑工程费	0.88	2.43	0.81	0.07
二	安装工程费	7.25	20.01	6.62	0.63
三	拆除工程费	0.37	1.02	0.34	0.03
四	设备购置费	23.79	65.66	21.05	2.74
	其中：编制基准期价差	0.15	0.41	0.15	
五	小计	32.29	89.13	28.82	3.47
	其中：甲供设备材料费	24.63	67.98	21.8	2.83
六	其他费用	3.94	10.87	3.72	0.22
七	基本预备费				
八	特殊项目				
九	工程投资合计	36.23	100	32.54	3.69
	其中：可抵扣增值税金额	3.69			3.69
	其中：施工费	7.65	21.12	7.02	0.63

表 9-27　　典型方案 A6-4 安装工程专业汇总表　　金额单位：元

序号	工程或费用名称	安装工程费			设备购置费	合计
		未计价材料费	安装费	小计		
	安装工程	19482	53026	72508	237916	310424
二	配电装置	19298	13335	32633	237916	270549
2	屋外配电装置	19298	13335	32633	237916	270549
2.1	500kV 配电装置	19298	13335	32633	237916	270549
六	电缆防护设施	57	113	170		170
2	电缆防火	57	113	170		170
七	全站接地	127	11	138		138
1	接地网	127	11	138		138
九	调试		39567	39567		39567
1	分系统调试		10030	10030		10030
3	特殊调试		29537	29537		29537
	合计	19482	53026	72508	237916	310424

表 9-28　　典型方案 A6-4 建筑工程专业汇总　　金额单位：元

序号	工程或费用名称	建筑设备购置费	未计价材料费	建筑费	建筑工程费合计
	建筑工程		1237	7519	8756
二	主变压器及配电装置建筑		1237	7519	8756
1.1	构支架及基础		1237	7519	8756
	合计		1237	7519	8756

表 9-29　　典型方案 A6-4 拆除工程专业汇总表　　金额单位：元

序号	工程或费用名称	拆除工程费
	拆除工程	3668
	建筑拆除	2010
二	主变压器及配电装置建筑	2010
1	主变压器系统	2010
1.1	构支架及基础	2010
	安装拆除	1659
二	配电装置	1659
2	屋外配电装置	1659
2.1	500kV 配电装置	1659
	合计	3668

表 9-30　　典型方案 A6-4 其他费用估算表　　金额单位：元

序号	工程或费用项目名称	编制依据及计算说明	合价
2	项目管理费		8281
2.1	管理经费	（建筑工程费＋安装工程费＋拆除工程费）×3.53%	2998
2.2	招标费	（建筑工程费＋安装工程费＋拆除工程费）×1.81%	1537
2.3	工程监理费	（建筑工程费＋安装工程费＋拆除工程费）×4.41%	3746
3	项目技术服务费		31154
3.1	前期工作费	（建筑工程费＋安装工程费）×3.05%	2479
3.3	工程勘察设计费		26251
3.3.2	设计费	设计费×100%	26251
3.4	设计文件评审费		1624
3.4.1	初步设计文件评审费	基本设计费×3.5%	779
3.4.2	施工图文件评审费	基本设计费×3.8%	845
3.5	施工过程造价咨询及竣工结算审核费	（建筑工程费＋安装工程费＋拆除工程费）×0.53%	800
	合计		39435

9.4.4 典型方案电气设备材料表

典型方案 A6-4 电气设备材料见表 9-31。

表 9-31 典型方案 A6-4 电气设备材料表

序号	设备或材料名称	单位	数量	备注
	安装工程			
一	主变压器系统			
2	屋外配电装置			
2.1	500kV 配电装置			
500066594	500kV 油浸电磁 CT，2×1250/1，0.5，TPY，8，10，倒立	台	1	根据实际情况增加爬裙
100000025	500kV 软导线引下线	组（三相）	0.333	
100000008	500kV 软导线设备连线	组（三相）	0.333	
100000014	500kV 变电站控制电缆	km	0.500	
500033976	电缆保护管，钢管，ϕ50	t	0.053	
500011755	绝缘涂料，PRTV	t	0.100	
六	电缆防护设施			
2	电缆防火			
500011727	防火涂料	t	0.003	
500011738	防火堵料	t	0.006	
七	全站接地			
1	接地网			
500011000	扁钢，60mm，8mm，Q235-A	t	0.034	

9.4.5 典型方案工程量表

典型方案 A6-4 工程量见表 9-32。

表 9-32 典型方案 A6-4 工程量表

序号	项目名称	单位	数量	备注
	建筑工程			
JGT2-15	其他设备基础 单体小于 50m³	m³	3.680	
JGT7-11	普通钢筋	t	0.020	
JGT9-36	不含土方、基础、支架 钢管设备支架	t	0.551	
	安装工程			
2	屋外配电装置			
2.1	500kV 配电装置			
JGD2-165	户外型电流互感器安装 电压（kV 以下）500	台	1	
JGD7-3	全站电缆敷设 控制电缆 全站	100m	5	

续表

序号	项目名称	单位	数量	备注
六	电缆防护设施			
2	电缆防火			
JGD7－10	电缆防火安装　防火堵料	t	0.006	
JGD7－11	电缆防火安装　防火涂料	t	0.003	
九	调试			
调 JJGS1－16 R×0.3 C×0.3 J×0.3	配电装置系统 500kV	间隔	1	
3	特殊调试			
JGS1－269	电流互感器特殊试验 500kV	台	1	
JGS1－324	互感器（断路器）绝缘油试验	台	1	
二	安装拆除			
调 CYD2－173 R×0.5 C×0.5 J×0.5	户外型电流互感器拆除　电压（kV 以下）500	台	1	
调 CYD7－3 R×0.5 C×0.5 J×0.5	全站电缆拆除　控制电缆	100m	5	
一	建筑拆除			
2	主变压器及配电装置建筑			
2.2	500kV 构架及设备基础			
调 JGT1－7 R×20 C×20 J×20	机械施工土方　土方运距　每增加 1km	m^3	7.360	
CYT3－2	拆除钢筋混凝土　基础	m^3	3.680	

第10章 更换电压互感器

典型方案说明

更换电压互感器典型方案共5个：按照电压等级分为35kV至500kV（不含330kV）不同类型的电压互感器的典型方案。所有典型方案的工作范围只包含电压互感器本体，不包含相应二次设备更换。

10.1 A7-1 更换 35kV 电压互感器

10.1.1 典型方案主要内容

本典型方案为更换1台35kV电压互感器（一相为1台），内容包括一次、二次设备引线拆除、安装；电压互感器拆除、安装；电压互感器基础拆除、安装；电压互感器试验及二次调试；设备防污闪喷涂；防火封堵；接地改造。

10.1.2 典型方案主要技术条件

典型方案A7-1主要技术条件见表10-1。

表10-1 典型方案A7-1主要技术条件

方案名称	工程主要技术条件	
更换 35kV 电压互感器	结构型式	电容式
	额定电压（kV）	35
	绝缘介质	油浸
	额定电容 Cn（pF）	20000
	二次绕组数量	4
	准确级	0.5
	安装场所	户外

10.1.3 典型方案估算书

估算投资为总投资，编制依据按第3章要求。典型方案A7-1估算书包括总估算汇总表、安装工程专业汇总表、建筑工程专业汇总表、拆除工程专业汇总表、其他费用估算表，分别见表10-2～表10-6。

表10-2 典型方案A7-1总估算汇总表 金额单位：万元

序号	工程或费用名称	含税金额	占工程投资的比例（%）	不含税金额	可抵扣增值税金额
一	建筑工程费	0.6	8.38	0.55	0.05
二	安装工程费	1.92	26.82	1.75	0.17

续表

序号	工程或费用名称	含税金额	占工程投资的比例（%）	不含税金额	可抵扣增值税金额
三	拆除工程费	0.13	1.82	0.12	0.01
四	设备购置费	3.56	49.72	3.15	0.41
	其中：编制基准期价差	0.04	0.56	0.04	
五	小计	6.21	86.73	5.57	0.64
	其中：甲供设备材料费	3.88	54.19	3.43	0.45
六	其他费用	0.95	13.27	0.9	0.05
七	基本预备费				
八	特殊项目				
九	工程投资合计	7.16	100	6.47	0.69
	其中：可抵扣增值税金额	0.69			0.69
	其中：施工费	2.33	32.54	2.14	0.19

表 10-3　　典型方案 A7-1 安装工程专业汇总表　　金额单位：元

序号	工程或费用名称	安装工程费			设备购置费	合计
		未计价材料费	安装费	小计		
	安装工程	3942	15225	19167	35562	54729
二	配电装置	3844	3326	7169	35562	42732
2	屋外配电装置	3844	3326	7169	35562	42732
2.2	35kV 配电装置	3844	3326	7169	35562	42732
六	电缆防护设施	57	113	170		170
2	电缆防火	57	113	170		170
七	全站接地	41	4	45		45
1	接地网	41	4	45		45
九	调试		11783	11783		11783
1	分系统调试		3173	3173		3173
3	特殊调试		8610	8610		8610
	合计	3942	15225	19167	35562	54729

表 10-4　　典型方案 A7-1 建筑工程专业汇总表　　金额单位：元

序号	工程或费用名称	建筑设备购置费	未计价材料费	建筑费	建筑工程费合计
	建筑工程		504	5542	6046
二	主变压器及配电装置建筑		504	5542	6046
1	主变压器系统		504	5542	6046
1.1	构支架及基础		504	5542	6046
	合计		504	5542	6046

表 10-5　**典型方案 A7-1 拆除工程专业汇总表**　金额单位：元

序号	工程或费用名称	拆除工程费
	拆除工程	1342
	建筑拆除	819
二	主变压器及配电装置建筑	819
1	主变压器系统	819
1.1	构支架及基础	819
	安装拆除	522
二	配电装置	522
2	屋外配电装置	522
2.2	35kV 配电装置	522
	合计	1342

表 10-6　**典型方案 A7-1 其他费用估算表**　金额单位：元

序号	工程或费用项目名称	编制依据及计算说明	合价
2	项目管理费		2589
2.1	管理经费	（建筑工程费＋安装工程费＋拆除工程费）×3.53%	937
2.2	招标费	（建筑工程费＋安装工程费＋拆除工程费）×1.81%	481
2.3	工程监理费	（建筑工程费＋安装工程费＋拆除工程费）×4.41%	1171
3	项目技术服务费		6877
3.1	前期工作费	（建筑工程费＋安装工程费）×3.05%	769
3.3	工程勘察设计费		4999
3.3.2	设计费	设计费×100%	4999
3.4	设计文件评审费		309
3.4.1	初步设计文件评审费	基本设计费×3.5%	148
3.4.2	施工图文件评审费	基本设计费×3.8%	161
3.5	施工过程造价咨询及竣工结算审核费	（建筑工程费＋安装工程费＋拆除工程费）×0.53%	800
	合计		9466

10.1.4　典型方案电气设备材料表

典型方案 A7-1 电气设备材料见表 10-7。

表 10-7　**典型方案 A7-1 电气设备材料表**

序号	设备或材料名称	单位	数量	备注
	安装工程			
二	配电装置			

续表

序号	设备或材料名称	单位	数量	备注
2	屋外配电装置			
2.1	35kV 配电装置			
500139713	电容式电压互感器，AC35kV，油浸/瓷，0.02μF，3，0.5	台	1	
100000004	35kV 软导线设备连线	组（三相）	0.333	
100000011	35kV 变电站控制电缆	km	0.150	
500033976	电缆保护管，钢管，ϕ50	t	0.052	
500011755	绝缘涂料，PRTV	t	0.003	
六	电缆防护设施			
2	电缆防火			
500011727	防火涂料	t	0.003	
500011738	防火堵料	t	0.006	
七	全站接地			
1	接地网			
500010951	扁钢，50mm，5mm，Q235－A	t	0.011	
	建筑工程			
二	主变压器及配电装置建筑			
1	主变压器系统			
1.1	构支架及基础			
C01020712	圆钢 ϕ10 以下	kg	53.550	
C01020713	圆钢 ϕ10 以上	kg	76.169	

10.1.5 典型方案工程量表

典型方案 A7－1 工程量见表 10－8。

表 10－8　　典型方案 A7－1 工程量表

序号	项目名称	单位	数量	备注
	建筑工程			
JGT2－15	其他设备基础 单体小于 50m³	m³	1.500	
JGT7－11	普通钢筋	t	0.157	
JGT9－36	不含土方、基础、支架 钢管设备支架	t	0.400	
	安装工程			
二	配电装置			
2	屋外配电装置			
2.1	35kV 配电装置			
JGD2－148	电压互感器安装 电容式（kV 以下）35	台/单相	1	

续表

序号	项目名称	单位	数量	备注
JGD7－3	全站电缆敷设　控制电缆　全站	100m	1.500	
六	电缆防护设施			
2	电缆防火			
JGD7－10	电缆防火安装　防火堵料	t	0.006	
JGD7－11	电缆防火安装　防火涂料	t	0.003	
九	调试			
调 JGS1－12 R×0.3 C×0.3 J×0.3	配电装置系统 35kV	台	1	
3	特殊调试			
JGS1－273	电压互感器特殊试验 35kV	台	1	
JGS1－324	互感器（断路器）绝缘油试验	台	1	
二	安装拆除			
调 CYD2－156 R×0.5 C×0.5 J×0.5	电容式电压互感器拆除　电容式　电压（kV）35	台	1	
调 CYD7－3 R×0.5 C×0.5 J×0.5	全站电缆拆除　控制电缆	100m	1.500	
一	建筑拆除			
2	主变压器及配电装置建筑			
2.2	35kV 构架及设备基础			
调 JGT1－7 R×20 C×20 J×20	机械施工土方　土方运距　每增加 1km	m^3	3	
CYT3－2	拆除钢筋混凝土　基础	m^3	1.500	

10.2 A7－2 更换 66kV 电压互感器

10.2.1 典型方案主要内容

本典型方案为更换 1 台 66kV 电压互感器（一相为 1 台），内容包括一次、二次设备引线拆除、安装；电压互感器拆除、安装；电压互感器基础拆除、安装；电压互感器试验及二次调试及试验；设备防污闪喷涂；防火封堵；接地引下线更换。

10.2.2 典型方案主要技术条件

典型方案 A7－2 主要技术条件见表 10－9。

表 10-9　　典型方案 A7-2 主要技术条件

方案名称	工程主要技术条件	
更换 66kV 电压互感器	结构型式	电容式
	额定电压（kV）	66
	绝缘介质	油浸
	额定电容 Cn（pF）	2000
	二次绕组数量	4
	准确级	0.5
	安装场所	户外

10.2.3　典型方案估算书

估算投资为总投资，编制依据按第 3 章要求。典型方案 A7-2 估算书包括总估算汇总表、安装工程专业汇总表、建筑工程专业汇总表、拆除工程专业汇总表、其他费用估算表，分别见表 10-10～表 10-14。

表 10-10　　典型方案 A7-2 总估算汇总表　　金额单位：万元

序号	工程或费用名称	含税金额	占工程投资的比例（%）	不含税金额	可抵扣增值税金额
一	建筑工程费	0.6	6.53	0.55	0.05
二	安装工程费	2.73	29.71	2.49	0.24
三	拆除工程费	0.2	2.18	0.18	0.02
四	设备购置费	4.51	49.08	3.99	0.52
	其中：编制基准期价差	0.06	0.65	0.06	
五	小计	8.04	87.49	7.21	0.83
	其中：甲供设备材料费	4.8	52.23	4.25	0.55
六	其他费用	1.15	12.51	1.08	0.07
七	基本预备费				
八	特殊项目				
九	工程投资合计	9.19	100	8.29	0.9
	其中：可抵扣增值税金额	0.9			0.9
	其中：施工费	3.25	35.36	2.98	0.27

表 10-11　　典型方案 A7-2 安装工程专业汇总表　　金额单位：元

序号	工程或费用名称	安装工程费			设备购置费	合计
		主要材料费	安装费	小计		
	安装工程	5386	21950	27337	45079	72416
一	主变压器系统	5276	3894	9170	45079	54248

续表

序号	工程或费用名称	安装工程费			设备购置费	合计
		主要材料费	安装费	小计		
1	主变压器	5276	3894	9170	45079	54248
1.1	变压器本体	5276	3894	9170	45079	54248
六	电缆防护设施	69	115	184		184
2	电缆防火	69	115	184		184
七	全站接地	41	311	353		353
1	接地网	41	311	353		353
九	调试		17630	17630		17630
1	分系统调试		3024	3024		3024
3	特殊调试		14606	14606		14606
	合计	5386	21950	27337	45079	72416

表 10－12　　典型方案 A7－2 建筑工程专业汇总表　　金额单位：元

序号	工程或费用名称	设备费	主要材料费	建筑费	建筑工程费合计
	建筑工程			5974	5974
二	主变压器及配电装置建筑			5974	5974
2	66kV 构架及设备基础			5974	5974
2.1	构架及基础			5974	5974
	合计			5974	5974

表 10－13　　典型方案 A7－2 拆除工程专业汇总表　　金额单位：元

序号	工程或费用名称	拆除工程费
	拆除工程	2038
	建筑拆除	982
二	主变压器及配电装置建筑	982
2	66kV 构架及设备基础	982
2.1	构架及基础	982
	安装拆除	1057
二	配电装置	1057
2	屋外配电装置	1057
2.1	66kV 配电装置	1057
	合计	2038

表 10－14　　典型方案 A7－2 其他费用估算表　　金额单位：元

序号	工程或费用名称	编制依据及计算说明	合价
2	项目管理费		3447
2.1	管理经费	（建筑工程费＋安装工程费＋拆除工程费）×3.53%	1248
2.2	招标费	（建筑工程费＋安装工程费＋拆除工程费）×1.81%	640
2.3	工程监理费	（建筑工程费＋安装工程费＋拆除工程费）×4.41%	1559
3	项目技术服务费		8662
3.1	前期工作费	（建筑工程费＋安装工程费）×3.05%	1016
3.3	工程勘察设计费		6447
3.3.2	设计费	设计费×100%	6447
3.4	设计文件评审费		399
3.4.1	初步设计文件评审费	基本设计费×3.5%	191
3.4.2	施工图文件评审费	基本设计费×3.8%	208
3.5	施工过程造价咨询及竣工结算审核费	（建筑工程费＋安装工程费＋拆除工程费）×0.53%	187
	合计		11496

10.2.4　典型方案电气设备材料表

典型方案 A7－2 电气设备材料见表 10－15。

表 10－15　　典型方案 A7－2 电气设备材料表

序号	设备或材料名称	单位	数量	备注
	安装工程			
一	主变压器系统			
	安装工程			
二	配电装置			
2	屋外配电装置			
2.1	66kV 配电装置			
500074443	电容式，AC66kV，油浸，0.02μF，4，0.5	组（三相）	0.333	
100000022	66kV 软导线设备连线	组（三相）	0.333	
100000005	66kV 变电站控制电缆	km	0.150	
500033976	电缆保护管，钢管，$\phi 50$	t	0.052	
500011755	绝缘涂料，PRTV	t	0.003	
六	电缆防护设施			
2	电缆防火			
500011727	防火涂料	t	0.003	
500011738	防火堵料	t	0.006	
七	全站接地			
1	接地网			
500010951	扁钢，50mm，5mm，Q235－A	t	0.011	

10.2.5 典型方案工程量表

典型方案 A7-2 工程量见表 10-16。

表 10-16 典型方案 A7-2 工程量表

序号	项目名称	单位	数量	备注
	建筑工程			
二	主变压器及配电装置建筑			
2	66kV 构架及设备基础			
2.1	构架及基础			
JGT2-8	独立基础 钢筋混凝土基础	m^3	1.500	
JGT9-36	不含土方基础支架 钢管设备支架	t	0.400	
JGT7-11	钢筋、铁件 普通钢筋	t	0.142	
JGT8-6	其他钢结构	t	0.045	
	安装工程			
二	配电装置			
2	屋外配电装置			
2.1	66kV 配电装置			
调 JGD2-149 R×0.88 C×0.88 J×0.88	电压互感器安装 电容式（kV 以下）110	台/单相	1	
JGD7-3	全站电缆敷设 控制电缆 全站	100m	1.500	
六	电缆防护设施			
2	电缆防火			
JGD7-10	电缆防火安装 防火堵料	t	0.006	
JGD7-11	电缆防火安装 防火涂料	t	0.003	
七	全站接地			
1	接地网			
JGD8-1	全站接地	100m	0.060	
九	调试			
1	分系统调试			
调 JGS1-13 R×0.18 C×0.18 J×0.18	配电装置系统 110kV	间隔	1	
3	特殊调试			
调 JGS1-274 R×0.88 C×0.88 J×0.88	电压互感器特殊试验 110kV	台	1	

续表

序号	项目名称	单位	数量	备注
JGS1－324	互感器（断路器）绝缘油试验	台	1	
	拆除工程			
	建筑拆除			
二	主变压器及配电装置建筑			
2	66kV 构架及设备基础			
2.1	构架及基础			
调 JGT1－7 R×10 C×10 J×10	机械施工土方　土方运距　每增加 1km	m^3	4	
CYT3－2	现浇混凝土　拆除钢筋混凝土　基础	m^3	2	
	安装拆除			
二	配电装置			
2	屋外配电装置			
2.1	66kV 配电装置			
调 CYD2－157 R×0.88 C×0.88 J×0.88	电容式电压互感器拆除　电容式　电压（kV）110	台	1	
CYD7－3	全站电缆拆除　控制电缆	100m	1.500	

10.3 A7－3 更换 110kV 电压互感器

10.3.1 典型方案主要内容

本典型方案为更换 1 台 110kV 电压互感器（一相为 1 台），内容包括一次、二次设备引线拆除、安装；电压互感器拆除、安装；电压互感器基础拆除、安装；电压互感器试验及二次调试；设备防污闪喷涂；防火封堵；接地改造。

10.3.2 典型方案主要技术条件

典型方案 A7－3 主要技术条件见表 10－17。

表 10－17　　典型方案 A7－3 主要技术条件

方案名称	工程主要技术条件	
更换 110kV 电压互感器	结构型式	电容式
	额定电压（kV）	110
	绝缘介质	油浸
	额定电容 Cn（pF）	20000
	二次绕组数量	4
	准确级	0.5
	安装场所	户外

10.3.3 典型方案估算书

估算投资为总投资，编制依据按第 3 章要求。典型方案 A7–3 估算书包括总估算汇总表、安装工程专业汇总表、建筑工程专业汇总表、拆除工程专业汇总表、其他费用估算表，分别见表 10–18～表 10–22。

表 10–18　　典型方案 A7–3 总估算汇总表　　金额单位：万元

序号	工程或费用名称	含税金额	占工程投资的比例（%）	不含税金额	可抵扣增值税金额
一	建筑工程费	0.6	6.38	0.55	0.05
二	安装工程费	2.97	31.6	2.72	0.25
三	拆除工程费	0.14	1.49	0.13	0.01
四	设备购置费	4.44	47.23	3.93	0.51
	其中：编制基准期价差	0.07	0.74	0.07	
五	小计	8.15	86.7	7.33	0.82
	其中：甲供设备材料费	4.7	50	4.16	0.54
六	其他费用	1.25	13.3	1.18	0.07
七	基本预备费				
八	特殊项目				
九	工程投资合计	9.4	100	8.51	0.89
	其中：可抵扣增值税金额	0.89			0.89
	其中：施工费	3.44	36.6	3.16	0.28

表 10–19　　典型方案 A7–3 安装工程专业汇总表　　金额单位：元

序号	工程或费用名称	安装工程费			设备购置费	合计
		未计价材料费	安装费	小计		
	安装工程	4310	25359	29669	44378	74047
二	配电装置	4168	4046	8214	44378	52591
2	屋外配电装置	4168	4046	8214	44378	52591
2.2	110kV 配电装置	4168	4046	8214	44378	52591
六	电缆防护设施	57	113	170		170
2	电缆防火	57	113	170		170
七	全站接地	86	8	93		93
1	接地网	86	8	93		93
九	调试		21192	21192		21192
1	分系统调试		5000	5000		5000
3	特殊调试		16192	16192		16192
	合计	4310	25359	29669	44378	74047

表 10-20　　典型方案 A7-3 建筑工程专业汇总表　　金额单位：元

序号	工程或费用名称	建筑设备购置费	未计价材料费	建筑费	建筑工程费合计
	建筑工程		504	5543	6047
二	主变压器及配电装置建筑		504	5543	6047
1	主变压器系统		504	5543	6047
1.1	构支架及基础		504	5543	6047
	合计		504	5543	6047

表 10-21　　典型方案 A7-3 拆除工程专业汇总表　　金额单位：元

序号	工程或费用名称	拆除工程费
	拆除工程	1377
	建筑拆除	819
二	主变压器及配电装置建筑	819
1	主变压器系统	819
1.1	构支架及基础	819
	安装拆除	557
二	配电装置	557
2	屋外配电装置	557
2.2	35kV 配电装置	557
	合计	1377

表 10-22　　典型方案 A7-3 其他费用估算表　　金额单位：元

序号	工程或费用项目名称	编制依据及计算说明	合价
2	项目管理费		3617
2.1	管理经费	（建筑工程费＋安装工程费＋拆除工程费）×3.53%	1309
2.2	招标费	（建筑工程费＋安装工程费＋拆除工程费）×1.81%	671
2.3	工程监理费	（建筑工程费＋安装工程费＋拆除工程费）×4.41%	1636
3	项目技术服务费		8884
3.1	前期工作费	（建筑工程费＋安装工程费）×3.05%	1089
3.3	工程勘察设计费		6587
3.3.2	设计费	设计费×100%	6587
3.4	设计文件评审费		408
3.4.1	初步设计文件评审费	基本设计费×3.5%	195
3.4.2	施工图文件评审费	基本设计费×3.8%	212
3.5	施工过程造价咨询及竣工结算审核费	（建筑工程费＋安装工程费＋拆除工程费）×0.53%	800
	合计		12501

10.3.4 典型方案电气设备材料表

典型方案 A7-3 电气设备材料见表 10-23。

表 10-23　　典型方案 A7-3 电气设备材料表

序号	设备或材料名称	单位	数量	备注
	安装工程			
二	配电装置			
2	屋外配电装置			
2.1	110kV 配电装置			
500050068	电容式电压互感器，AC110kV，油浸，0.02μF，4，0.5	台	1	
100000006	110kV 软导线设备连线	组（三相）	0.333	
100000012	110kV 变电站控制电缆	km	0.150	
500033976	电缆保护管，钢管，ϕ50	t	0.052	
500011755	绝缘涂料，PRTV	t	0.018	
六	电缆防护设施			
2	电缆防火			
500011727	防火涂料	t	0.003	
500011738	防火堵料	t	0.006	
七	全站接地			
1	接地网			
500010951	扁钢，50mm，5mm，Q235-A	t	0.023	
	建筑工程			
二	主变压器及配电装置建筑			
1	主变压器系统			
1.1	构支架及基础			
C01020712	圆钢　ϕ10 以下	kg	53.550	
C01020713	圆钢　ϕ10 以上	kg	76.169	

10.3.5 典型方案工程量表

典型方案 A7-3 工程量见表 10-24。

表 10-24　　典型方案 A7-3 工程量表

序号	项目名称	单位	数量	备注
	建筑工程			
JGT2-15	其他设备基础　单体小于 50m³	m³	1.500	
JGT7-11	普通钢筋	t	0.157	
JGT9-36	不含土方、基础、支架　钢管设备支架	t	0.400	

续表

序号	项目名称	单位	数量	备注
	安装工程			
二	配电装置			
2	屋外配电装置			
2.1	110kV 配电装置			
JGD2-149	电压互感器安装 电容式（kV 以下）110	台/单相	1	
JGD7-3	全站电缆敷设 控制电缆 全站	100m	1.500	
六	电缆防护设施			
2	电缆防火			
JGD7-10	电缆防火安装 防火堵料	t	0.006	
JGD7-11	电缆防火安装 防火涂料	t	0.003	
九	调试			
调 JGS1-13 R×0.3 C×0.3 J×0.3	配电装置系统 110kV	台	1	
3	特殊调试			
JGS1-274	电压互感器特殊试验 110kV	台	1	
JGS1-324	互感器（断路器）绝缘油试验	台	1	
二	安装拆除			
调 CYD2-157 R×0.5 C×0.5 J×0.5	电容式电压互感器拆除 电容式 电压（kV）110	台	1	
调 CYD7-3 R×0.5 C×0.5 J×0.5	全站电缆拆除 控制电缆	100m	1.500	
一	建筑拆除			
2	主变压器及配电装置建筑			
2.2	110kV 构架及设备基础			
JGT1-7	机械施工土方 土方运距 每增加 1km	m^3	3	
CYT3-2	拆除钢筋混凝土 基础	m^3	1.500	

10.4 A7-4 更换 220kV 电压互感器

10.4.1 典型方案主要内容

本典型方案为更换 1 台 220kV 电压互感器（一相为 1 台），内容包括一次、二次设备引线拆除、安装；电压互感器拆除、安装；电压互感器基础拆除、安装；电压互感器试验及二次调试；设备防污闪喷涂；防火封堵；接地改造。

10.4.2 典型方案主要技术条件

典型方案 A7-4 主要技术条件见表 10-25。

表 10-25　　典型方案 A7-4 主要技术条件

方案名称	工程主要技术条件	
更换 220kV 电压互感器	结构型式	电容式
	额定电压（kV）	220
	绝缘介质	油浸
	额定电容 Cn（pF）	5000
	二次绕组数量	4
	准确级	0.5
	安装场所	户外

10.4.3 典型方案估算书

估算投资为总投资，编制依据按第 3 章要求。典型方案 A7-4 估算书包括总估算汇总表、安装工程专业汇总表、建筑工程专业汇总表、拆除工程专业汇总表、其他费用估算表，分别见表 10-26～表 10-30。

表 10-26　　典型方案 A7-4 总估算汇总表　　金额单位：万元

序号	工程或费用名称	含税金额	占工程投资的比例（%）	不含税金额	可抵扣增值税金额
一	建筑工程费	0.6	5.49	0.55	0.05
二	安装工程费	4.12	37.73	3.77	0.35
三	拆除工程费	0.15	1.37	0.14	0.01
四	设备购置费	4.54	41.58	4.02	0.52
	其中：编制基准期价差	0.1	0.92	0.1	
五	小计	9.41	86.17	8.48	0.93
	其中：甲供设备材料费	4.8	43.96	4.25	0.55
六	其他费用	1.51	13.83	1.42	0.09
七	基本预备费				
八	特殊项目				
九	工程投资合计	10.92	100	9.9	1.02
	其中：可抵扣增值税金额	1.02			1.02
	其中：施工费	4.61	42.22	4.23	0.38

表 10－27　　典型方案 A7－4 安装工程专业汇总表　　金额单位：元

序号	工程或费用名称	安装工程费			设备购置费	合计
		未计价材料费	安装费	小计		
	安装工程	5630	35548	41178	45379	86558
二	配电装置	5488	5941	11429	45379	56808
2	屋外配电装置	5488	5941	11429	45379	56808
2.2	220kV 配电装置	5488	5941	11429	45379	56808
六	电缆防护设施	57	113	170		170
2	电缆防火	57	113	170		170
七	全站接地	86	8	93		93
1	接地网	86	8	93		93
九	调试		29486	29486		29486
1	分系统调试		6922	6922		6922
3	特殊调试		22564	22564		22564
	合计	5630	35548	41178	45379	86558

表 10－28　　典型方案 A7－4 建筑工程专业汇总表　　金额单位：元

序号	工程或费用名称	建筑设备购置费	未计价材料费	建筑费	建筑工程费合计
	建筑工程		504	5542	6046
二	主变压器及配电装置建筑		504	5542	6046
1	主变压器系统		504	5542	6046
1.1	构支架及基础		504	5542	6046
	合计		504	5542	6046

表 10－29　　典型方案 A7－4 拆除工程专业汇总表　　金额单位：元

序号	工程或费用名称	拆除工程费
	拆除工程	1549
	建筑拆除	819
二	主变压器及配电装置建筑	819
1	主变压器系统	819
1.1	构支架及基础	819
	安装拆除	730
二	配电装置	730
2	屋外配电装置	730
2.2	220kV 配电装置	730
	合计	1549

表 10-30　　典型方案 A7-4 其他费用估算表　　金额单位：元

序号	工程或费用项目名称	编制依据及计算说明	合价
2	项目管理费		4755
2.1	管理经费	（建筑工程费+安装工程费+拆除工程费）×3.53%	1722
2.2	招标费	（建筑工程费+安装工程费+拆除工程费）×1.81%	883
2.3	工程监理费	（建筑工程费+安装工程费+拆除工程费）×4.41%	2151
3	项目技术服务费		10328
3.1	前期工作费	（建筑工程费+安装工程费）×3.05%	1440
3.3	工程勘察设计费		7616
3.3.2	设计费	设计费×100%	7616
3.4	设计文件评审费		471
3.4.1	初步设计文件评审费	基本设计费×3.5%	226
3.4.2	施工图文件评审费	基本设计费×3.8%	245
3.5	施工过程造价咨询及竣工结算审核费	（建筑工程费+安装工程费+拆除工程费）×0.53%	800
	合计		15083

10.4.4 典型方案电气设备材料表

典型方案 A7-4 电气设备材料见表 10-31。

表 10-31　　典型方案 A7-4 电气设备材料表

序号	设备或材料名称	单位	数量	备注
	安装工程			
二	配电装置			
2	屋外配电装置			
2.1	220kV 配电装置			
500005258	电容式电压互感器，AC220kV，油浸，0.005μF，4，0.5	台	1	
100000007	220kV 软导线设备连线	组（三相）	0.333	
100000013	220kV 变电站控制电缆	km	0.150	
500033976	电缆保护管，钢管，ϕ50	t	0.052	
500011755	绝缘涂料，PRTV	t	0.036	
六	电缆防护设施			
2	电缆防火			
500011727	防火涂料	t	0.003	
500011738	防火堵料	t	0.006	
七	全站接地			
1	接地网			

续表

序号	设备或材料名称	单位	数量	备注
500011000	扁钢，60mm，8mm，Q235－A	t	0.023	
	建筑工程			
二	主变压器及配电装置建筑			
1	主变压器系统			
1.1	构支架及基础			
C01020712	圆钢　ϕ10 以下	kg	53.550	
C01020713	圆钢　ϕ10 以上	kg	76.169	

10.4.5 典型方案工程量表

典型方案 A7－4 工程量见表 10－32。

表 10－32　　典型方案 A7－4 工程量表

序号	项目名称	单位	数量	备注
	建筑工程			
JGT2－15	其他设备基础　单体小于 50m³	m³	1.500	
JGT7－11	普通钢筋	t	0.157	
JGT9－36	不含土方、基础、支架　钢管设备支架	t	0.400	
	安装工程			
二	配电装置			
2	屋外配电装置			
2.1	220kV 配电装置			
JGD2－150	电压互感器安装　电容式（kV 以下）220	台/单相	1	
JGD7－3	全站电缆敷设　控制电缆　全站	100m	1.500	
六	电缆防护设施			
2	电缆防火			
JGD7－10	电缆防火安装　防火堵料	t	0.006	
JGD7－11	电缆防火安装　防火涂料	t	0.003	
九	调试			
JGS1－14 R×0.3 C×0.3 J×0.3	配电装置系统 220kV	台	1	
3	特殊调试			
JGS1－275	电压互感器特殊试验 220kV	台	1	
JGS1－324	互感器（断路器）绝缘油试验	台	1	
二	安装拆除			

续表

序号	项目名称	单位	数量	备注
调 CYD2－158 R×0.5 C×0.5 J×0.5	电容式电压互感器拆除　电容式　电压（kV）220	台	1	
调 CYD7－3 R×0.5 C×0.5 J×0.5	全站电缆拆除　控制电缆	100m	1.500	
一	建筑拆除			
2	主变压器及配电装置建筑			
2.2	220kV 构架及设备基础			
JGT1－7	机械施工土方　土方运距　每增加 1km	m^3	3	
CYT3－2	拆除钢筋混凝土　基础	m^3	1.500	

10.5　A7－5 更换 500kV 电压互感器

10.5.1　典型方案主要内容

本典型方案为更换 1 台 500kV 电压互感器（一相为 1 台），内容包括一次、二次设备引线拆除、安装；电压互感器拆除、安装；电压互感器基础拆除、安装；电压互感器试验及二次调试；设备防污闪喷涂；防火封堵；接地改造。

10.5.2　典型方案主要技术条件

典型方案 A7－5 主要技术条件见表 10－33。

表 10－33　　典型方案 A7－5 主要技术条件

方案名称	工程主要技术条件	
更换 500kV 电压互感器	结构型式	电容式
	额定电压（kV）	500
	绝缘介质	油浸
	额定电容 Cn（pF）	5000
	二次绕组数量	4
	准确级	0.2
	安装场所	户外

10.5.3　典型方案估算书

估算投资为总投资，编制依据按第 3 章要求。典型方案 A7－5 估算书包括总估算汇总表、安装工程专业汇总表、建筑工程专业汇总表、拆除工程专业汇总表、其他费用估算表，分别见表 10－34～表 10－38。

表 10-34　　典型方案 A7-5 总估算汇总表　　金额单位：万元

序号	工程或费用名称	含税金额	占工程投资的比例（%）	不含税金额	可抵扣增值税金额
一	建筑工程费	1.1	3.98	1.01	0.09
二	安装工程费	9.37	33.89	8.57	0.8
三	拆除工程费	0.38	1.37	0.35	0.03
四	设备购置费	13.27	47.99	11.74	1.53
	其中：编制基准期价差	0.15	0.54	0.15	
五	小计	24.12	87.23	21.67	2.45
	其中：甲供设备材料费	14.11	51.03	12.49	1.62
六	其他费用	3.53	12.77	3.33	0.2
七	基本预备费				
八	特殊项目				
九	工程投资合计	27.65	100	25	2.65
	其中：可抵扣增值税金额	2.65			2.65
	其中：施工费	10.01	36.2	9.18	0.83

表 10-35　　典型方案 A7-5 安装工程专业汇总表　　金额单位：元

序号	工程或费用名称	安装工程费			设备购置费	合计
		未计价材料费	安装费	小计		
	安装工程	36385	57322	93706	132732	226438
二	配电装置	36160	16091	52251	132732	184983
2	屋外配电装置	36160	16091	52251	132732	184983
2.2	500kV 配电装置	36160	16091	52251	132732	184983
六	电缆防护设施	57	113	170		170
2	电缆防火	57	113	170		170
七	全站接地	168	15	183		183
1	接地网	168	15	183		183
九	调试		41102	41102		41102
1	分系统调试		10030	10030		10030
3	特殊调试		31072	31072		31072
	合计	36385	57322	93706	132732	226438

表 10-36　　典型方案 A7-5 建筑工程专业汇总表　　金额单位：元

序号	工程或费用名称	建筑设备购置费	未计价材料费	建筑费	建筑工程费合计
	建筑工程		1237	9748	10985
二	主变压器及配电装置建筑		1237	9748	10985
1	主变压器系统		1237	9748	10985
1.1	构支架及基础		1237	9748	10985
	合计		1237	9748	10985

表 10－37　　典型方案 A7－5 拆除工程专业汇总表　　金额单位：元

序号	工程或费用名称	拆除工程费
	拆除工程	3844
	建筑拆除	2010
二	主变压器及配电装置建筑	2010
1	主变压器系统	2010
1.1	构支架及基础	2010
	安装拆除	1834
二	配电装置	1834
2	屋外配电装置	1834
2.2	500kV 配电装置	1834
	合计	3844

表 10－38　　典型方案 A7－5 其他费用估算表　　金额单位：元

序号	工程或费用项目名称	编制依据及计算说明	合价
2	项目管理费		10582
2.1	管理经费	（建筑工程费＋安装工程费＋拆除工程费）×3.53%	3831
2.2	招标费	（建筑工程费＋安装工程费＋拆除工程费）×1.81%	1965
2.3	工程监理费	（建筑工程费＋安装工程费＋拆除工程费）×4.41%	4786
3	项目技术服务费		24728
3.1	前期工作费	（建筑工程费＋安装工程费）×3.05%	3193
3.3	工程勘察设计费		19527
3.3.2	设计费	设计费×100%	19527
3.4	设计文件评审费		1208
3.4.1	初步设计文件评审费	基本设计费×3.5%	579
3.4.2	施工图文件评审费	基本设计费×3.8%	629
3.5	施工过程造价咨询及竣工结算审核费	（建筑工程费＋安装工程费＋拆除工程费）×0.53%	800
	合计		35310

10.5.4　典型方案电气设备材料表

典型方案 A7－5 电气设备材料见表 10－39。

表 10－39　　典型方案 A7－5 电气设备材料表

序号	设备或材料名称	单位	数量	备注
	安装工程			
二	配电装置			

续表

序号	设备或材料名称	单位	数量	备注
2	屋外配电装置			
2.1	500kV 配电装置			
500005901	电容式电压互感器，AC500kV，油浸，0.005μF，4，0.2	台	1	
100000008	500kV 软导线设备连线	组（三相）	0.333	
100000014	500kV 变电站控制电缆	km	0.500	
500033976	电缆保护管，钢管，ϕ50	t	0.080	
500011755	绝缘涂料，PRTV	t	0.400	
六	电缆防护设施			
2	电缆防火			
500011727	防火涂料	t	0.003	
500011738	防火堵料	t	0.006	
七	全站接地			
1	接地网			
500011000	扁钢，60mm，8mm，Q235－A	t	0.045	
	建筑工程			
二	主变压器及配电装置建筑			
1	主变压器系统			
1.1	构支架及基础			
C01020712	圆钢　ϕ10 以下	kg	131.376	
C01020713	圆钢　ϕ10 以上	kg	186.867	

10.5.5　典型方案工程量表

典型方案 A7－5 工程量见表 10－40。

表 10－40　　典型方案 A7－5 工程量表

序号	项目名称	单位	数量	备注
	建筑工程			
JGT2－15	其他设备基础　单体小于 50m^3	m^3	3.680	
JGT7－11	钢筋、铁件　普通钢筋	t	0.369	
JGT9－36	不含土方、基础、支架　钢管设备支架	t	0.551	
	安装工程			
二	配电装置			
2	屋外配电装置			
2.1	500kV 配电装置			
JGD2－152	电压互感器安装　电容式（kV 以下）500	台/单相	1	

续表

序号	项目名称	单位	数量	备注
JGD7－3	全站电缆敷设　控制电缆　全站	100m	5	
六	电缆防护设施			
2	电缆防火			
JGD7－10	电缆防火安装　防火堵料	t	0.006	
JGD7－11	电缆防火安装　防火涂料	t	0.003	
九	调试			
JGS1－16	配电装置系统 500kV	台	1	
3	特殊调试			
JGS1－277	电压互感器特殊试验 500kV	台	1	
JGS1－324	互感器（断路器）绝缘油试验	台	1	
二	安装拆除			
调 CYD2－160 R×0.5 C×0.5 J×0.5	电容式电压互感器拆除　电容式　电压（kV）500	台	1	
调 CYD7－3 R×0.5 C×0.5 J×0.5	全站电缆拆除　控制电缆	100m	5	
一	建筑拆除			
2	主变压器及配电装置建筑			
2.2	500kV 构架及设备基础			
JGT1－7	机械施工土方　土方运距　每增加 1km	m^3	7.360	
CYT3－2	拆除钢筋混凝土　基础	m^3	3.680	

第11章 更换避雷器

典型方案说明

更换避雷器典型方案共5个：按照电压等级分为35kV至500kV（不含330kV）不同类型的避雷器的典型方案。所有典型方案的工作范围只包含避雷器本体，不包含相应二次设备更换。

11.1 A8-1 更换35kV避雷器

11.1.1 典型方案主要内容

本典型方案为更换1组35kV避雷器（三相为1组），内容包括一次引线拆除、制作与安装；避雷器拆除、安装；避雷器基础拆除、安装；避雷器试验；接地引下线更换。

11.1.2 典型方案主要技术条件

典型方案A8-1主要技术条件见表11-1。

表11-1　　典型方案A8-1主要技术条件

方案名称	工程主要技术条件	
更换35kV避雷器	结构型式	金属氧化物
	额定电压（kV）	51
	雷电冲击残压（峰值）（kV）	134
	是否带间隙	不带间隙
	绝缘介质	硅橡胶
	安装场所	户外
	结构型式	金属氧化物

11.1.3 典型方案估算书

估算投资为总投资，编制依据按第3章要求。典型方案A8-1估算书包括总估算汇总表、安装工程专业汇总表、建筑工程专业汇总表、拆除工程专业汇总表、其他费用估算表，分别见表11-2～表11-6。

表11-2　　典型方案A8-1总估算汇总表　　金额单位：万元

序号	工程或费用名称	含税金额	占工程投资的比例（%）	不含税金额	可抵扣增值税金额
一	建筑工程费	1.27	42.62	1.17	0.1
二	安装工程费	0.37	12.42	0.34	0.03
三	拆除工程费	0.27	9.06	0.25	0.02

续表

序号	工程或费用名称	含税金额	占工程投资的比例（%）	不含税金额	可抵扣增值税金额
四	设备购置费	0.5	16.78	0.44	0.06
	其中：编制基准期价差	0.02	0.67	0.02	
五	小计	2.41	80.87	2.2	0.21
	其中：甲供设备材料费	0.54	18.12	0.48	0.06
六	其他费用	0.57	19.13	0.54	0.03
七	基本预备费				
八	特殊项目				
九	工程投资合计	2.98	100	2.74	0.24
	其中：可抵扣增值税金额	0.24			0.24
	其中：施工费	1.87	62.75	1.72	0.15

表 11-3　　典型方案 A8-1 安装工程专业汇总表　　金额单位：元

序号	工程或费用名称	安装工程费			设备购置费	合计
		未计价材料费	安装费	小计		
	安装工程	441	3298	3739	4989	8728
二	配电装置	441	1810	2251	4989	7240
2	屋外配电装置	441	1810	2251	4989	7240
2.1	35kV 配电装置	441	1810	2251	4989	7240
九	调试		1488	1488		1488
3	特殊调试		1488	1488		1488
	合计	441	3298	3739	4989	8728

表 11-4　　典型方案 A8-1 建筑工程专业汇总表　　金额单位：元

序号	工程或费用名称	建筑设备购置费	未计价材料费	建筑费	建筑工程费合计
	建筑工程		1513	11142	12655
二	主变压器及配电装置建筑		1513	11142	12655
2	35kV 构架及设备基础		1513	11142	12655
2.2	设备支架及基础		1513	11142	12655
	合计		1513	11142	12655

表 11-5　　典型方案 A8-1 拆除工程专业汇总表　　金额单位：元

序号	工程或费用名称	拆除工程费
	拆除工程	2697
	建筑拆除	2458
二	主变压器及配电装置建筑	2458

续表

序号	工程或费用名称	拆除工程费
2	35kV 构架及设备基础	2458
2.2	设备支架及基础	2458
	安装拆除	240
二	配电装置	240
2	屋外配电装置	240
2.1	110kV 配电装置	240
	合计	2697

表 11-6　　典型方案 A8-1 其他费用估算表　　金额单位：元

序号	工程或费用项目名称	编制依据及计算说明	合价
2	项目管理费		1861
2.1	管理经费	（建筑工程费＋安装工程费＋拆除工程费）×3.53%	674
2.2	招标费	（建筑工程费＋安装工程费＋拆除工程费）×1.81%	346
2.3	工程监理费	（建筑工程费＋安装工程费＋拆除工程费）×4.41%	842
3	项目技术服务费		3806
3.1	前期工作费	（建筑工程费＋安装工程费）×3.05%	500
3.3	工程勘察设计费		2360
3.3.2	设计费	设计费×100%	2360
3.4	设计文件评审费		146
3.4.1	初步设计文件评审费	基本设计费×3.5%	70
3.4.2	施工图文件评审费	基本设计费×3.8%	76
3.5	施工过程造价咨询及竣工结算审核费	（建筑工程费＋安装工程费＋拆除工程费）×0.53%	800
	合计		5667

11.1.4 典型方案电气设备材料表

典型方案 A8-1 电气设备材料见表 11-7。

表 11-7　　典型方案 A8-1 电气设备材料表

序号	设备或材料名称	单位	数量	备注
	安装工程			
二	配电装置			
2	屋外配电装置			
2.1	35kV 配电装置			
500004651	交流避雷器，AC35kV，51kV，硅橡胶，134kV，不带间隙	台	3	
500027425	35kV 软导线引下线	组（三相）	1	

11.1.5 典型方案工程量表

典型方案 A8-1 工程量见表 11-8。

表 11-8 典型方案 A8-1 工程量表

序号	项目名称	单位	数量	备注
	建筑工程			
二	主变压器及配电装置建筑			
2	35kV 构架及设备基础			
2.2	设备支架及基础			
JGT2-15	其他设备基础　单体小于 $50m^3$	m^3	4.500	
JGT7-11	普通钢筋	t	0.090	
JGT9-36	不含土方、基础、支架　钢管设备支架	t	0.750	
	安装工程			
二	配电装置			
2	屋外配电装置			
2.1	35kV 配电装置			
JGD2-185	避雷器安装　氧化锌式　电压（kV）35	组/三相	1	
九	调试			
3	特殊调试			
JGS1-248	金属氧化物避雷器特殊试验	组	1	
	拆除工程			
一	建筑拆除			
2	主变压器及配电装置建筑			
2.2	35kV 构架及设备基础			
调 JGT1-7 R×20 C×20 J×20	机械施工土方　土方运距　每增加 1km	m^3	9	
CYT3-2	拆除钢筋混凝土　基础	m^3	4.500	
二	安装拆除			
2	配电装置			
2.2	屋外配电装置			
调 CYD2-193 R×0.5 C×0.5 J×0.5	避雷器拆除　氧化锌式　电压（kV）35	组/三相	1	

11.2 A8-2 更换66kV避雷器

11.2.1 典型方案主要内容

本典型方案为更换1组66kV避雷器（三相为1组），内容包括一次引线拆除、制作与安装；避雷器拆除、安装；避雷器基础拆除、安装；避雷器试验；接地引下线更换。

11.2.2 典型方案主要技术条件

典型方案A8-2主要技术条件见表11-9。

表11-9　　典型方案A8-2主要技术条件

方案名称	工程主要技术条件	
更换66kV避雷器	结构型式	金属氧化物
	额定电压（kV）	96
	雷电冲击残压（峰值）（kV）	250
	是否带间隙	不带间隙
	绝缘介质	硅橡胶
	安装场所	户外
	结构型式	金属氧化物

11.2.3 典型方案估算书

估算投资为总投资，编制依据按第3章要求。典型方案A8-2估算书包括总估算汇总表、安装工程专业汇总表、建筑工程专业汇总表、拆除工程专业汇总表、其他费用估算表，分别见表11-10～表11-14。

表11-10　　典型方案A8-2总估算汇总表　　金额单位：万元

序号	工程或费用名称	含税金额	占工程投资的比例（%）	不含税金额	可抵扣增值税金额
一	建筑工程费	1.43	37.63	1.31	0.12
二	安装工程费	0.54	14.21	0.5	0.04
三	拆除工程费	0.33	8.68	0.3	0.03
四	设备购置费	0.95	25	0.84	0.11
	其中：编制基准期价差	0.13	3.42	0.13	
五	小计	3.25	85.53	2.95	0.3
	其中：甲供设备材料费	0.95	25	0.84	0.11
六	其他费用	0.55	14.47	0.52	0.03
七	基本预备费				
八	特殊项目				
九	工程投资合计	3.8	100	3.47	0.33
	其中：可抵扣增值税金额	0.33			0.33

表 11-11　　典型方案 A8-2 安装工程专业汇总表　　金额单位：元

序号	工程或费用名称	安装工程费			设备购置费	合计
		主要材料费	安装费	小计		
	安装工程	516	4901	5417	9467	14884
二	配电装置	516	2850	3366	9467	12833
2	屋外配电装置	516	2850	3366	9467	12833
2.2	66kV 配电装置	516	2850	3366	9467	12833
九	调试		2051	2051		2051
3	特殊调试		2051	2051		2051
	合计	516	4901	5417	9467	14884

表 11-12　　典型方案 A8-2 建筑工程专业汇总表　　金额单位：元

序号	工程或费用名称	设备费	主要材料费	建筑费	建筑工程费合计
	建筑工程			14307	14307
二	主变压器及配电装置建筑			14307	14307
2	66kV 构架及设备基础			14307	14307
2.2	设备支架及基础			14307	14307
	合计			14307	14307

表 11-13　　典型方案 A8-2 拆除工程专业汇总表　　金额单位：元

序号	工程或费用名称	拆除工程费
	拆除工程	3300
	建筑拆除	2642
二	主变压器及配电装置建筑	2642
2	66kV 构架及设备基础	2642
2.2	设备支架及基础	2642
	安装拆除	658
二	配电装置	658
2	屋外配电装置	658
2.1	66kV 配电装置	658
	合计	3300

表 11-14　　典型方案 A8-2 其他费用估算表　　金额单位：元

序号	工程或费用名称	编制依据及计算说明	合价
2	项目管理费		2245
2.1	管理经费	（建筑工程费+安装工程费+拆除工程费）×3.53%	813
2.2	招标费	（建筑工程费+安装工程费+拆除工程费）×1.81%	417
2.3	工程监理费	（建筑工程费+安装工程费+拆除工程费）×4.41%	1015

续表

序号	工程或费用名称	编制依据及计算说明	合价
3	项目技术服务费		3951
3.1	前期工作费	（建筑工程费＋安装工程费）×3.05%	602
3.3	工程勘察设计费		2401
3.3.2	设计费	设计费×100%	2401
3.4	设计文件评审费		149
3.4.1	初步设计文件评审费	基本设计费×3.5%	71
3.4.2	施工图文件评审费	基本设计费×3.8%	77
3.5	施工过程造价咨询及竣工结算审核费	（建筑工程费＋安装工程费＋拆除工程费）×0.53%	122
	合计		5518

11.2.4 典型方案电气设备材料表

典型方案 A8－2 电气设备材料见表 11－15。

表 11－15　　典型方案 A8－2 电气设备材料表

序号	设备或材料名称	单位	数量	备注
	安装工程			
一	主变压器系统			
	安装工程			
二	配电装置			
2	屋外配电装置			
2.1	66kV 配电装置			
500031357	AC66kV，96kV，硅橡胶，250kV，不带间隙	台	3	
100000022	66kV 软导线引下线	组（三相）	1	

11.2.5 典型方案工程量表

典型方案 A8－2 工程量见表 11－16。

表 11－16　　典型方案 A8－2 工程量表

序号	项目名称	单位	数量	备注
	建筑工程			
二	主变压器及配电装置建筑			
2	66kV 构架及设备基础			
2.1	构架及基础			
JGT2－8	独立基础　钢筋混凝土基础	m^3	5.400	

续表

序号	项目名称	单位	数量	备注
JGT9－36	不含土方基础支架　钢管设备支架	t	0.750	
JGT7－11	钢筋、铁件　普通钢筋	t	0.190	
JGT8－6	其他钢结构	t	0.135	
	安装工程			
二	配电装置			
2	屋外配电装置			
2.1	66kV 配电装置			
调 JGD2－186 R×0.88 C×0.88 J×0.88	避雷器安装　氧化锌式（kV）110	组/三相	1	
九	调试			
3	特殊调试			
调 JGS1－248 R×0.88 C×0.88 J×0.88	金属氧化物避雷器特殊试验 110kV	组	1	
	拆除工程			
二	建筑拆除			
2	主变压器及配电装置建筑			
2.1	66kV 构架及设备基础			
	构架及基础			
调 JGT1－7 R×10 C×10 J×10	机械施工土方　土方运距　每增加 1km	m^3	10.800	
CYT3－2	现浇混凝土　拆除钢筋混凝土　基础	m^3	5.400	
	安装拆除			
二	配电装置			
2	屋外配电装置			
2.1	66kV 配电装置			
调 CYD2－194 R×0.88 C×0.88 J×0.88	避雷器拆除　氧化锌式　电压（kV）110	组/三相	1	

11.3　A8－3 更换 110kV 避雷器

11.3.1　典型方案主要内容

本典型方案为更换 1 组 110kV 避雷器（三相为 1 组），内容包括一次引线拆除、制作与安装；避雷器拆除、安装；避雷器基础拆除、安装；避雷器试验；接地引下线更换。

11.3.2 典型方案主要技术条件

典型方案 A8－3 主要技术条件见表 11－17。

表 11－17　　典型方案 A8－3 主要技术条件

方案名称	工程主要技术条件	
更换 110kV 避雷器	结构型式	金属氧化物
	额定电压（kV）	102
	雷电冲击残压（峰值）（kV）	266
	是否带间隙	不带间隙
	绝缘介质	硅橡胶
	安装场所	户外

11.3.3 典型方案估算书

估算投资为总投资，编制依据按第 3 章要求。典型方案 A8－3 估算书包括总估算汇总表、安装工程专业汇总表、建筑工程专业汇总表、拆除工程专业汇总表、其他费用估算表，分别见表 11－18～表 11－22。

表 11－18　　典型方案 A8－3 总估算汇总表　　金额单位：万元

序号	工程或费用名称	含税金额	占工程投资的比例（%）	不含税金额	可抵扣增值税金额
一	建筑工程费	1.57	39.35	1.44	0.13
二	安装工程费	0.59	14.79	0.54	0.05
三	拆除工程费	0.28	7.02	0.26	0.02
四	设备购置费	0.9	22.56	0.8	0.1
	其中：编制基准期价差	0.02	0.5	0.02	
五	小计	3.34	83.71	3.04	0.3
	其中：甲供设备材料费	0.94	23.56	0.83	0.11
六	其他费用	0.65	16.29	0.61	0.04
七	基本预备费				
八	特殊项目				
九	工程投资合计	3.99	100	3.65	0.34
	其中：可抵扣增值税金额	0.34			0.34
	其中：施工费	2.41	60.4	2.21	0.2

表 11-19　　典型方案 A8-3 安装工程专业汇总表　　金额单位：元

序号	工程或费用名称	安装工程费			设备购置费	合计
		未计价材料费	安装费	小计		
	安装工程	385	5517	5902	9016	14918
二	配电装置	385	3186	3571	9016	12587
2	屋外配电装置	385	3186	3571	9016	12587
2.1	110kV 配电装置	385	3186	3571	9016	12587
九	调试		2331	2331		2331
3	特殊调试		2331	2331		2331
	合计	385	5517	5902	9016	14918

表 11-20　　典型方案 A8-3 建筑工程专业汇总表　　金额单位：元

序号	工程或费用名称	建筑设备购置费	未计价材料费	建筑费	建筑工程费合计
	建筑工程		2270	13449	15719
二	主变压器及配电装置建筑		2270	13449	15719
2	110kV 构架及设备基础		2270	13449	15719
2.2	设备支架及基础		2270	13449	15719
	合计		2270	13449	15719

表 11-21　　典型方案 A8-3 拆除工程专业汇总表　　金额单位：元

序号	工程或费用名称	拆除工程费
	拆除工程	2832
	建筑拆除	2458
二	主变压器及配电装置建筑	2458
2	35kV 构架及设备基础	2458
2.2	设备支架及基础	2458
	安装拆除	374
二	配电装置	374
2	屋外配电装置	374
2.1	110kV 配电装置	374
	合计	2832

表 11-22　　典型方案 A8-3 其他费用估算表　　金额单位：元

序号	工程或费用项目名称	编制依据及计算说明	合价
2	项目管理费		2384
2.1	管理经费	（建筑工程费＋安装工程费＋拆除工程费）×3.53%	863
2.2	招标费	（建筑工程费＋安装工程费＋拆除工程费）×1.81%	443

续表

序号	工程或费用项目名称	编制依据及计算说明	合价
2.3	工程监理费	（建筑工程费+安装工程费+拆除工程费）×4.41%	1078
3	项目技术服务费		4135
3.1	前期工作费	（建筑工程费+安装工程费）×3.05%	659
3.3	工程勘察设计费		2520
3.3.2	设计费	设计费×100%	2520
3.4	设计文件评审费		156
3.4.1	初步设计文件评审费	基本设计费×3.5%	75
3.4.2	施工图文件评审费	基本设计费×3.8%	81
3.5	施工过程造价咨询及竣工结算审核费	（建筑工程费+安装工程费+拆除工程费）×0.53%	800
	合计		6519

11.3.4 典型方案电气设备材料表

典型方案 A8-3 电气设备材料见表 11-23。

表 11-23　　典型方案 A8-3 电气设备材料表

序号	设备或材料名称	单位	数量	备注
	安装工程			
二	配电装置			
2	屋外配电装置			
2.1	110kV 配电装置			
500027154	交流避雷器，AC110kV，102kV，硅橡胶，266kV，不带间隙	台	3	
500026702	110kV 软导线引下线	组（三相）	1	

11.3.5 典型方案工程量表

典型方案 A8-3 工程量见表 11-24。

表 11-24　　典型方案 A8-3 工程量表

序号	项目名称	单位	数量	备注
	建筑工程			
二	主变压器及配电装置建筑			
2	110kV 构架及设备基础			
2.2	设备支架及基础			

续表

序号	项目名称	单位	数量	备注
JGT2－15	其他设备基础　单体小于 $50m^3$	m^3	6.750	
JGT7－11	普通钢筋	t	0.135	
JGT9－36	不含土方、基础、支架　钢管设备支架	t	0.750	
	安装工程			
二	配电装置			
2	屋外配电装置			
2.1	110kV 配电装置			
JGD2－186	避雷器安装　氧化锌式　电压（kV）110	组/三相	1	
九	调试			
3	特殊调试			
JGS1－248	金属氧化物避雷器特殊试验	组	1	
	拆除工程			
一	建筑拆除			
2	主变压器及配电装置建筑			
2.2	110kV 构架及设备基础			
调 JGT1－7 R×20 C×20 J×20	机械施工土方　土方运距　每增加 1km	m^3	9	
CYT3－2	拆除钢筋混凝土　基础	m^3	4.500	
二	安装拆除			
2	配电装置			
2.2	屋外配电装置			
调 CYD2－194 R×0.5 C×0.5 J×0.5	避雷器拆除　氧化锌式　电压（kV）110	组/三相	1	

11.4　A8－4 更换 220kV 避雷器

11.4.1　典型方案主要内容

本典型方案为更换 1 组 220kV 避雷器（三相为 1 组），内容包括一次引线拆除、制作与安装；避雷器拆除、安装；避雷器基础拆除、安装；避雷器试验；接地引下线更换。

11.4.2　典型方案主要技术条件

典型方案 A8－4 主要技术条件见表 11－25。

表 11-25　　典型方案 A8-4 主要技术条件

方案名称	工程主要技术条件	
更换 220kV 避雷器	结构型式	金属氧化物
	额定电压（kV）	204
	雷电冲击残压（峰值）（kV）	532
	是否带间隙	不带间隙
	绝缘介质	瓷
	安装场所	户外

11.4.3　典型方案估算书

估算投资为总投资，编制依据按第 3 章要求。典型方案 A8-4 估算书包括总估算汇总表、安装工程专业汇总表、建筑工程专业汇总表、拆除工程专业汇总表、其他费用估算表，分别见表 11-26～表 11-30。

表 11-26　　典型方案 A8-4 总估算汇总表　　金额单位：万元

序号	工程或费用名称	含税金额	占工程投资的比例（%）	不含税金额	可抵扣增值税金额
一	建筑工程费	1.57	23.57	1.44	0.13
二	安装工程费	1.14	17.12	1.04	0.1
三	拆除工程费	0.3	4.5	0.27	0.03
四	设备购置费	2.72	40.84	2.41	0.31
	其中：编制基准期价差	0.03	0.45	0.03	
五	小计	5.73	86.04	5.16	0.57
	其中：甲供设备材料费	2.91	43.69	2.58	0.33
六	其他费用	0.93	13.96	0.88	0.05
七	基本预备费				
八	特殊项目				
九	工程投资合计	6.66	100	6.04	0.62
	其中：可抵扣增值税金额	0.62			0.62
	其中：施工费	2.83	42.49	2.6	0.23

表 11-27　　典型方案 A8-4 安装工程专业汇总表　　金额单位：元

序号	工程或费用名称	安装工程费			设备购置费	合计
		未计价材料费	安装费	小计		
	安装工程	1896	9500	11396	27198	38594
二	配电装置	1896	6137	8033	27198	35231
2	屋外配电装置	1896	6137	8033	27198	35231
2.1	110kV 配电装置	1896	6137	8033	27198	35231

续表

序号	工程或费用名称	安装工程费			设备购置费	合计
		未计价材料费	安装费	小计		
九	调试		3363	3363		3363
3	特殊调试		3363	3363		3363
	合计	1896	9500	11396	27198	38594

表 11－28　　典型方案 A8－4 建筑工程专业汇总表　　金额单位：元

序号	工程或费用名称	建筑设备购置费	未计价材料费	建筑费	建筑工程费合计
	建筑工程		2270	13449	15719
二	主变压器及配电装置建筑		2270	13449	15719
2	220kV 构架及设备基础		2270	13449	15719
2.2	设备支架及基础		2270	13449	15719
	合计		2270	13449	15719

表 11－29　　典型方案 A8－4 拆除工程专业汇总表　　金额单位：元

序号	工程或费用名称	拆除工程费
	拆除工程	3048
	建筑拆除	2458
二	主变压器及配电装置建筑	2458
2	220kV 构架及设备基础	2458
2.2	设备支架及基础	2458
	安装拆除	590
二	配电装置	590
2	屋外配电装置	590
2.1	220kV 配电装置	590
	合计	3048

表 11－30　　典型方案 A8－4 其他费用估算表　　金额单位：元

序号	工程或费用项目名称	编制依据及计算说明	合价
2	项目管理费		2941
2.1	管理经费	（建筑工程费＋安装工程费＋拆除工程费）×3.53%	1065
2.2	招标费	（建筑工程费＋安装工程费＋拆除工程费）×1.81%	546
2.3	工程监理费	（建筑工程费＋安装工程费＋拆除工程费）×4.41%	1330
3	项目技术服务费		6370
3.1	前期工作费	（建筑工程费＋安装工程费）×3.05%	827
3.3	工程勘察设计费		4467
3.3.2	设计费	设计费×100%	4467

续表

序号	工程或费用项目名称	编制依据及计算说明	合价
3.4	设计文件评审费		276
3.4.1	初步设计文件评审费	基本设计费×3.5%	133
3.4.2	施工图文件评审费	基本设计费×3.8%	144
3.5	施工过程造价咨询及竣工结算审核费	（建筑工程费+安装工程费+拆除工程费）×0.53%	800
	合计		9311

11.4.4 典型方案电气设备材料表

典型方案 A8-4 电气设备材料见表 11-31。

表 11-31　　典型方案 A8-4 电气设备材料表

序号	设备或材料名称	单位	数量	备注
	安装工程			
二	配电装置			
2	屋外配电装置			
2.1	220kV 配电装置			
500027164	交流避雷器，AC220kV，204kV，瓷，532kV，不带间隙	台	3	
500026705	220kV 软导线引下线	组（三相）	1	

11.4.5 典型方案工程量表

典型方案 A8-4 工程量见表 11-32。

表 11-32　　典型方案 A8-4 工程量表

序号	项目名称	单位	数量	备注
	建筑工程			
二	主变压器及配电装置建筑			
2	220kV 构架及设备基础			
2.2	设备支架及基础			
JGT2-15	其他设备基础　单体小于 50m³	m³	6.750	
JGT7-11	普通钢筋	t	0.135	
JGT9-36	不含土方、基础、支架　钢管设备支架	t	0.750	
	安装工程			
二	配电装置			
2	屋外配电装置			
2.1	220kV 配电装置			
JGD2-187	避雷器安装　氧化锌式　电压（kV）220	组/三相	1	

续表

序号	项目名称	单位	数量	备注
九	调试			
3	特殊调试			
JGS1－249	金属氧化物避雷器特殊试验 220kV	组	1	
	拆除工程			
一	建筑拆除			
2	主变压器及配电装置建筑			
2.2	220kV 构架及设备基础			
调 JGT1－7 R×20 C×20 J×20	机械施工土方　土方运距　每增加 1km	m^3	9	
CYT3－2	拆除钢筋混凝土　基础	m^3	4.500	
二	安装拆除			
2	配电装置			
2.2	屋外配电装置			
调 CYD2－195 R×0.5 C×0.5 J×0.5	避雷器拆除　氧化锌式　电压（kV）220	组/三相	1	

11.5 A8-5 更换500kV避雷器

11.5.1 典型方案主要内容

本典型方案为更换1组500kV避雷器（三相为1组），内容包括一次引线拆除、制作与安装；避雷器拆除、安装；避雷器基础拆除、安装；避雷器试验；接地引下线更换。

11.5.2 典型方案主要技术条件

典型方案A8－5主要技术条件见表11－33。

表11－33　　典型方案A8－5主要技术条件

方案名称	工程主要技术条件	
更换500kV避雷器	结构型式	金属氧化物
	额定电压（kV）	420
	雷电冲击残压（峰值）（kV）	1046
	是否带间隙	不带间隙
	绝缘介质	瓷
	安装场所	户外

11.5.3 典型方案估算书

估算投资为总投资，编制依据按第 3 章要求。典型方案 A8－5 估算书包括总估算汇总表、安装工程专业汇总表、建筑工程专业汇总表、拆除工程专业汇总表、其他费用估算表，分别见表 11－34～表 11－38。

表 11－34　　　　典型方案 A8－5 总估算汇总表　　　　金额单位：万元

序号	工程或费用名称	含税金额	占工程投资的比例（%）	不含税金额	可抵扣增值税金额
一	建筑工程费	1.36	4.44	1.25	0.11
二	安装工程费	2.67	8.73	2.43	0.24
三	拆除工程费	0.75	2.45	0.69	0.06
四	设备购置费	22.81	74.54	20.2	2.61
	其中：编制基准期价差	0.07	0.23	0.07	
五	小计	27.59	90.16	24.57	3.02
	其中：甲供设备材料费	23.28	76.08	20.61	2.67
六	其他费用	3.01	9.84	2.84	0.17
七	基本预备费				
八	特殊项目				
九	工程投资合计	30.6	100	27.41	3.19
	其中：可抵扣增值税金额	3.19			3.19
	其中：施工费	4.32	14.12	3.96	0.36

表 11－35　　　　典型方案 A8－5 安装工程专业汇总表　　　　金额单位：元

序号	工程或费用名称	安装工程费			设备购置费	合计
		未计价材料费	安装费	小计		
	安装工程	4662	22045	26708	228098	254806
二	配电装置	4662	17071	21733	228098	249832
2	屋外配电装置	4662	17071	21733	228098	249832
2.1	500kV 配电装置	4662	17071	21733	228098	249832
九	调试		4974	4974		4974
3	特殊调试		4974	4974		4974
	合计	4662	22045	26708	228098	254806

表 11－36　　　　典型方案 A8－5 建筑工程专业汇总表　　　　金额单位：元

序号	工程或费用名称	建筑设备购置费	未计价材料费	建筑费	建筑工程费合计
	建筑工程		2270	11369	13639
二	主变压器及配电装置建筑		2270	11369	13639
2	500kV 构架及设备基础		2270	11369	13639
2.2	设备支架及基础		2270	11369	13639
	合计		2270	11369	13639

表 11-37　　典型方案 A8-5 拆除工程专业汇总表　　金额单位：元

序号	工程或费用名称	拆除工程费
	拆除工程	7523
	建筑拆除	6029
二	主变压器及配电装置建筑	6029
2	500kV 构架及设备基础	6029
2.2	设备支架及基础	6029
	安装拆除	1494
二	配电装置	1494
2	屋外配电装置	1494
2.1	500kV 配电装置	1494
	合计	7523

表 11-38　　典型方案 A8-5 其他费用估算表　　金额单位：元

序号	工程或费用项目名称	编制依据及计算说明	合价
2	项目管理费		4667
2.1	管理经费	（建筑工程费＋安装工程费＋拆除工程费）×3.53%	1690
2.2	招标费	（建筑工程费＋安装工程费＋拆除工程费）×1.81%	866
2.3	工程监理费	（建筑工程费＋安装工程费＋拆除工程费）×4.41%	2111
3	项目技术服务费		25475
3.1	前期工作费	（建筑工程费＋安装工程费）×3.05%	1231
3.3	工程勘察设计费		22079
3.3.2	设计费	设计费×100%	22079
3.4	设计文件评审费		1366
3.4.1	初步设计文件评审费	基本设计费×3.5%	655
3.4.2	施工图文件评审费	基本设计费×3.8%	711
3.5	施工过程造价咨询及竣工结算审核费	（建筑工程费＋安装工程费＋拆除工程费）×0.53%	800
	合计		30142

11.5.4　典型方案电气设备材料表

典型方案 A8-5 电气设备材料见表 11-39。

表 11-39　　典型方案 A8-5 电气设备材料表

序号	设备或材料名称	单位	数量	备注
	安装工程			
二	配电装置			
2	屋外配电装置			
2.1	500kV 配电装置			
500031353	交流避雷器，AC500kV，420kV，瓷，1046kV，不带间隙	台	3	
500014616	500kV 软导线引下线	组（三相）	1	

11.5.5 典型方案工程量表

典型方案 A8－5 工程量见表 11－40。

表 11－40　　**典型方案 A8－5 工程量表**

序号	项目名称	单位	数量	备注
	建筑工程			
二	主变压器及配电装置建筑			
2	500kV 构架及设备基础			
2.2	设备支架及基础			
JGT2－15	其他设备基础　单体小于 $50m^3$	m^3	6.750	
JGT7－11	普通钢筋	t	0.135	
JGT9－36	不含土方、基础、支架　钢管设备支架	t	0.511	
	安装工程			
二	配电装置			
2	屋外配电装置			
2.1	500kV 配电装置			
JGD2－189	避雷器安装　氧化锌式　电压（kV）500	组/三相	1	
九	调试			
3	特殊调试			
JGS1－251	金属氧化物避雷器特殊试验 500kV	组	1	
	拆除工程			
一	建筑拆除			
2	主变压器及配电装置建筑			
2.2	500kV 构架及设备基础			
调 JGT1－7 R×20 C×20 J×20	机械施工土方　土方运距　每增加 1km	m^3	22.080	
CYT3－2	拆除钢筋混凝土　基础	m^3	11.040	
二	安装拆除			
2	配电装置			
2.2	屋外配电装置			
调 CYD2－197 R×0.5 C×0.5 J×0.5	避雷器拆除　氧化锌式　电压（kV）500	组/三相	1	

第12章 更换开关柜

典型方案说明

更换开关柜典型方案共3个：按照电压等级、绝缘介质分为10kV至35kV不同类型的开关柜的典型方案。所有典型方案的工作范围只包含开关柜本体，不包含负荷切换工作。

12.1 A9-1更换10kV真空式开关柜

12.1.1 典型方案主要内容

本典型方案为1台主变进线柜，4台电容器出线柜，1台母线设备柜，1台接地变柜，8台电缆出线柜，1台分段柜，1台分段隔离柜，共17台高压开关柜更换，内容包括一次及二次电缆拆除；开关柜改造；开关柜基础拆除、安装；开关柜调试及试验；防火封堵；接地引下线更换。

12.1.2 典型方案主要技术条件

典型方案A9-1主要技术条件见表12-1。

表12-1 典型方案A9-1主要技术条件

方案名称	工程主要技术条件	
更换10kV真空式开关柜	额定电压	10kV
	额定电流	4000/1250A
	开断电流	40/31.5kA
	绝缘介质	真空
	安装场所	户内

12.1.3 典型方案估算书

估算投资为总投资，编制依据按第3章要求。典型方案A9-1估算书包括总估算汇总表、安装工程专业汇总表、建筑工程专业汇总表、拆除工程专业汇总表、其他费用估算表，分别见表12-2～表12-6。

表12-2 典型方案A9-1总估算汇总表 金额单位：万元

序号	工程或费用名称	含税金额	占工程投资的比例（%）	不含税金额	可抵扣增值税金额
一	建筑工程费				
二	安装工程费	19.87	10.9	18.19	1.68
三	拆除工程费	0.64	0.35	0.59	0.05

续表

序号	工程或费用名称	含税金额	占工程投资的比例（%）	不含税金额	可抵扣增值税金额
四	设备购置费	145.91	80.06	129.13	16.78
	其中：编制基准期价差	0.47	0.26	0.47	
五	小计	166.42	91.31	147.91	18.51
	其中：甲供设备材料费	147	80.65	130.1	16.9
六	其他费用	15.84	8.69	14.94	0.9
七	基本预备费				
八	特殊项目				
九	工程投资合计	182.26	100	162.85	19.41
	其中：可抵扣增值税金额	19.41			19.41
	其中：施工费	19.43	10.66	17.83	1.6

表 12-3　典型方案 A9-1 安装工程专业汇总表　金额单位：元

序号	工程或费用名称	安装工程费			设备购置费	合计
		未计价材料费	安装费	小计		
	安装工程	14171	184558	198730	1459135	1657865
二	配电装置	13851	65275	79126	1459135	1538261
1	屋内配电装置	13851	65275	79126	1459135	1538261
1.2	10kV 配电装置	13851	65275	79126	1459135	1538261
六	电缆防护设施	320	4617	4938		4938
2	电缆防火	320	4617	4938		4938
九	调试		114666	114666		114666
1	分系统调试		66788	66788		66788
3	特殊调试		47878	47878		47878
	合计	14171	184558	198730	1459135	1657865

表 12-4　典型方案 A9-1 建筑工程专业汇总表　金额单位：元

序号	工程或费用名称	建筑设备购置费	未计价材料费	建筑费	建筑工程费合计
	建筑工程			0	0
一	主要生产建筑			0	0
1	主控通信楼			0	0
1.1	一般土建			0	0
	合计			0	0

表 12-5　　典型方案 A9-1 拆除工程专业汇总表　　金额单位：元

序号	工程或费用名称	拆除工程费
	拆除工程	6417
	安装拆除	6417
二	配电装置	5728
1	屋内配电装置	5728
1.2	10kV 配电装置	5728
四	控制及直流系统	688
1	监控或监测系统	688
1.1	计算机监控系统	688
	合计	6417

表 12-6　　典型方案 A9-1 其他费用估算表　　金额单位：元

序号	工程或费用项目名称	编制依据及计算说明	合价
2	项目管理费		20002
2.1	管理经费	（建筑工程费＋安装工程费＋拆除工程费）×3.53%	7242
2.2	招标费	（建筑工程费＋安装工程费＋拆除工程费）×1.81%	3713
2.3	工程监理费	（建筑工程费＋安装工程费＋拆除工程费）×4.41%	9047
3	项目技术服务费		138434
3.1	前期工作费	（建筑工程费＋安装工程费）×3.05%	6061
3.3	工程勘察设计费		123637
3.3.2	设计费	设计费×100%	123637
3.4	设计文件评审费		7649
3.4.1	初步设计文件评审费	基本设计费×3.5%	3667
3.4.2	施工图文件评审费	基本设计费×3.8%	3982
3.5	施工过程造价咨询及竣工结算审核费	（建筑工程费＋安装工程费＋拆除工程费）×0.53%	1087
	合计		158436

12.1.4 典型方案电气设备材料表

典型方案 A9-1 电气设备材料见表 12-7。

表 12-7　　典型方案 A9-1 电气设备材料表

序号	设备或材料名称	单位	数量	备注
	安装工程			
一	主变压器系统			
500002869	高压开关柜，AC10kV，进线开关柜，小车式，4000A，40kA，真空	台	1	

续表

序号	设备或材料名称	单位	数量	备注
500002581	高压开关柜，AC10kV，电容器开关柜，小车式，1250A，31.5kA，真空	台	4	
500002584	高压开关柜，AC10kV，馈线开关柜，小车式，1250A，31.5kA，真空	台	8	
500099478	高压开关柜，AC10kV，母线设备柜，小车式，1250A，无开关，无	台	1	
500002875	高压开关柜，AC10kV，分段断路器柜，小车式，4000A，40kA，真空	台	1	
500061728	高压开关柜，AC10kV，接地变柜，小车式，1250A，31.5kA，真空	台	1	
500102889	高压开关柜，AC10kV，分段隔离柜，小车式	台	1	
500134989	三相智能电能表，0.2S 级，无，无控，无，3×100V，1.5A	块	8	
500010777	槽钢，#10，Q235-A	t	0.450	
100000013	220kV 变电站控制电缆	km	0.340	
500021060	10kV 电缆终端，3×240，户内终端，冷缩，铜	套	13	
500027477	布电线，BVR，铜，100，1	km	0.004	
六	电缆防护设施			
2	电缆防火			
500011727	电缆防火材料　防火涂料	t	0.020	
500011738	电缆防火材料　阻火堵料	t	0.020	
500027477	布电线，BVR，铜，100，1	m	4	

12.1.5 典型方案工程量表

典型方案 A9-1 工程量见表 12-8。

表 12-8　　典型方案 A9-1 工程量表

序号	项目名称	单位	数量	备注
	安装工程			
	配电装置			
JGD2-234	20kV 以下配电柜　附真空断路器柜	台	15	
JGD2-236	220kV 以下配电柜　电压互感器避雷器柜	台	1	
JGD2-239	20kV 以下配电柜　其他电气柜	台	1	
JGD7-3	全站电缆敷设　控制电缆　全站	100m	3.400	
JGD4-21	小型元件安装　元件	个	8	
JYD7-48	电缆敷设及试验　电力电缆试验 10kV	回路	13	
六	电缆防护设施			
2	电缆防火			

续表

序号	项目名称	单位	数量	备注
JGD7－10	电缆防火安装　防火堵料	t	0.020	
JGD7－11	电缆防火安装　防火涂料	t	0.020	
	调试			
	分系统调试			
JGS1－11	配电装置系统 10kV 断路器	间隔	10	
调 JGS1－11 R×1.2 C×1.2 J×1.2	配电装置系统 10kV 断路器	间隔	4	
调 JGS1－11 R×0.8 C×0.8 J×0.8	配电装置系统 10kV 断路器	间隔	1	
调 JGS1－11 R×1.2 C×1.2 J×1.2	配电装置系统 10kV 断路器	间隔	4	
调 JGS1－11 R×0.8 C×0.8 J×0.8	配电装置系统 10kV 断路器	间隔	1	
调 JGS1－1 R×0.6 C×0.6 J×0.6	电力变压器系统 10kV	间隔	1	
JGS1－19	母线电压二次回路 10kV	段	1	
2	特殊调试			
JGS1－264	电流互感器特殊试验 10kV	台	10	
JGS1－264 R×0.8 C×0.8 J×0.8	电流互感器特殊试验 10kV	台	35	
JGS1－272	电压互感器特殊试验 10kV	台	3	
二	安装拆除			
调 CYD7－3 R×0.5 C×0.5 J×0.5	全站电缆拆除　控制电缆	100m	3.400	
调 CYD10－28 R×0.5 C×0.5 J×0.5	盘柜装置、插件、附件及二次配线拆除　表计及继电器	个	8	
调 CYD2－254 R×0.5 C×0.5 J×0.5	20kV 以下成套高压配电柜拆除　附断路器柜	台	15	
调 CYD2－255 R×0.5 C×0.5 J×0.5	20kV 以下成套高压配电柜拆除　不附断路器柜	台	2	

12.2 A9-2 更换 35kV 真空式开关柜

12.2.1 典型方案主要内容

本典型方案为 1 台主变进线柜，1 台母线设备柜，3 台电缆出线柜，1 台分段柜，1 台分段隔离柜，共 7 台高压开关柜更换，内容包括一次及二次电缆拆除；开关柜改造；开关柜基础拆除、安装；开关柜调试及试验；防火封堵；接地引下线更换。

12.2.2 典型方案主要技术条件

典型方案 A9-2 主要技术条件见表 12-9。

表 12-9　　典型方案 A9-2 主要技术条件

方案名称	工程主要技术条件	
更换 35kV 真空式开关柜	额定电压（kV）	35
	额定电流（A）	1250
	开断电流（kA）	31.5
	绝缘介质	真空
	安装场所	户内

12.2.3 典型方案估算书

估算投资为总投资，编制依据按第 3 章要求。典型方案 A9-2 估算书包括总估算汇总表、安装工程专业汇总表、建筑工程专业汇总表、拆除工程专业汇总表、其他费用估算表，分别见表 12-10～表 12-14。

表 12-10　　典型方案 A9-2 总估算汇总表　　金额单位：万元

序号	工程或费用名称	含税金额	占工程投资的比例（%）	不含税金额	可抵扣增值税金额
一	建筑工程费				
二	安装工程费	35.14	21.2	32.22	2.92
三	拆除工程费	0.26	0.16	0.24	0.02
四	设备购置费	113.66	68.57	100.59	13.07
	其中：编制基准期价差	0.94	0.57	0.94	
五	小计	149.06	89.93	133.05	16.01
	其中：甲供设备材料费	114.31	68.96	101.17	13.14
六	其他费用	16.7	10.07	15.75	0.95
七	基本预备费				
八	特殊项目				
九	工程投资合计	165.76	100	148.8	16.96
	其中：可抵扣增值税金额	16.96			16.96
	其中：施工费	34.75	20.96	31.88	2.87

表 12-11　　典型方案 A9-2 安装工程专业汇总表　　金额单位：元

序号	工程或费用名称	安装工程费			设备购置费	合计
		未计价材料费	安装费	小计		
	安装工程	8930	342483	351413	1136603	1488016
二	配电装置	8610	160479	169088	1136603	1305691
1	屋内配电装置	8610	160479	169088	1136603	1305691
1.2	10kV 配电装置	8610	160479	169088	1136603	1305691
六	电缆防护设施	320	2274	2595		2595
2	电缆防火	320	2274	2595		2595
九	调试		179730	179730		179730
1	分系统调试		67996	67996		67996
3	特殊调试		111734	111734		111734
	合计	8930	342483	351413	1136603	1488016

表 12-12　　典型方案 A9-2 建筑工程专业汇总表　　金额单位：元

序号	工程或费用名称	建筑设备购置费	未计价材料费	建筑费	建筑工程费合计
	建筑工程			0	0
一	主要生产建筑			0	0
1	主控通信楼			0	0
1.1	一般土建			0	0
	合计			0	0

表 12-13　　典型方案 A9-2 拆除工程专业汇总表　　金额单位：元

序号	工程或费用名称	拆除工程费
	拆除工程	2623
	安装拆除	2623
二	配电装置	2339
1	屋内配电装置	2339
1.2	35kV 配电装置	2339
四	控制及直流系统	283
1	监控或监测系统	283
1.1	计算机监控系统	283
	合计	2623

表 12-14　　典型方案 A9-2 其他费用估算表　　金额单位：元

序号	工程或费用项目名称	编制依据及计算说明	合价
2	项目管理费		52038
2.1	管理经费	（建筑工程费＋安装工程费＋拆除工程费）×3.53%	18840

续表

序号	工程或费用项目名称	编制依据及计算说明	合价
2.2	招标费	（建筑工程费＋安装工程费＋拆除工程费）×1.81%	9660
2.3	工程监理费	（建筑工程费＋安装工程费＋拆除工程费）×4.41%	23537
3	项目技术服务费		150883
3.1	前期工作费	（建筑工程费＋安装工程费）×3.05%	16198
3.3	工程勘察设计费		124174
3.3.2	设计费	设计费×100%	124174
3.4	设计文件评审费		7682
3.4.1	初步设计文件评审费	基本设计费×3.5%	3683
3.4.2	施工图文件评审费	基本设计费×3.8%	3999
3.5	施工过程造价咨询及竣工结算审核费	（建筑工程费＋安装工程费＋拆除工程费）×0.53%	2829
	合计		202920

12.2.4 典型方案电气设备材料表

典型方案 A9－2 电气设备材料见表 12－15。

表 12－15　　典型方案 A9－2 电气设备材料表

序号	设备或材料名称	单位	数量	备注
一	主变压器系统			
500002388	高压开关柜，AC35kV，馈线开关柜，小车式，1250A，25kA，真空	台	3	
500002393	高压开关柜，AC35kV，进线开关柜，小车式，1250A，31.5kA，真空	台	1	
500116464	高压开关柜，AC35kV，母线设备柜，小车式，1250A，无开关，无	台	1	
500002390	高压开关柜，AC35kV，分段断路器柜，小车式，1250A，25kA，真空	台	1	
500083660	高压开关柜，AC35kV，分段隔离柜，小车式，1250A，25kA，真空	台	1	AC35kV，分段隔离柜，2500A，无开关
500134989	三相智能电能表，0.2S 级，无，无控，无，3×100V，1.5A	块	3	
500010777	槽钢，#10，Q235－A	t	0.300	
500021164	35kV 电缆终端，3×400，户内终端，冷缩，铜	套	3	
100000013	220kV 变电站控制电缆	km	0.140	
500027477	布电线，BVR，铜，100，1	km	0.004	
六	电缆防护设施			
2	电缆防火			
500011727	电缆防火材料　防火涂料	t	0.020	
500011738	电缆防火材料　阻火堵料	t	0.020	
500027477	布电线，BVR，铜，100，1	m	4	

12.2.5 典型方案工程量表

典型方案 A9-2 工程量见表 12-16。

表 12-16 典型方案 A9-2 工程量表

序号	项目名称	单位	数量	备注
	安装工程			
	配电装置			
JGD2-241	35kV 成套高压配电柜安装 附真空断路器柜	台	5	
JGD2-246	35kV 成套高压配电柜安装 其他电气柜	台	1	
JGD2-243	35kV 成套高压配电柜安装 电压互感器及避雷器柜	台	1	
JGD7-3	全站电缆敷设 控制电缆 全站	100m	1.400	
JGD4-21	小型元件安装 元件	个	3	
JYL5-9	电缆主绝缘试验 交流耐压试验 35kV 长度 10km 以内	回路	1	
调 JYL5-9 R×0.6 C×0.6 J×0.6	电缆主绝缘试验 交流耐压试验 35kV 长度 10km 以内	回路	2	
六	电缆防护设施			
2	电缆防火			
JGD7-10	电缆防火安装 防火堵料	t	0.020	
JGD7-11	电缆防火安装 防火涂料	t	0.020	
	调试			
	分系统调试			
JGS1-12	配电装置系统 35kV	间隔	4	
调 JJGS1-12 R×0.8 C×0.8 J×0.8	配电装置系统 35kV	间隔	1	
调 JGS1-2 R×0.6 C×0.6 J×0.6	电力变压器系统 35kV	间隔	1	
JGS1-20	母线电压二次回路 35kV	段	1	
2	特殊调试			
JGS1-265	电流互感器特殊试验 35kV	台	10	
调 JGS1-265 R×0.8 C×0.8 J×0.8	电流互感器特殊试验 35kV	台	8	
JGS1-273	电压互感器特殊试验 35kV	台	3	
二	安装拆除			

续表

序号	项目名称	单位	数量	备注
调 CYD7-3 R×0.5 C×0.5 J×0.5	全站电缆拆除　控制电缆	100m	1.400	
调 CYD10-28 R×0.5 C×0.5 J×0.5	盘柜装置、插件、附件及二次配线拆除　表计及继电器	个	3	
调 CYD2-254 R×0.5 C×0.5 J×0.5	20kV 以下成套高压配电柜拆除　附断路器柜	台	6	
调 CYD2-255 R×0.5 C×0.5 J×0.5	20kV 以下成套高压配电柜拆除　不附断路器柜	台	1	

12.3 A9-3 更换 35kV 充气式开关柜

12.3.1 典型方案主要内容

本典型方案为 1 台主变进线柜，1 台母线设备柜，4 台电缆出线柜，1 台分段柜，共 7 台高压开关柜更换，内容包括一次及二次电缆拆除；开关柜改造；开关柜基础拆除、安装；开关柜调试及试验；防火封堵；接地引下线更换。

12.3.2 典型方案主要技术条件

典型方案 A9-3 主要技术条件见表 12-17。

表 12-17　　典型方案 A9-3 主要技术条件

方案名称	工程主要技术条件	
更换 35kV 充气式开关柜	额定电压（kV）	35
	额定电流（A）	2500/1250
	开断电流（kA）	31.5
	组合形式	充气式
	绝缘介质	SF_6
	安装场所	户内

12.3.3 典型方案估算书

估算投资为总投资，编制依据按第 3 章要求。典型方案 A9-3 估算书包括总估算汇总表、安装工程专业汇总表、建筑工程专业汇总表、拆除工程专业汇总表、其他费用估算表，分别见表 12-18～表 12-22。

表 12-18　　典型方案 A9-3 总估算汇总表　　金额单位：万元

序号	工程或费用名称	含税金额	占工程投资的比例（%）	不含税金额	可抵扣增值税金额
一	建筑工程费				
二	安装工程费	41.91	14.32	38.42	3.49
三	拆除工程费	0.26	0.09	0.24	0.02
四	设备购置费	225.87	77.2	199.9	25.97
	其中：编制基准期价差	1.13	0.39	1.13	
五	小计	268.04	91.61	238.56	29.48
	其中：甲供设备材料费	226.66	77.47	200.6	26.06
六	其他费用	24.54	8.39	23.15	1.39
七	基本预备费				
八	特殊项目				
九	工程投资合计	292.58	100	261.71	30.87
	其中：可抵扣增值税金额	30.87			30.87
	其中：施工费	41.38	14.14	37.96	3.42

表 12-19　　典型方案 A9-3 安装工程专业汇总表　　金额单位：元

序号	工程或费用名称	安装工程费			设备购置费	合计
		未计价材料费	安装费	小计		
	安装工程	10274	408793	419067	2258746	2677812
二	配电装置	9953	193127	203080	2258746	2461826
1	屋内配电装置	9953	193127	203080	2258746	2461826
1.2	10kV 配电装置	9953	193127	203080	2258746	2461826
六	电缆防护设施	320	2274	2595		2595
2	电缆防火	320	2274	2595		2595
九	调试		213392	213392		213392
1	分系统调试		78576	78576		78576
3	特殊调试		134816	134816		134816
	合计	10274	408793	419067	2258746	2677812

表 12-20　　典型方案 A9-3 建筑工程专业汇总表　　金额单位：元

序号	工程或费用名称	建筑设备购置费	未计价材料费	建筑费	建筑工程费合计
	建筑工程			0	0
一	主要生产建筑			0	0
1	主控通信楼			0	0
1.1	一般土建			0	0
	合计			0	0

表 12-21　　典型方案 A9-3 拆除工程专业汇总表　　金额单位：元

序号	工程或费用名称	拆除工程费
	拆除工程	2623
	安装拆除	2623
二	配电装置	2339
1	屋内配电装置	2339
1.2	35kV 配电装置	2339
四	控制及直流系统	283
1	监控或监测系统	283
1.1	计算机监控系统	283
	合计	2623

表 12-22　　典型方案 A9-3 其他费用估算表　　金额单位：元

序号	工程或费用项目名称	编制依据及计算说明	合价
2	项目管理费		41115
2.1	管理经费	（建筑工程费＋安装工程费＋拆除工程费）×3.53%	14886
2.2	招标费	（建筑工程费＋安装工程费＋拆除工程费）×1.81%	7633
2.3	工程监理费	（建筑工程费＋安装工程费＋拆除工程费）×4.41%	18597
3	项目技术服务费		204255
3.1	前期工作费	（建筑工程费＋安装工程费）×3.05%	12782
3.3	工程勘察设计费		178214
3.3.2	设计费	设计费×100%	178214
3.4	设计文件评审费		11025
3.4.1	初步设计文件评审费	基本设计费×3.5%	5286
3.4.2	施工图文件评审费	基本设计费×3.8%	5739
3.5	施工过程造价咨询及竣工结算审核费	（建筑工程费＋安装工程费＋拆除工程费）×0.53%	2235
	合计		245370

12.3.4　典型方案电气设备材料表

典型方案 A9-3 电气设备材料见表 12-23。

表 12-23　　典型方案 A9-3 电气设备材料表

序号	设备或材料名称	单位	数量	备注
	安装工程			
一	主变压器系统			
500139372	充气式高压开关柜，AC35kV，分段断路器柜，2500A，25kA，SF_6	台	1	

续表

序号	设备或材料名称	单位	数量	备注
500139393	充气式高压开关柜，AC35kV，进线开关柜，2500A，25kA，SF_6	台	1	
500139394	充气式高压开关柜，AC35kV，馈线开关柜，1250A，31.5kA，SF_6	台	4	
500139403	充气式高压开关柜，AC35kV，母线设备柜，1250A，无开关，SF_6	台	1	
500134989	三相智能电能表，0.2S 级，无，无控，无，3×100V，1.5A	块	3	
500010777	槽钢，#10，Q235－A	t	0.300	
500021164	35kV 电缆终端，3×400，户内终端，冷缩，铜	套	4	
100000013	220kV 变电站控制电缆	km	0.140	
500027477	布电线，BVR，铜，100，1	km	0.004	
六	电缆防护设施			
2	电缆防火			
500011727	电缆防火材料　防火涂料	t	0.020	
500011738	电缆防火材料　阻火堵料	t	0.020	
500027477	布电线，BVR，铜，100，1	m	4	

12.3.5　典型方案工程量表

典型方案 A9－3 工程量见表 12－24。

表 12－24　　典型方案 A9－3 工程量表

序号	项目名称	单位	数量	备注
	安装工程			
	配电装置			
JGD2－242	35kV 成套高压配电柜安装　附 SF_6 断路器柜	台	6	
JGD2－243	35kV 成套高压配电柜安装　电压互感器及避雷器柜	台	1	
JGD7－3	全站电缆敷设　控制电缆　全站	100m	1.400	
JGD4－21	小型元件安装　元件	个	3	
JYL5－9	电缆主绝缘试验　交流耐压试验 35kV 长度 10km 以内	回路	1	
调 JYL5－9 R×0.6 C×0.6 J×0.6	电缆主绝缘试验　交流耐压试验 35kV 长度 10km 以内	回路	3	
六	电缆防护设施			
2	电缆防火			
JGD7－10	电缆防火安装　防火堵料	t	0.020	

续表

序号	项目名称	单位	数量	备注
JGD7－11	电缆防火安装　防火涂料	t	0.020	
	调试			
	分系统调试			
JGS1－12	配电装置系统 35kV 断路器	间隔	5	
调 JGS1－12 R×0.8 C×0.8 J×0.8	配电装置系统 35kV	间隔	1	
调 JGS1－2 R×0.6 C×0.6 J×0.6	电力变压器系统 35kV	系统	1	
JGS1－20	母线电压二次回路 35kV	段	1	
2	特殊调试			
JGS1－265	电流互感器特殊试验 35kV	台	10	
调 JGS1－265 R×0.8 C×0.8 J×0.8	电流互感器特殊试验 35kV	台	8	
JGS1－273	电压互感器特殊试验 35kV	台	3	
JGS1－325	SF_6气体试验	气室	7	
二	安装拆除			
调 CYD7－3 R×0.5 C×0.5 J×0.5	全站电缆拆除　控制电缆	100m	1.400	
调 CYD10－28 R×0.5 C×0.5 J×0.5	盘柜装置、插件、附件及二次配线拆除　表计及继电器	个	3	
调 CYD2－254 R×0.5 C×0.5 J×0.5	20kV 以下成套高压配电柜拆除　附断路器柜	台	6	
调 CYD2－255 R×0.5 C×0.5 J×0.5	20kV 以下成套高压配电柜拆除　不附断路器柜	台	1	

第13章 更换组合电器

典型方案说明

更换组合电器典型方案共7个：按照电压等级、主接线方式分为66～220kV不同类型的组合电器的典型方案。所有典型方案的工作范围只包含组合电器本体，不包含相应二次设备更换。

13.1 A10-1 更换66kV变电站66kV气体绝缘封闭式组合电器（线变组，架空出线间隔）

13.1.1 典型方案主要内容

本典型方案为1个主变进线间隔，1个架空出线间隔GIS组合电器更换；内容包括一次、二次设备引线拆除、安装；GIS组合电器拆除、安装；GIS组合电器基础拆除、新建；GIS组合电器调试及试验；防火封堵；接地引下线更换。对应主接线为：66kV变电站66kV侧线变组接线。

13.1.2 典型方案主要技术条件

典型方案A10-1主要技术条件见表13-1。

表13-1 典型方案A10-1主要技术条件

方案名称	工程主要技术条件	
更换66kV变电站66kV气体绝缘封闭式组合电器（线变组，架空出线间隔）	额定电压（kV）	66
	额定电流（A）	3150
	开断电流（kA）	40
	绝缘介质	SF_6
	安装场所	户外

13.1.3 典型方案估算书

估算投资为总投资，编制依据按第3章要求。典型方案A10-1估算书包括总估算汇总表、安装工程专业汇总表、建筑工程专业汇总表、拆除工程专业汇总表、其他费用估算表，分别见表13-2～表13-6。

表13-2 典型方案A10-1总估算汇总表 金额单位：万元

序号	工程或费用名称	含税金额	占工程投资的比例（%）	不含税金额	可抵扣增值税金额
一	建筑工程费	15.95	7.05	14.63	1.32
二	安装工程费	27.24	12.04	24.85	2.39

续表

序号	工程或费用名称	含税金额	占工程投资的比例（%）	不含税金额	可抵扣增值税金额
三	拆除工程费	10.7	4.73	9.82	0.88
四	设备购置费	149.53	66.08	132.33	17.2
	其中：编制基准期价差	2.08	0.92	2.08	
五	小计	203.42	89.89	181.63	21.79
	其中：甲供设备材料费	153.76	67.95	136.08	17.68
六	其他费用	22.88	10.11	21.58	1.3
七	基本预备费				
八	特殊项目				
九	工程投资合计	226.3	100	203.21	23.09
	其中：可抵扣增值税金额	23.09			23.09
	其中：施工费	49.67	21.95	45.57	4.1

表 13-3　　典型方案 A10-1 安装工程专业汇总表　　金额单位：元

序号	工程或费用名称	安装工程费			设备购置费	合计
		主要材料费	安装费	小计		
	安装工程	47834	224596	272430	1495267	1767697
二	配电装置	47299	101859	149158	1495267	1644425
2	屋外配电装置	47299	101859	149158	1495267	1644425
2.1	66kV 配电装置	47299	101859	149158	1495267	1644425
六	电缆防护设施	423	701	1123		1123
2	电缆防火	423	701	1123		1123
七	全站接地	112	519	632		632
1	接地网	112	519	632		632
九	调试		121517	121517		121517
1	分系统调试		54421	54421		54421
3	特殊调试		67096	67096		67096
	合计	47834	224596	272430	1495267	1767697

表 13-4　　典型方案 A10-1 建筑工程专业汇总表　　金额单位：元

序号	工程或费用名称	设备费	主要材料费	建筑费	建筑工程费合计
	建筑工程			159495	159495
二	主变压器及配电装置建筑			159495	159495
2	66kV 构架及设备基础			159495	159495
2.2	设备支架及基础			159495	159495
	合计			159495	159495

表 13-5　　典型方案 A10-1 拆除工程专业汇总表　　金额单位：元

序号	工程或费用名称	拆除工程费
	拆除工程	107025
	建筑拆除	74405
二	主变压器及配电装置建筑	74405
2	66kV 构架及设备基础	74405
2.2	设备支架及基础	74405
	安装拆除	32620
二	配电装置	32620
2	屋外配电装置	32620
2.1	66kV 配电装置	32620
	合计	107025

表 13-6　　典型方案 A10-1 其他费用估算表　　金额单位：元

序号	工程或费用名称	编制依据及计算说明	合价
2	项目管理费		64510
2.1	管理经费	（建筑工程费+安装工程费+拆除工程费）×3.53%	19025
2.2	招标费	（建筑工程费+安装工程费+拆除工程费）×1.81%	9755
2.3	工程监理费	（建筑工程费+安装工程费+拆除工程费）×4.41%	23768
2.4	设备材料监造费	设备购置费×0.8%	11962
3	项目技术服务费		164297
3.1	前期工作费	（建筑工程费+安装工程费）×3.05%	13174
3.3	工程勘察设计费		139629
3.3.2	设计费	设计费×100%	139629
3.4	设计文件评审费		8638
3.4.1	初步设计文件评审费	基本设计费×3.5%	4142
3.4.2	施工图文件评审费	基本设计费×3.8%	4497
3.5	施工过程造价咨询及竣工结算审核费	（建筑工程费+安装工程费+拆除工程费）×0.53%	2856
	合计		228807

13.1.4　典型方案电气设备材料表

典型方案 A10-1 电气设备材料见表 13-7。

表 13-7　　典型方案 A10-1 电气设备材料表

序号	设备或材料名称	单位	数量	备注
	安装工程			
二	配电装置			

续表

序号	设备或材料名称	单位	数量	备注
2	屋外配电装置			
500031267	66kV GIS 组合电器，40kA，主变架空进线间隔，3150A，户外	组	1	
500083386	66kV GIS 组合电器，40kA，架空出线间隔，3150A，户外	组	1	
100000022	66kV 软导线及引下线	组（三相）	6	
100000012	66kV 变电站控制电缆	km	2	
100000017	66kV 变电站动力电缆	km	0.100	
500033976	电缆保护管，钢管，$\phi 50$	t	0.020	
500011755	绝缘涂料，PRTV	t	0.005	
六	电缆防护设施			
2	电缆防火			
500011738	防火堵料	t	0.030	
500011727	防火涂料	t	0.020	
七	全站接地			
1	设备接地			
500010951	扁钢，60mm，6mm，Q235－A	t	0.003	

13.1.5 典型方案工程量表

典型方案 A10－1 工程量见表 13－8。

表 13－8　　典型方案 A10－1 工程量表

序号	项目名称	单位	数量	备注
	建筑工程			
二	主变压器及配电装置建筑			
2	66kV 构架及设备基础			
2.1	构架及基础			
JGT2－8	独立基础　钢筋混凝土基础	m^3	150	
JGT9－36	不含土方基础支架　钢管设备支架	t	1.200	
JGT7－11	钢筋、铁件　普通钢筋	t	4.180	
JGT8－6	其他钢结构	t	0.270	
	安装工程			
二	配电装置			
2	屋外配电装置			
2.1	66kV 配电装置			
调 JGD2－21 R×0.88 C×0.88 J×0.88	SF_6 全封闭组合电器（GIS）安装　电压（kV）110	台	2	

续表

序号	项目名称	单位	数量	备注
调 JGD2－33 R×0.88 C×0.88 J×0.88	SF_6全封闭组合电器（GIS）主母线安装　电压（kV）110kV	m（三相）	13	
调 JGD2－39 R×0.88 C×0.88 J×0.88	SF_6全封闭组合电器进出线（GIS）套管安装　套管　110kV	个	6	
JGD7－3	全站电缆敷设　控制电缆　全站	100m	20	
JGD7－1	全站电缆敷设　电力电缆 6kV 以下　全站	100m	1	
六	电缆防护设施			
2	电缆防火			
JGD7－10	电缆防火安装　防火堵料	t	0.030	
JGD7－11	电缆防火安装　防火涂料	t	0.020	
七	全站接地			
1	接地网			
JGD8－1	全站接地	100m	0.100	
九	调试			
1	分系统调试			
调 JGS1－13 R×0.88 C×0.88 J×0.88	配电装置系统 110kV	间隔	2	
调 JGS1－3 R×0.6 C×0.6 J×0.6	电力变压器系统 110kV	系统	1	
调 JGS1－21 R×0.88 C×0.88 J×0.88	母线电压二次回路 110kV	段	1	
3	特殊调试			
调 JGS1－291 R×0.88 C×0.88 J×0.88	GIS（HGIS、PASS）特殊试验（断路器间隔）110kV	间隔	2	
	拆除工程			
	建筑拆除			
二	主变压器及配电装置建筑			
2	66kV 构架及设备基础			
2.2	设备支架及基础			
调 JGT1－7 J×10	机械施工土方　土方运距　每增加 1km	m^3	300	
CYT3－2	现浇混凝土　拆除钢筋混凝土　基础	m^3	150	

续表

序号	项目名称	单位	数量	备注
CYT4-7	拆除金属构件工程　拆除钢构支架	t	1.200	
	安装拆除			
二	配电装置			
2	屋外配电装置			
2.1	66kV 配电装置			
调 CYD2-24 R×0.88 C×0.88 J×0.88	SF_6全封闭组合电器（GIS）拆除　电压（kV）110	台	2	
调 CYD2-36 R×0.88 C×0.88 J×0.88	全封闭组合电器（GIS）主母线拆除　电压等级 110kV	m（三相）	13	
调 CYD2-42 R×0.88 C×0.88 J×0.88	SF_6全封闭组合电器（GIS）进出线套管拆除　套管 110kV	个	6	
CYD7-1	全站电缆拆除　电力电缆 6kV 以下	100m	4	

13.2 A10-2 更换 110kV 变电站 110kV 气体绝缘封闭式组合电器（单母分段接线，架空出线间隔）

13.2.1 典型方案主要内容

本典型方案为 1 个主变进线间隔，2 个架空出线间隔，1 个分段间隔 GIS 组合电器，1 个母线设备间隔更换；内容包括一次、二次设备引线拆除、安装；GIS 组合电器拆除、安装；GIS 组合电器基础拆除、新建；GIS 组合电器调试及试验；防火封堵；接地改造。对应主接线为：110kV 变电站 110kV 侧单母分段接线。

13.2.2 典型方案主要技术条件

典型方案 A10-2 主要技术条件见表 13-9。

表 13-9　　典型方案 A10-2 主要技术条件

方案名称	工程主要技术条件	
更换 110kV 变电站 110kV 气体绝缘封闭式组合电器（单母分段接线，架空出线间隔）	额定电压（kV）	110
	额定电流（A）	3150
	开断电流（kA）	40
	绝缘介质	SF_6
	安装场所	户外

13.2.3 典型方案估算书

估算投资为总投资，编制依据按第 3 章要求。典型方案 A10－2 估算书包括总估算汇总表、安装工程专业汇总表、建筑工程专业汇总表、拆除工程专业汇总表、其他费用估算表，分别见表 13－10～表 13－14。

表 13－10　　典型方案 A10－2 总估算汇总表　　金额单位：万元

序号	工程或费用名称	含税金额	占工程投资的比例（%）	不含税金额	可抵扣增值税金额
一	建筑工程费	14.26	3.21	13.08	1.18
二	安装工程费	51.27	11.55	46.86	4.41
三	拆除工程费	14.74	3.32	13.52	1.22
四	设备购置费	325.26	73.26	287.85	37.41
	其中：编制基准期价差	1.47	0.33	1.47	
五	小计	405.53	91.34	361.31	44.22
	其中：甲供设备材料费	330.71	74.49	292.67	38.04
六	其他费用	38.46	8.66	36.28	2.18
七	基本预备费				
八	特殊项目				
九	工程投资合计	443.99	100	397.59	46.4
	其中：可抵扣增值税金额	46.4			46.4
	其中：施工费	74.81	16.85	68.63	6.18

表 13－11　　典型方案 A10－2 安装工程专业汇总表　　金额单位：元

序号	工程或费用名称	安装工程费			设备购置费	合计
		未计价材料费	安装费	小计		
	安装工程	55603	457085	512689	3252592	3765280
二	配电装置	55451	206633	262084	3252592	3514675
2	屋外配电装置	55451	206633	262084	3252592	3514675
2.1	110kV 配电装置	55451	206633	262084	3252592	3514675
六	电缆防护设施	67	114	181		181
2	电缆防火	67	114	181		181
七	全站接地	86	8	93		93
1	接地网	86	8	93		93
九	调试		250330	250330		250330
1	分系统调试		65660	65660		65660
2	启动调试		184671	184671		184671
	合计	55603	457085	512689	3252592	3765280

表 13-12　　典型方案 A10-2 建筑工程专业汇总表　　金额单位：元

序号	工程或费用名称	建筑设备购置费	未计价材料费	建筑费	建筑工程费合计
	建筑工程		15026	127555	142581
二	主变压器及配电装置建筑		15026	127555	142581
2	35kV 构架及设备基础		15026	127555	142581
2.2	设备支架及基础		15026	127555	142581
	合计		15026	127555	142581

表 13-13　　典型方案 A10-2 拆除工程专业汇总表　　金额单位：元

序号	工程或费用名称	拆除工程费
	拆除工程	147391
	建筑拆除	113083
二	主变压器及配电装置建筑	113083
2	35kV 构架及设备基础	113083
2.2	设备支架及基础	113083
	安装拆除	34308
二	配电装置	34308
2	屋外配电装置	34308
2.1	110kV 配电装置	34308
	合计	147391

表 13-14　　典型方案 A10-2 其他费用估算表　　金额单位：元

序号	工程或费用项目名称	编制依据及计算说明	合价
2	项目管理费		104280
2.1	管理经费	（建筑工程费＋安装工程费＋拆除工程费）×3.53%	28334
2.2	招标费	（建筑工程费＋安装工程费＋拆除工程费）×1.81%	14528
2.3	工程监理费	（建筑工程费＋安装工程费＋拆除工程费）×4.41%	35397
2.4	设备材料监造费	设备购置费×0.8%	26021
3	项目技术服务费		280329
3.1	前期工作费	（建筑工程费＋安装工程费）×3.05%	19986
3.3	工程勘察设计费		241170
3.3.2	设计费	设计费×100%	241170
3.4	设计文件评审费		14920
3.4.1	初步设计文件评审费	基本设计费×3.5%	7153
3.4.2	施工图文件评审费	基本设计费×3.8%	7766
3.5	施工过程造价咨询及竣工结算审核费	（建筑工程费＋安装工程费＋拆除工程费）×0.53%	4254
	合计		384610

13.2.4 典型方案电气设备材料表

典型方案 A10－2 电气设备材料见表 13－15。

表 13－15　　典型方案 A10－2 电气设备材料表

序号	设备或材料名称	单位	数量	备注
	安装工程			
二	配电装置			
2	屋外配电装置			
2.1	110kV 配电装置			
500006105	110kV GIS 组合电器，40kA，架空出线间隔，3150A，户外	间隔	2	
500006109	110kV GIS 组合电器，40kA，主变架空进线间隔，3150A，户外	间隔	1	
500006101	110kV GIS 组合电器，40kA，分段间隔，3150A，户外	间隔	1	
500006117	110kV GIS 组合电器，40kA，母线设备间隔，3150A，户外	间隔	1	不含断路器
500026702	110kV 软导线引下线	组（三相）	3	
500143135	110kV 变电站控制电缆	km	3	
500014823	布电线，BVR，铜，2.5，1	km	0.010	
500033083	布电线，BVR，铜，2.5，4	km	0.010	
500033976	电缆保护管，钢管，ϕ50	t	0.052	
500011755	绝缘涂料，PRTV	t	0.009	
500052233	软铜绞线，TJR1，120	t	0.001	
六	电缆防护设施			
2	电缆防火			
500011738	防火堵料	t	0.006	
500011727	防火涂料	t	0.003	
七	全站接地			
1	设备接地			
500010951	扁钢，50mm，5mm，Q235－A	t	0.023	

13.2.5 典型方案工程量表

典型方案 A10－2 工程量见表 13－16。

表 13－16　　典型方案 A10－2 工程量表

序号	项目名称	单位	数量	备注
	建筑工程			
二	主变压器及配电装置建筑			

续表

序号	项目名称	单位	数量	备注
2	110kV 构架及设备基础			
2.2	设备支架及基础			
JGT2－16	其他设备基础　单体大于 50m^3	m^3	100	
JGT7－11	普通钢筋	t	8	
	安装工程			
二	配电装置			
2	屋外配电装置			
2.1	110kV 配电装置			
JGD2－21	SF_6全封闭组合电器（GIS）安装　电压（kV）110	组	4	
JGD2－22	SF_6全封闭组合电器（GIS）安装　电压（kV）110（不带断路器）	台	1	
JGD2－33	SF_6全封闭组合电器（GIS）主母线安装　电压（kV）110kV	m	17	
JGD7－3	全站电缆敷设　控制电缆　全站	100m	30	
	电缆防护设施			
2	电缆防火			
JGD7－10	电缆防火安装　防火堵料	t	0.006	
JGD7－11	电缆防火安装　防火涂料	t	0.003	
九	调试			
1	分系统调试			
调 JGS1－13 R×0.8 C×0.8 J×0.8	配电装置系统 110kV	间隔	3	
调 JGS1－3 R×0.6 C×0.6 J×0.6	电力变压器系统 110kV	系统	1	
JGS1－21	母线电压二次回路 110kV	段	1	
3	特殊调试			
JGS1－291	GIS（HGIS、PASS）特殊试验（断路器间隔）110kV	间隔	4	
JGS1－298	GIS（HGIS、PASS）特殊试验（电压互感器间隔）110kV	间隔	1	
	拆除工程			
一	建筑拆除			
2	主变压器及配电装置建筑			
2.2	110kV 构架及设备基础			
调 JGT1－7 R×20 C×20 J×20	机械施工土方　土方运距　每增加 1km	m^3	450	

续表

序号	项目名称	单位	数量	备注
CYT3-2	拆除钢筋混凝土　基础	m^3	200	
CYT4-7	拆除金属构件工程　拆除钢构支架	t	1.200	
二	安装拆除			
2	配电装置			
2.2	屋外配电装置			
调 CYD2-24 R×0.5 C×0.5 J×0.5	SF_6全封闭组合电器（GIS）拆除　电压（kV）110	组	4	
调 CYD2-25 R×0.5 C×0.5 J×0.5	SF_6全封闭组合电器（GIS）拆除　电压（kV）110（不带断路器）	台	1	
调 CYD2-36 R×0.5 C×0.5 J×0.5	全封闭组合电器（GIS）主母线拆除　电压等级 110kV	m	17	
调 CYD7-1 R×0.5 C×0.5 J×0.5	全站电缆拆除　电力电缆 6kV 以下	100m	4	

13.3 A10-3 更换 110kV 变电站 110kV 气体绝缘封闭式组合电器（单母分段接线，电缆出线间隔）

13.3.1 典型方案主要内容

本典型方案为 1 个主变进线间隔，2 个电缆出线间隔，1 个分段间隔 GIS 组合电器，1 个母线设备间隔更换；内容包括一次、二次设备引线拆除、安装；GIS 组合电器拆除、安装；GIS 组合电器基础拆除、新建；GIS 组合电器调试及试验；防火封堵；接地改造。对应主接线为：110kV 变电站 110kV 侧单母分段接线。

13.3.2 典型方案主要技术条件

典型方案 A10-3 主要技术条件见表 13-17。

表 13-17　　典型方案 A10-3 主要技术条件

方案名称	工程主要技术条件	
更换 110kV 变电站 110kV 气体绝缘封闭式组合电器（单母分段接线，电缆出线间隔）	额定电压（kV）	110
	额定电流（A）	3150
	开断电流（kA）	40
	绝缘介质	SF_6
	安装场所	户内

13.3.3 典型方案估算书

估算投资为总投资，编制依据按第 3 章要求。典型方案 A10－3 估算书包括总估算汇总表、安装工程专业汇总表、建筑工程专业汇总表、拆除工程专业汇总表、其他费用估算表，分别见表 13－18～表 13－22。

表 13－18　　典型方案 A10－3 总估算汇总表　　金额单位：万元

序号	工程或费用名称	含税金额	占工程投资的比例（%）	不含税金额	可抵扣增值税金额
一	建筑工程费	7.77	1.93	7.13	0.64
二	安装工程费	53.77	13.33	49.16	4.61
三	拆除工程费	3.53	0.88	3.24	0.29
四	设备购置费	303.05	75.16	268.2	34.85
	其中：编制基准期价差	1.39	0.34	1.39	
五	小计	368.12	91.29	327.73	40.39
	其中：甲供设备材料费	308.39	76.48	272.92	35.47
六	其他费用	35.11	8.71	33.12	1.99
七	基本预备费				
八	特殊项目				
九	工程投资合计	403.23	100	360.85	42.38
	其中：可抵扣增值税金额	42.38			42.38
	其中：施工费	59.73	14.81	54.8	4.93

表 13－19　　典型方案 A10－3 安装工程专业汇总表　　金额单位：元

序号	工程或费用名称	安装工程费			设备购置费	合计
		未计价材料费	安装费	小计		
	安装工程	54373	483281	537654	3030514	3568168
二	配电装置	54295	232835	287130	3030514	3317644
2	屋外配电装置	54295	232835	287130	3030514	3317644
2.1	110kV 配电装置	54295	232835	287130	3030514	3317644
六	电缆防护设施	67	114	181		181
2	电缆防火	67	114	181		181
七	全站接地	11	1	12		12
1	接地网	11	1	12		12
九	调试		250330	250330		250330
1	分系统调试		65660	65660		65660
2	启动调试		184671	184671		184671
	合计	54373	483281	537654	3030514	3568168

表 13－20　　典型方案 A10－3 建筑工程专业汇总表　　金额单位：元

序号	工程或费用名称	建筑设备购置费	未计价材料费	建筑费	建筑工程费合计
	建筑工程		7513	70165	77678
二	主变压器及配电装置建筑		7513	70165	77678
2	构架及设备基础		7513	70165	77678
2.2	设备支架及基础		7513	70165	77678
	合计		7513	70165	77678

表 13－21　　典型方案 A10－3 拆除工程专业汇总表　　金额单位：元

序号	工程或费用名称	拆除工程费
	拆除工程	35322
	建筑拆除	1015
二	主变压器及配电装置建筑	1015
2	构架及设备基础	1015
2.2	设备支架及基础	1015
	安装拆除	34308
二	配电装置	34308
2	屋外配电装置	34308
2.1	配电装置	34308
	合计	35322

表 13－22　　典型方案 A10－3 其他费用估算表　　金额单位：元

序号	工程或费用项目名称	编制依据及计算说明	合价
2	项目管理费		87683
2.1	管理经费	（建筑工程费＋安装工程费＋拆除工程费）×3.53%	22968
2.2	招标费	（建筑工程费＋安装工程费＋拆除工程费）×1.81%	11777
2.3	工程监理费	（建筑工程费＋安装工程费＋拆除工程费）×4.41%	28694
2.4	设备材料监造费	设备购置费×0.8%	24244
3	项目技术服务费		263419
3.1	前期工作费	（建筑工程费＋安装工程费）×3.05%	18768
3.3	工程勘察设计费		227151
3.3.2	设计费	设计费×100%	227151
3.4	设计文件评审费		14053
3.4.1	初步设计文件评审费	基本设计费×3.5%	6738
3.4.2	施工图文件评审费	基本设计费×3.8%	7315
3.5	施工过程造价咨询及竣工结算审核费	（建筑工程费＋安装工程费＋拆除工程费）×0.53%	3448
	合计		351102

13.3.4 典型方案电气设备材料表

典型方案 A10–3 电气设备材料见表 13–23。

表 13–23　　典型方案 A10–3 电气设备材料表

序号	设备或材料名称	单位	数量	备注
	安装工程			
二	配电装置			
2	屋外配电装置			
2.1	110kV 配电装置			
500026252	110kV GIS 组合电器，40kA，电缆出线间隔，3150A，户内	间隔	2	
500026280	110kV GIS 组合电器，40kA，主变进线间隔，3150A，户内	间隔	1	
500026256	110kV GIS 组合电器，40kA，分段间隔，3150A，户内	间隔	1	
500026272	110kV GIS 组合电器，40kA，母线设备间隔，3150A，户内	间隔	1	不含断路器
500026702	110kV 软导线引下线	组（三相）	0	
500143135	110kV 变电站控制电缆	km	3	
500014823	布电线，BVR，铜，2.5，1	km	0.010	
500033083	布电线，BVR，铜，2.5，4	km	0.010	
500033976	电缆保护管，钢管，ϕ50	t	0.052	
500011755	绝缘涂料，PRTV	t	0.009	
500052233	软铜绞线，TJR1，120	t	0.001	
六	电缆防护设施			
2	电缆防火			
500011738	防火堵料	t	0.006	
500011727	防火涂料	t	0.003	
七	全站接地			
1	设备接地			
500010951	扁钢，50mm，5mm，Q235–A	t	0.003	

13.3.5 典型方案工程量表

典型方案 A10–3 工程量见表 13–24。

表 13–24　　典型方案 A10–3 工程量表

序号	项目名称	单位	数量	备注
	建筑工程			
二	主变压器及配电装置建筑			
2	构架及设备基础			

续表

序号	项目名称	单位	数量	备注
2.2	设备支架及基础			
JGT2－16	其他设备基础　单体大于 $50m^3$	m^3	50	
JGT7－11	普通钢筋	t	5	
	安装工程			
二	配电装置			
2	屋外配电装置			
2.1	110kV 配电装置			
调 JGD2－21 R×1.3	SF_6全封闭组合电器（GIS）安装　电压（kV）110	组	4	
调 JGD2－22 R×1.3	SF_6全封闭组合电器（GIS）安装 电压（kV）110（不带断路器）	台	1	
调 JGD2－33 R×1.3	SF_6全封闭组合电器（GIS）主母线安装 电压（kV）110kV	m	17	
JGD7－3	全站电缆敷设　控制电缆　全站	100m	30	
	电缆防护设施			
2	电缆防火			
JGD7－10	电缆防火安装　防火堵料	t	0.006	
JGD7－11	电缆防火安装　防火涂料	t	0.003	
九	调试			
1	分系统调试			
调 JGS1－13 R×0.8 C×0.8 J×0.8	配电装置系统 110kV	间隔	3	
调 JGS1－3 R×0.6 C×0.6 J×0.6	电力变压器系统 110kV	系统	2	
JGS1－21	母线电压二次回路 110kV	段	1	
3	特殊调试			
JGS1－291	GIS（HGIS、PASS）特殊试验（断路器间隔）110kV	间隔	4	
JGS1－298	GIS（HGIS、PASS）特殊试验（电压互感器间隔）110kV	间隔	1	
	拆除工程			
一	建筑拆除			
2	主变压器及配电装置建筑			
2.2	110kV 构架及设备基础			
调 JGT1－7 R×20 C×20 J×20	机械施工土方　土方运距　每增加 1km	m^3	0	

续表

序号	项目名称	单位	数量	备注
CYT3－2	拆除钢筋混凝土　基础	m^3	0	
CYT4－7	拆除金属构件工程　拆除钢构支架	t	1.200	
二	安装拆除			
2	配电装置			
2.2	屋外配电装置			
调 CYD2－24 R×0.5 C×0.5 J×0.5	SF_6全封闭组合电器（GIS）拆除　电压（kV）110	组	4	
调 CYD2－25 R×0.5 C×0.5 J×0.5	SF_6全封闭组合电器（GIS）拆除　电压（kV）110（不带断路器）	台	1	
调 CYD2－36 R×0.5 C×0.5 J×0.5	全封闭组合电器（GIS）主母线拆除　电压等级 110kV	m	17	
调 CYD7－1 R×0.5 C×0.5 J×0.5	全站电缆拆除　电力电缆 6kV 以下	100m	4	

13.4　A10－4 更换 110kV 变电站 110kV 气体绝缘封闭式组合电器（内桥接线，架空出线间隔）

13.4.1　典型方案主要内容

本典型方案为 2 个主变进线间隔，2 个架空出线间隔，1 个分段间隔 GIS 组合电器，2 个母线设备间隔更换；内容包括一次、二次设备引线拆除、安装；GIS 组合电器拆除、安装；GIS 组合电器基础拆除、新建；GIS 组合电器调试及试验；防火封堵；接地改造。对应主接线为：110kV 变电站 110kV 侧内桥接线。

13.4.2　典型方案主要技术条件

典型方案 A10－4 主要技术条件见表 13－25。

表 13－25　　典型方案 A10－4 主要技术条件

方案名称	工程主要技术条件	
更换 110kV 变电站 110kV 气体绝缘封闭式组合电器（内桥接线，架空出线间隔）	额定电压（kV）	110
	额定电流（A）	3150
	开断电流（kA）	40
	绝缘介质	SF_6
	安装场所	户外

13.4.3 典型方案估算书

估算投资为总投资，编制依据按第 3 章要求。典型方案 A10-4 估算书包括总估算汇总表、安装工程专业汇总表、建筑工程专业汇总表、拆除工程专业汇总表、其他费用估算表，分别见表 13-26～表 13-30。

表 13-26 典型方案 A10-4 总估算汇总表 金额单位：万元

序号	工程或费用名称	含税金额	占工程投资的比例（%）	不含税金额	可抵扣增值税金额
一	建筑工程费	18.54	3.19	17.01	1.53
二	安装工程费	58.31	10.04	53.25	5.06
三	拆除工程费	15.21	2.62	13.95	1.26
四	设备购置费	441.25	75.97	390.5	50.75
	其中：编制基准期价差	1.62	0.28	1.62	
五	小计	533.31	91.82	474.71	58.6
	其中：甲供设备材料费	448.84	77.27	397.22	51.62
六	其他费用	47.54	8.18	44.85	2.69
七	基本预备费				
八	特殊项目				
九	工程投资合计	580.85	100	519.56	61.29
	其中：可抵扣增值税金额	61.29			61.29
	其中：施工费	84.47	14.54	77.5	6.97

表 13-27 典型方案 A10-4 安装工程专业汇总表 金额单位：元

序号	工程或费用名称	安装工程费			设备购置费	合计
		未计价材料费	安装费	小计		
	安装工程	76956	506141	583098	4412471	4995569
二	配电装置	76803	240737	317540	4412471	4730011
2	屋外配电装置	76803	240737	317540	4412471	4730011
2.1	110kV 配电装置	76803	240737	317540	4412471	4730011
六	电缆防护设施	67	114	181		181
2	电缆防火	67	114	181		181
七	全站接地	86	8	93		93
1	接地网	86	8	93		93
九	调试		265283	265283		265283
1	分系统调试		86556	86556		86556
2	启动调试		178727	178727		178727
	合计	76956	506141	583098	4412471	4995569

表 13-28　　**典型方案 A10-4 建筑工程专业汇总表**　　金额单位：元

序号	工程或费用名称	建筑设备购置费	未计价材料费	建筑费	建筑工程费合计
	建筑工程		19534	165821	185355
二	主变压器及配电装置建筑		19534	165821	185355
2	构架及设备基础		19534	165821	185355
2.2	设备支架及基础		19534	165821	185355
	合计		19534	165821	185355

表 13-29　　**典型方案 A10-4 拆除工程专业汇总表**　　金额单位：元

序号	工程或费用名称	拆除工程费
	拆除工程	152117
	建筑拆除	113083
二	主变压器及配电装置建筑	113083
2	构架及设备基础	113083
2.2	设备支架及基础	113083
	安装拆除	39034
二	配电装置	39034
2	屋外配电装置	39034
2.1	配电装置	39034
	合计	152117

表 13-30　　**典型方案 A10-4 其他费用估算表**　　金额单位：元

序号	工程或费用项目名称	编制依据及计算说明	合价
2	项目管理费		125055
2.1	管理经费	（建筑工程费＋安装工程费＋拆除工程费）×3.53%	32496
2.2	招标费	（建筑工程费＋安装工程费＋拆除工程费）×1.81%	16662
2.3	工程监理费	（建筑工程费＋安装工程费＋拆除工程费）×4.41%	40597
2.4	设备材料监造费	设备购置费×0.8%	35300
3	项目技术服务费		350305
3.1	前期工作费	（建筑工程费＋安装工程费）×3.05%	23438
3.3	工程勘察设计费		303229
3.3.2	设计费	设计费×100%	303229
3.4	设计文件评审费		18759
3.4.1	初步设计文件评审费	基本设计费×3.5%	8994
3.4.2	施工图文件评审费	基本设计费×3.8%	9765
3.5	施工过程造价咨询及竣工结算审核费	（建筑工程费＋安装工程费＋拆除工程费）×0.53%	4879
	合计		475360

13.4.4 典型方案电气设备材料表

典型方案A10–4电气设备材料见表13–31。

表13–31 典型方案A10–4电气设备材料表

序号	设备或材料名称	单位	数量	备注
	安装工程			
二	配电装置			
2	屋外配电装置			
2.1	110kV 配电装置			
500006105	110kV GIS组合电器，40kA，架空出线间隔，3150A，户外	间隔	2	
500006109	110kV GIS组合电器，40kA，主变进线间隔，3150A，户外	间隔	2	内桥接线时不含断路器
500006101	110kV GIS组合电器，40kA，分段（桥）间隔，3150A，户外	间隔	1	
500006117	110kV GIS组合电器，40kA，母线设备间隔，3150A，户外	间隔	2	不含断路器
500026702	110kV 软导线引下线	组（三相）	3	
500143135	110kV 变电站控制电缆	km	4.200	
500014823	布电线，BVR，铜，2.5，1	km	0.010	
500033083	布电线，BVR，铜，2.5，4	km	0.010	
500033976	电缆保护管，钢管，ϕ50	t	0.052	
500011755	绝缘涂料，PRTV	t	0.009	
500052233	软铜绞线，TJR1，120	t	0.001	
六	电缆防护设施			
2	电缆防火			
500011738	防火堵料	t	0.006	
500011727	防火涂料	t	0.003	
七	全站接地			
1	设备接地			
500010951	扁钢，50mm，5mm，Q235–A	t	0.023	

13.4.5 典型方案工程量表

典型方案A10–4工程量见表13–32。

表13–32 典型方案A10–4工程量表

序号	项目名称	单位	数量	备注
	建筑工程			
二	主变压器及配电装置建筑			

续表

序号	项目名称	单位	数量	备注
2	110kV 构架及设备基础			
2.2	设备支架及基础			
JGT2－16	其他设备基础　单体大于 50m³	m³	130	
JGT7－11	普通钢筋	t	10.400	
	安装工程			
二	配电装置			
2	屋外配电装置			
2.1	110kV 配电装置			
JGD2－21	SF_6全封闭组合电器（GIS）安装　电压（kV）110	组	3	
JGD2－22	SF_6全封闭组合电器（GIS）安装 电压（kV）110（不带断路器）	台	4	
JGD2－33	SF_6全封闭组合电器（GIS）主母线安装 电压（kV）110kV	m	10	
JGD7－3	全站电缆敷设　控制电缆　全站	100m	42	
	电缆防护设施			
2	电缆防火			
JGD7－10	电缆防火安装　防火堵料	t	0.006	
JGD7－11	电缆防火安装　防火涂料	t	0.003	
九	调试			
1	分系统调试			
调 JGS1－13 R×0.8 C×0.8 J×0.8	配电装置系统 110kV	间隔	3	
调 JGS1－3 R×0.6 C×0.6 J×0.6	电力变压器系统 110kV	系统	2	
JGS1－21	母线电压二次回路 110kV	段	1	
3	特殊调试			
JGS1－291	GIS（HGIS、PASS）特殊试验（断路器间隔）110kV	间隔	3	
JGS1－298	GIS（HGIS、PASS）特殊试验（电压互感器间隔）110kV	间隔	2	
	拆除工程			
一	建筑拆除			
2	主变压器及配电装置建筑			
2.2	110kV 构架及设备基础			
调 JGT1－7 R×20 C×20 J×20	机械施工土方　土方运距　每增加 1km	m³	450	

续表

序号	项目名称	单位	数量	备注
CYT3－2	拆除钢筋混凝土　基础	m^3	200	
CYT4－7	拆除金属构件工程　拆除钢构支架	t	1.200	
二	安装拆除			
2	配电装置			
2.2	屋外配电装置			
调 CYD2－24 R×0.5 C×0.5 J×0.5	SF_6全封闭组合电器（GIS）拆除　电压（kV）110	组　1	3	
调 CYD2－25 R×0.5 C×0.5 J×0.5	SF_6全封闭组合电器（GIS）拆除　电压（kV）110（不带断路器）	台	4	
调 CYD2－36 R×0.5 C×0.5 J×0.5	全封闭组合电器（GIS）主母线拆除　电压等级 110kV	m　17	10	
调 CYD7－1 R×0.5 C×0.5 J×0.5	全站电缆拆除　电力电缆 6kV 以下	100m	4	

13.5　A10－5 更换 110kV 变电站 110kV 气体绝缘封闭式组合电器（内桥接线，电缆出线间隔）

13.5.1　典型方案主要内容

本典型方案为 2 个主变进线间隔，2 个电缆出线间隔，1 个分段间隔 GIS 组合电器，2 个母线设备间隔更换；内容包括一次、二次设备引线拆除、安装；GIS 组合电器拆除、安装；GIS 组合电器基础拆除、新建；GIS 组合电器调试及试验；防火封堵；接地改造。对应主接线为：110kV 变电站 110kV 侧内桥接线。

13.5.2　典型方案主要技术条件

典型方案 A10－5 主要技术条件见表 13－33。

表 13－33　　典型方案 A10－5 主要技术条件

方案名称	工程主要技术条件	
更换 110kV 变电站 110kV 气体绝缘封闭式组合电器（内桥接线，电缆出线间隔）	额定电压（kV）	110
	额定电流（A）	3150
	开断电流（kA）	40
	绝缘介质	SF_6
	安装场所	户内

13.5.3 典型方案估算书

估算投资为总投资，编制依据按第 3 章要求。典型方案 A10－5 估算书包括总估算汇总表、安装工程专业汇总表、建筑工程专业汇总表、拆除工程专业汇总表、其他费用估算表，分别见表 13－34～表 13－38。

表 13－34　　典型方案 A10－5 总估算汇总表　　金额单位：万元

序号	工程或费用名称	含税金额	占工程投资的比例（%）	不含税金额	可抵扣增值税金额
一	建筑工程费	10.87	2.07	9.97	0.9
二	安装工程费	61.09	11.64	55.8	5.29
三	拆除工程费	4	0.76	3.67	0.33
四	设备购置费	405.24	77.24	358.64	46.6
	其中：编制基准期价差	1.54	0.29	1.54	
五	小计	481.2	91.72	428.08	53.12
	其中：甲供设备材料费	412.72	78.67	365.26	47.46
六	其他费用	43.44	8.28	40.98	2.46
七	基本预备费				
八	特殊项目				
九	工程投资合计	524.64	100	469.06	55.58
	其中：可抵扣增值税金额	55.58			55.58
	其中：施工费	68.5	13.06	62.84	5.66

表 13－35　　典型方案 A10－5 安装工程专业汇总表　　金额单位：元

序号	工程或费用名称	安装工程费			设备购置费	合计
		未计价材料费	安装费	小计		
	安装工程	75726	535196	610922	4052421	4663343
二	配电装置	75647	269798	345445	4052421	4397867
2	屋外配电装置	75647	269798	345445	4052421	4397867
2.1	110kV 配电装置	75647	269798	345445	4052421	4397867
六	电缆防护设施	67	114	181		181
2	电缆防火	67	114	181		181
七	全站接地	11	1	12		12
1	接地网	11	1	12		12
九	调试		265283	265283		265283
1	分系统调试		86556	86556		86556
2	启动调试		178727	178727		178727
	合计	75726	535196	610922	4052421	4663343

表 13－36　　**典型方案 A10－5 建筑工程专业汇总表**　　金额单位：元

序号	工程或费用名称	建筑设备购置费	未计价材料费	建筑费	建筑工程费合计
	建筑工程		10518	98231	108749
二	主变压器及配电装置建筑		10518	98231	108749
2	构架及设备基础		10518	98231	108749
2.2	设备支架及基础		10518	98231	108749
	合计		10518	98231	108749

表 13－37　　**典型方案 A10－5 拆除工程专业汇总表**　　金额单位：元

序号	工程或费用名称	拆除工程费
	拆除工程	40049
	建筑拆除	1015
二	主变压器及配电装置建筑	1015
2	构架及设备基础	1015
2.2	设备支架及基础	1015
	安装拆除	39034
二	配电装置	39034
2	屋外配电装置	39034
2.1	配电装置	39034
	合计	40049

表 13－38　　**典型方案 A10－5 其他费用估算表**　　金额单位：元

序号	工程或费用项目名称	编制依据及计算说明	合价
2	项目管理费		106492
2.1	管理经费	（建筑工程费＋安装工程费＋拆除工程费）×3.53%	26818
2.2	招标费	（建筑工程费＋安装工程费＋拆除工程费）×1.81%	13751
2.3	工程监理费	（建筑工程费＋安装工程费＋拆除工程费）×4.41%	33504
2.4	设备材料监造费	设备购置费×0.8%	32419
3	项目技术服务费		327938
3.1	前期工作费	（建筑工程费＋安装工程费）×3.05%	21950
3.3	工程勘察设计费		284369
3.3.2	设计费	设计费×100%	284369
3.4	设计文件评审费		17592
3.4.1	初步设计文件评审费	基本设计费×3.5%	8435
3.4.2	施工图文件评审费	基本设计费×3.8%	9158
3.5	施工过程造价咨询及竣工结算审核费	（建筑工程费＋安装工程费＋拆除工程费）×0.53%	4027
	合计		434430

13.5.4 典型方案电气设备材料表

典型方案 A10－5 电气设备材料见表 13－39。

表 13－39　　典型方案 A10－5 电气设备材料表

序号	设备或材料名称	单位	数量	备注
	安装工程			
二	配电装置			
2	屋外配电装置			
2.1	110kV 配电装置			
500026252	110kV GIS 组合电器，40kA，电缆出线间隔，3150A，户内	间隔	2	
500026280	110kV GIS 组合电器，40kA，主变进线间隔，3150A，户内	间隔	2	内桥接线时不含断路器
500026256	110kV GIS 组合电器，40kA，分段间隔，3150A，户内	间隔	1	
500026272	110kV GIS 组合电器，40kA，母线设备间隔，3150A，户内	间隔	2	不含断路器
500026702	110kV 软导线引下线	组（三相）	0	
500143135	110kV 变电站控制电缆	km	4.200	
500014823	布电线，BVR，铜，2.5，1	km	0.010	
500033083	布电线，BVR，铜，2.5，4	km	0.010	
500033976	电缆保护管，钢管，ϕ50	t	0.052	
500011755	绝缘涂料，PRTV	t	0.009	
500052233	软铜绞线，TJR1，120	t	0.001	
六	电缆防护设施			
2	电缆防火			
500011738	防火堵料	t	0.006	
500011727	防火涂料	t	0.003	
七	全站接地			
1	设备接地			
500010951	扁钢，50mm，5mm，Q235－A	t	0.003	

13.5.5 典型方案工程量表

典型方案 A10－5 工程量见表 13－40。

表 13－40　　典型方案 A10－5 工程量表

序号	项目名称	单位	数量	备注
	建筑工程			
二	主变压器及配电装置建筑			

续表

序号	项目名称	单位	数量	备注
2	110kV 构架及设备基础			
2.2	设备支架及基础			
JGT2－16	其他设备基础　单体大于 $50m^3$	m^3	70	
JGT7－11	普通钢筋	t	7	
	安装工程			
二	配电装置			
2	屋外配电装置			
2.1	110kV 配电装置			
调 JGD2－21 R×1.3	SF_6全封闭组合电器（GIS）安装　电压（kV）110	组	3	
调 JGD2－22 R×1.3	SF_6全封闭组合电器（GIS）安装 电压（kV）110（不带断路器）	台	4	
调 JGD2－33 R×1.3	SF_6全封闭组合电器（GIS）主母线安装 电压（kV）110kV	m	10	
JGD7－3	全站电缆敷设　控制电缆　全站	100m	42	
	电缆防护设施			
2	电缆防火			
JGD7－10	电缆防火安装　防火堵料	t	0.006	
JGD7－11	电缆防火安装　防火涂料	t	0.003	
九	调试			
1	分系统调试			
调 JGS1－13 R×0.8 C×0.8 J×0.8	配电装置系统 110kV	间隔	3	
调 JGS1－3 R×0.6 C×0.6 J×0.6	电力变压器系统 110kV	系统	2	
JGS1－21	母线电压二次回路 110kV	段	1	
3	特殊调试			
JGS1－291	GIS（HGIS、PASS）特殊试验（断路器间隔）110kV	间隔	3	
JGS1－298	GIS（HGIS、PASS）特殊试验（电压互感器间隔）110kV	间隔	2	
	拆除工程			
一	建筑拆除			
2	主变压器及配电装置建筑			
2.2	110kV 构架及设备基础			
调 JGT1－7 R×20 C×20 J×20	机械施工土方　土方运距　每增加 1km	m^3	0	
CYT3－2	拆除钢筋混凝土　基础	m^3	0	

续表

序号	项目名称	单位	数量	备注
CYT4－7	拆除钢构支架	t	1.200	
二	安装拆除			
2	配电装置			
2.2	屋外配电装置			
调 CYD2－24 R×0.5 C×0.5 J×0.5	SF_6全封闭组合电器（GIS）拆除　电压（kV）110	组	3	
调 CYD2－25 R×0.5 C×0.5 J×0.5	SF_6全封闭组合电器（GIS）拆除　电压（kV）110（不带断路器）	台	4	
调 CYD2－36 R×0.5 C×0.5 J×0.5	全封闭组合电器（GIS）主母线拆除　电压等级 110kV	m	10	
调 CYD7－1 R×0.5 C×0.5 J×0.5	全站电缆拆除　电力电缆 6kV 以下	100m	4	
JGT2－16	其他设备基础　单体大于 $50m^3$	m^3	70	

13.6　A10－6 更换 220kV 变电站 110kV 气体绝缘封闭式组合电器（双母线接线，架空出线间隔）

13.6.1　典型方案主要内容

本典型方案为 3 个主变进线间隔，12 个架空出线间隔，1 个母联间隔 GIS 组合电器，2 个母线设备间隔更换；内容包括一次、二次设备引线拆除、安装；GIS 组合电器拆除、安装；GIS 组合电器基础拆除、新建；GIS 组合电器调试及试验；防火封堵；接地改造。对应主接线为：220kV 变电站 110kV 侧双母线接线。

13.6.2　典型方案主要技术条件

典型方案 A10－6 主要技术条件见表 13－41。

表 13－41　　典型方案 A10－6 主要技术条件

方案名称	工程主要技术条件	
更换 220kV 变电站 110kV 气体绝缘封闭式组合电器（双母线接线，架空出线间隔）	额定电压（kV）	110
	额定电流（A）	3150
	开断电流（kA）	40
	绝缘介质	SF_6
	安装场所	户外

13.6.3 典型方案估算书

估算投资为总投资，编制依据按第 3 章要求。典型方案 A10－6 估算书包括总估算汇总表、安装工程专业汇总表、建筑工程专业汇总表、拆除工程专业汇总表、其他费用估算表，分别见表 13－42～表 13－46。

表 13－42 典型方案 A10－6 总估算汇总表 金额单位：万元

序号	工程或费用名称	含税金额	占工程投资的比例（%）	不含税金额	可抵扣增值税金额
一	建筑工程费	94.05	5.29	86.28	7.77
二	安装工程费	179.77	10.11	164.28	15.49
三	拆除工程费	61.92	3.48	56.81	5.11
四	设备购置费	1312.19	73.82	1161.26	150.93
	其中：编制基准期价差	5.38	0.3	5.38	
五	小计	1647.93	92.71	1468.63	179.3
	其中：甲供设备材料费	1331.99	74.93	1178.79	153.2
六	其他费用	129.67	7.29	122.33	7.34
七	基本预备费				
八	特殊项目				
九	工程投资合计	1777.6	100	1590.96	186.64
	其中：可抵扣增值税金额	186.64			186.64
	其中：施工费	315.95	17.77	289.86	26.09

表 13－43 典型方案 A10－6 安装工程专业汇总表 金额单位：元

序号	工程或费用名称	安装工程费			设备购置费	合计
		未计价材料费	安装费	小计		
	安装工程	199021	1598677	1797698	13121944	14919642
二	配电装置	198869	805426	1004295	13121944	14126239
2	屋外配电装置	198869	805426	1004295	13121944	14126239
2.1	110kV 配电装置	198869	805426	1004295	13121944	14126239
六	电缆防护设施	67	114	181		181
2	电缆防火	67	114	181		181
七	全站接地	86	8	93		93
1	接地网	86	8	93		93
九	调试		793129	793129		793129
1	分系统调试		240797	240797		240797
2	启动调试		552331	552331		552331
	合计	199021	1598677	1797698	13121944	14919642

表 13-44 典型方案 A10-6 建筑工程专业汇总表 金额单位：元

序号	工程或费用名称	建筑设备购置费	未计价材料费	建筑费	建筑工程费合计
	建筑工程		127722	812744	940466
二	主变压器及配电装置建筑		127722	812744	940466
2	构架及设备基础		127722	812744	940466
2.2	设备支架及基础		127722	812744	940466
	合计		127722	812744	940466

表 13-45 典型方案 A10-6 拆除工程专业汇总表 金额单位：元

序号	工程或费用名称	拆除工程费
	拆除工程	619248
	建筑拆除	487355
二	主变压器及配电装置建筑	487355
2	构架及设备基础	487355
2.2	设备支架及基础	487355
	安装拆除	131892
二	配电装置	131892
2	屋外配电装置	131892
2.1	配电装置	131892
	合计	619248

表 13-46 典型方案 A10-6 其他费用估算表 金额单位：元

序号	工程或费用项目名称	编制依据及计算说明	合价
2	项目管理费		432323
2.1	管理经费	（建筑工程费＋安装工程费＋拆除工程费）×3.53%	118517
2.2	招标费	（建筑工程费＋安装工程费＋拆除工程费）×1.81%	60769
2.3	工程监理费	（建筑工程费＋安装工程费＋拆除工程费）×4.41%	148062
2.4	设备材料监造费	设备购置费×0.8%	104976
3	项目技术服务费		864421
3.1	前期工作费	（建筑工程费＋安装工程费）×3.05%	83514
3.3	工程勘察设计费		718653
3.3.2	设计费	设计费×100%	718653
3.4	设计文件评审费		44459
3.4.1	初步设计文件评审费	基本设计费×3.5%	21316
3.4.2	施工图文件评审费	基本设计费×3.8%	23143
3.5	施工过程造价咨询及竣工结算审核费	（建筑工程费＋安装工程费＋拆除工程费）×0.53%	17794
	合计		1296744

13.6.4 典型方案电气设备材料表

典型方案 A10－6 电气设备材料见表 13－47。

表 13－47　　典型方案 A10－6 电气设备材料表

序号	设备或材料名称	单位	数量	备注
	安装工程			
二	配电装置			
2	屋外配电装置			
2.1	110kV 配电装置			
500006105	110kV GIS 组合电器，40kA，架空出线间隔，3150A，户外	间隔	12	
500006109	110kV GIS 组合电器，40kA，主变进线间隔，3150A，户外	间隔	3	
500006113	110kV GIS 组合电器，40kA，母联间隔 GIS 组合电器，3150A，户外	间隔	1	
500006117	110kV GIS 组合电器，40kA，母线设备间隔，3150A，户外	间隔	2	
500026702	110kV 软导线引下线	组（三相）	15	
500143135	110kV 变电站控制电缆	km	10.800	
500014823	布电线，BVR，铜，2.5，1	km	0.010	
500033083	布电线，BVR，铜，2.5，4	km	0.010	
500033976	电缆保护管，钢管，ϕ50	t	0.052	
500011755	绝缘涂料，PRTV	t	0.009	
500052233	软铜绞线，TJR1，120	t	0.001	
六	电缆防护设施			
2	电缆防火			
500011738	防火堵料	t	0.006	
500011727	防火涂料	t	0.003	
七	全站接地			
1	设备接地			
500010951	扁钢，50mm，5mm，Q235－A	t	0.023	

13.6.5 典型方案工程量表

典型方案 A10－6 工程量见表 13－48。

表 13－48　　典型方案 A10－6 工程量表

序号	项目名称	单位	数量	备注
	建筑工程			
二	主变压器及配电装置建筑			

续表

序号	项目名称	单位	数量	备注
2	110kV 构架及设备基础			
2.2	设备支架及基础			
JGT2－16	其他设备基础　单体大于 $50m^3$	m^3	850	
JGT7－11	普通钢筋	t	25.500	
	安装工程			
二	配电装置			
2	屋外配电装置			
2.1	110kV 配电装置			
JGD2－21	SF_6全封闭组合电器（GIS）安装　电压（kV）110	组	16	
JGD2－22	SF_6全封闭组合电器（GIS）安装 电压（kV）110（不带断路器）	台	2	
JGD2－33	SF_6全封闭组合电器（GIS）主母线安装 电压（kV）110kV	m	100	
JGD7－3	全站电缆敷设　控制电缆　全站	100m	108	
	电缆防护设施			
2	电缆防火			
JGD7－10	电缆防火安装　防火堵料	t	0.006	
JGD7－11	电缆防火安装　防火涂料	t	0.003	
九	调试			
1	分系统调试			
调 JGS1－13 R×0.8 C×0.8 J×0.8	配电装置系统 110kV	间隔	13	
调 JGS1－3 R×0.6 C×0.6 J×0.6	电力变压器系统 110kV	系统	3	
JGS1－21	母线电压二次回路 110kV	段	1	
3	特殊调试			
调 JGS1－291 R×0.8 C×0.8 J×0.8	GIS（HGIS、PASS）特殊试验（断路器间隔）110kV	间隔	16	
JGS1－298	GIS（HGIS、PASS）特殊试验（电压互感器间隔）110kV	间隔	2	
	拆除工程			
一	建筑拆除			
2	主变压器及配电装置建筑			
2.2	110kV 构架及设备基础			
调 JGT1－7 R×20 C×20 J×20	机械施工土方　土方运距　每增加 1km	m^3	2000	
CYT3－2	拆除钢筋混凝土　基础	m^3	850	

续表

序号	项目名称	单位	数量	备注
CYT4－7	拆除钢构支架	t	7.200	
二	安装拆除			
2	配电装置			
2.2	屋外配电装置			
调 CYD2－24 R×0.5 C×0.5 J×0.5	SF_6全封闭组合电器（GIS）拆除　电压（kV）110	组	16	
调 CYD2－25 R×0.5 C×0.5 J×0.5	SF_6全封闭组合电器（GIS）拆除　电压（kV）110（不带断路器）	台	2	
调 CYD2－36 R×0.5 C×0.5 J×0.5	全封闭组合电器（GIS）主母线拆除　电压等级 110kV	m	100	
调 CYD7－1 R×0.5 C×0.5 J×0.5	全站电缆拆除　电力电缆 6kV 以下	100m	4	

13.7 A10－7 更换 220kV 变电站 220kV 气体绝缘封闭式组合电器（双母线接线，架空出线间隔）

13.7.1 典型方案主要内容

本典型方案为 3 个主变进线间隔，6 个架空出线间隔，1 个母联间隔 GIS 组合电器，2 个母线设备间隔更换；内容包括一次、二次设备引线拆除、安装；GIS 组合电器拆除、安装；GIS 组合电器基础拆除、新建；GIS 组合电器调试及试验；防火封堵；接地改造。对应主接线为：220kV 变电站 220kV 侧双母线接线。

13.7.2 典型方案主要技术条件

典型方案 A10－7 主要技术条件见表 13－49。

表 13－49　　典型方案 A10－7 主要技术条件

方案名称	工程主要技术条件	
更换 220kV 变电站 220kV 气体绝缘封闭式组合电器（双母线接线，架空出线间隔）	额定电压（kV）	220
	额定电流（A）	3150
	开断电流（kA）	40
	绝缘介质	SF_6
	安装场所	户外

13.7.3 典型方案估算书

估算投资为总投资，编制依据按第 3 章要求。典型方案 A10－7 估算书包括总估算汇总表、安装工程专业汇总表、建筑工程专业汇总表、拆除工程专业汇总表、其他费用估算表，分别见表 13－50～表 13－54。

表 13－50　　典型方案 A10－7 总估算汇总表　　金额单位：万元

序号	工程或费用名称	含税金额	占工程投资的比例（%）	不含税金额	可抵扣增值税金额
一	建筑工程费	110.64	4.85	101.5	9.14
二	安装工程费	196.26	8.6	179.31	16.95
三	拆除工程费	87.15	3.82	79.95	7.2
四	设备购置费	1729.68	75.75	1530.24	199.44
	其中：编制基准期价差	6.62	0.29	6.62	
五	小计	2123.73	93.01	1891	232.73
	其中：甲供设备材料费	1752.74	76.76	1550.65	202.09
六	其他费用	159.66	6.99	150.62	9.04
七	基本预备费				
八	特殊项目				
九	工程投资合计	2283.39	100	2041.62	241.77
	其中：可抵扣增值税金额	241.77			241.77
	其中：施工费	370.99	16.25	340.36	30.63

表 13－51　　典型方案 A10－7 安装工程专业汇总表　　金额单位：元

序号	工程或费用名称	安装工程费			设备购置费	合计
		未计价材料费	安装费	小计		
	安装工程	231673	1730950	1962623	17296794	19259417
二	配电装置	231520	868226	1099746	17296794	18396540
2	屋外配电装置	231520	868226	1099746	17296794	18396540
2.1	110kV 配电装置	231520	868226	1099746	17296794	18396540
六	电缆防护设施	67	114	181		181
2	电缆防火	67	114	181		181
七	全站接地	86	8	93		93
1	接地网	86	8	93		93
九	调试		862603	862603		862603
1	分系统调试		223104	223104		223104
2	启动调试		639499	639499		639499
	合计	231673	1730950	1962623	17296794	19259417

表 13－52　典型方案 A10－7 建筑工程专业汇总表　金额单位：元

序号	工程或费用名称	建筑设备购置费	未计价材料费	建筑费	建筑工程费合计
	建筑工程		150261	956169	1106430
二	主变压器及配电装置建筑		150261	956169	1106430
2	构架及设备基础		150261	956169	1106430
2.2	设备支架及基础		150261	956169	1106430
	合计		150261	956169	1106430

表 13－53　典型方案 A10－7 拆除工程专业汇总表　金额单位：元

序号	工程或费用名称	拆除工程费
	拆除工程	871499
	建筑拆除	549172
二	主变压器及配电装置建筑	549172
2	构架及设备基础	549172
2.2	设备支架及基础	549172
	安装拆除	322327
二	配电装置	322327
2	屋外配电装置	322327
2.1	配电装置	322327
	合计	871499

表 13－54　典型方案 A10－7 其他费用估算表　金额单位：元

序号	工程或费用项目名称	编制依据及计算说明	合价
2	项目管理费		522578
2.1	管理经费	（建筑工程费＋安装工程费＋拆除工程费）×3.53%	139102
2.2	招标费	（建筑工程费＋安装工程费＋拆除工程费）×1.81%	71324
2.3	工程监理费	（建筑工程费＋安装工程费＋拆除工程费）×4.41%	173778
2.4	设备材料监造费	设备购置费×0.8%	138374
3	项目技术服务费		1073983
3.1	前期工作费	（建筑工程费＋安装工程费）×3.05%	93606
3.3	工程勘察设计费		903592
3.3.2	设计费	设计费×100%	903592
3.4	设计文件评审费		55900
3.4.1	初步设计文件评审费	基本设计费×3.5%	26801
3.4.2	施工图文件评审费	基本设计费×3.8%	29099
3.5	施工过程造价咨询及竣工结算审核费	（建筑工程费＋安装工程费＋拆除工程费）×0.53%	20885
	合计		1596561

13.7.4 典型方案电气设备材料表

典型方案A10－7电气设备材料见表13－55。

表13－55　　典型方案A10－7电气设备材料表

序号	设备或材料名称	单位	数量	备注
	安装工程			
二	配电装置			
2	屋外配电装置			
2.1	220kV 配电装置			
500005264	220kV GIS组合电器，50kA，架空出线间隔，4000A，户外	间隔	6	
500006217	220kV GIS组合电器，50kA，主变进线间隔，4000A，户外	间隔	3	
500006221	220kV GIS组合电器，50kA，母联间隔，4000A，户外	间隔	1	
500006225	220kV GIS组合电器，50kA，母线设备间隔，4000A，户外	间隔	2	
500026705	220kV 软导线引下线	组（三相）	9	
500143135	220kV 变电站控制电缆	km	12	
500014823	布电线，BVR，铜，2.5，1	km	0.010	
500033083	布电线，BVR，铜，2.5，4	km	0.010	
500033976	电缆保护管，钢管，ϕ50	t	0.052	
500011755	绝缘涂料，PRTV	t	0.009	
500052233	软铜绞线，TJR1，120	t	0.001	
六	电缆防护设施			
2	电缆防火			
500011738	防火堵料	t	0.006	
500011727	防火涂料	t	0.003	
七	全站接地			
1	设备接地			
500010951	扁钢，50mm，5mm，Q235－A	t	0.023	

13.7.5 典型方案工程量表

典型方案A10－7工程量见表13－56。

表13－56　　典型方案A10－7工程量表

序号	项目名称	单位	数量	备注
	建筑工程			
二	主变压器及配电装置建筑			
2	220kV 构架及设备基础			

续表

序号	项目名称	单位	数量	备注
2.2	设备支架及基础			
JGT2－16	其他设备基础　单体大于 $50m^3$	m^3	1000	
JGT7－11	普通钢筋	t	30	
	安装工程			
二	配电装置			
2	屋外配电装置			
2.1	220kV 配电装置			
JGD2－23	SF_6全封闭组合电器（GIS）安装　电压（kV）220	组	10	
JGD2－24	SF_6全封闭组合电器（GIS）安装 电压（kV）2200（不带断路器）	台	2	
JGD2－34	SF_6全封闭组合电器（GIS）主母线安装 电压（kV）220kV	m	150	
JGD7－3	全站电缆敷设　控制电缆　全站	100m	120	
	电缆防护设施			
2	电缆防火			
JGD7－10	电缆防火安装　防火堵料	t	0.006	
JGD7－11	电缆防火安装　防火涂料	t	0.003	
九	调试			
1	分系统调试			
调 JGS1－13 R×0.8 C×0.8 J×0.8	配电装置系统 220kV	间隔	7	
调 JGS1－3 R×0.6 C×0.6 J×0.6	电力变压器系统 220kV	系统	3	
JGS1－21	母线电压二次回路 220kV	段	1	
3	特殊调试			
JGS1－292	GIS（HGIS、PASS）特殊试验（断路器间隔）220kV	间隔	10	
JGS1－299	GIS（HGIS、PASS）特殊试验（电压互感器间隔）220kV	间隔	2	
	拆除工程			
一	建筑拆除			
2	主变压器及配电装置建筑			
2.2	220kV 构架及设备基础			
调 JGT1－7 R×20 C×20 J×20	机械施工土方　土方运距　每增加 1km	m^3	2000	
CYT3－2	拆除钢筋混凝土　基础	m^3	1000	

续表

序号	项目名称	单位	数量	备注
CYT4－7	拆除钢构支架	t	3.600	
二	安装拆除			
2	配电装置			
2.2	屋外配电装置			
调 CYD2－24 R×0.5 C×0.5 J×0.5	SF_6全封闭组合电器（GIS）拆除　电压（kV）110	组	10	
调 CYD2－25 R×0.5 C×0.5 J×0.5	SF_6全封闭组合电器（GIS）拆除　电压（kV）110（不带断路器）	台	2	
调 CYD2－36 R×0.5 C×0.5 J×0.5	全封闭组合电器（GIS）主母线拆除　电压等级 110kV	m	150	
调 CYD7－1 R×0.5 C×0.5 J×0.5	全站电缆拆除　电力电缆 6kV 以下	100m	4	

第14章 更换电容器

典型方案说明

更换电容器组典型方案共5个：按照电压等级、设备型式分为10kV至35kV不同类型的电容器组的典型方案。所有典型方案的工作范围只包含电容器组本体，不包含相应二次设备更换。

14.1 A11-1 更换10kV框架式电容器组（3600kvar）

14.1.1 典型方案主要内容

本典型方案为更换1组10kV框架式电容器组（3600kvar），内容包括一次、二次设备引线拆除、安装；电容器组电器拆除、安装；电容器组电器基础拆除、安装；电容器组电器调试及试验；防火封堵；接地引下线更换。对应主接线为：110kV变电站10kV侧单母分段接线。

14.1.2 典型方案主要技术条件

典型方案A11-1主要技术条件见表14-1。

表14-1 典型方案A11-1主要技术条件

方案名称	工程主要技术条件	
更换10kV框架式电容器组（3600kvar）	结构型式	框架式
	额定电压（kV）	10
	电容器组容量（kvar）	3600，200
	电抗器型式及布置	空芯，三相叠装
	安装场所	户外

14.1.3 典型方案估算书

估算投资为总投资，编制依据按第3章要求。典型方案A11-1估算书包括总估算汇总表、安装工程专业汇总表、建筑工程专业汇总表、拆除工程专业汇总表、其他费用估算表，分别见表14-2～表14-6。

表14-2 典型方案A11-1总估算汇总表 金额单位：万元

序号	工程或费用名称	含税金额	占工程投资的比例（%）	不含税金额	可抵扣增值税金额
一	建筑工程费	1.73	5.82	1.59	0.14
二	安装工程费	10.07	33.86	9.14	0.93

续表

序号	工程或费用名称	含税金额	占工程投资的比例（%）	不含税金额	可抵扣增值税金额
三	拆除工程费	1.13	3.8	1.04	0.09
四	设备购置费	12.95	43.54	11.46	1.49
	其中：编制基准期价差	0.18	0.61	0.18	
五	小计	25.88	87.02	23.23	2.65
	其中：甲供设备材料费	15.94	53.6	14.1	1.84
六	其他费用	3.86	12.98	3.64	0.22
七	基本预备费				
八	特殊项目				
九	工程投资合计	29.74	100	26.87	2.87
	其中：可抵扣增值税金额	2.87			2.87
	其中：施工费	9.94	33.42	9.12	0.82

表 14-3　　典型方案 A11-1 安装工程专业汇总表　　金额单位：元

序号	工程或费用名称	安装工程费			设备购置费	合计
		未计价材料费	安装费	小计		
	安装工程	37265	63392	100658	129526	230184
三	无功补偿装置	37112	32047	69160	129526	198686
4	低压电容器	37112	32047	69160	129526	198686
六	电缆防护设施	67	114	181		181
2	电缆防火	67	114	181		181
七	全站接地	86	8	93		93
1	接地网	86	8	93		93
九	调试		31223	31223		31223
1	分系统调试		20002	20002		20002
3	特殊调试		11222	11222		11222
	合计	37265	63392	100658	129526	230184

表 14-4　　典型方案 A11-1 建筑工程专业汇总表　　金额单位：元

序号	工程或费用名称	建筑设备购置费	未计价材料费	建筑费	建筑工程费合计
	建筑工程		4371	12949	17320
二	主变压器及配电装置建筑		4371	12949	17320
2	构架及设备基础		4371	12949	17320
2.2	设备支架及基础		4371	12949	17320
	合计		4371	12949	17320

表 14-5　　**典型方案 A11-1 拆除工程专业汇总表**　　金额单位：元

序号	工程或费用名称	拆除工程费
	拆除工程	11349
	建筑拆除	7100
二	主变压器及配电装置建筑	7100
2	35kV 构架及设备基础	7100
2.2	设备支架及基础	7100
	安装拆除	4249
三	无功补偿装置	4249
4	低压电容器	4249
	合计	11349

表 14-6　　**典型方案 A11-1 其他费用估算表**　　金额单位：元

序号	工程或费用项目名称	编制依据及计算说明	合价
2	项目管理费		12609
2.1	管理经费	（建筑工程费+安装工程费+拆除工程费）×3.53%	4565
2.2	招标费	（建筑工程费+安装工程费+拆除工程费）×1.81%	2341
2.3	工程监理费	（建筑工程费+安装工程费+拆除工程费）×4.41%	5703
3	项目技术服务费		26014
3.1	前期工作费	（建筑工程费+安装工程费）×3.05%	3598
3.3	工程勘察设计费		20356
3.3.2	设计费	设计费×100%	20356
3.4	设计文件评审费		1259
3.4.1	初步设计文件评审费	基本设计费×3.5%	604
3.4.2	施工图文件评审费	基本设计费×3.8%	656
3.5	施工过程造价咨询及竣工结算审核费	（建筑工程费+安装工程费+拆除工程费）×0.53%	800
	合计		38623

14.1.4　典型方案电气设备材料表

典型方案 A11-1 电气设备材料见表 14-7。

表 14-7　　**典型方案 A11-1 电气设备材料表**

序号	设备或材料名称	单位	数量	备注
	安装工程			
二	配电装置			
2	屋外配电装置			
2.1	10kV 配电装置			

续表

序号	设备或材料名称	单位	数量	备注
500057977	10kV 框架式并联电容器成套装置，3600/200，户外	套	1	
500108467	10kV 电力电缆	km	0.100	
500021021	10kV 电缆终端，3×240，户外终端，冷缩，铜	套	1	
500021060	10kV 电缆终端，3×240，户内终端，冷缩，铜	套	1	
100000012	110kV 变电站控制电缆	km	0.250	
500033083	布电线，BVR，铜，2.5，4	km	0.020	
500021518	电缆保护管，钢管，ϕ150	t	0.052	
500033976	电缆保护管，钢管，ϕ50	t	1.275	
500011755	绝缘涂料，PRTV	t	0.002	
500052233	软铜绞线，TJR1，120	t	0.001	
六	电缆防护设施			
2	电缆防火			
500011738	防火堵料	t	0.006	
500011727	防火涂料	t	0.003	
七	全站接地			
1	设备接地			
500010951	扁钢，50mm，5mm，Q235－A	t	0.023	

14.1.5 典型方案工程量表

典型方案 A11－1 工程量见表 14－8。

表 14－8　典型方案 A11－1 工程量表

序号	项目名称	单位	数量	备注
	建筑工程			
二	主变压器及配电装置建筑			
2	10kV 构架及设备基础			
2.2	设备支架及基础			
JGT2－15	其他设备基础　单体小于 50m^3	m^3	13	
JGT7－11	普通钢筋	t	0.200	
	安装工程			
二	配电装置			
2	屋外配电装置			
2.1	10kV 配电装置			
JGD2－192	框架式电力电容器安装 20kV 及以下	只	18	
JGD1－85	20kV 以下干式电抗器安装　电流（A 以下）600	台	3	

续表

序号	项目名称	单位	数量	备注
JGD2－160	电流互感器安装　户外电压（kV 以下）20	台/单相	1	户外，空芯
调 JGD2－184 R×0.4 C×0.4 J×0.4	避雷器安装　氧化锌式（kV）20	组/三相	1	
JGD2－220	放电线圈（kV）20 以下	台/单相	3	
JGD2－60	户外双柱式隔离开关安装 20kV 以下　三相	组/三相	1	
JGD5－32	铁构件及保护网制作安装　保护网	m^2	32.400	
JGD7－3	全站电缆敷设　控制电缆　全站	100m	2.500	
JGD7－2	全站电缆敷设　电力电缆 6kV 以上　全站	100m	1	
	电缆防护设施			
2	电缆防火			
JGD7－10	电缆防火安装　防火堵料	t	0.006	
JGD7－11	电缆防火安装　防火涂料	t	0.003	
九	调试			
1	分系统调试			
调 JGS1－14 R×1.2 C×1.2 J×1.2	配电装置系统 10kV	间隔	1	
3	特殊调试			
JGS1－264	电流互感器特殊试验 10kV	台	1	
JGS1－261	电容器特殊试验 10kV	组	1	
	拆除工程			
一	建筑拆除			
2	主变压器及配电装置建筑			
2.2	10kV 构架及设备基础			
调 JGT1－7 R×20 C×20 J×20	机械施工土方　土方运距　每增加 1km	m^3	26	
CYT3－2	现浇混凝土　拆除钢筋混凝土　基础	m^3	13	
二	安装拆除			
2	配电装置			
2.2	屋外配电装置			
调 CYD2－201 R×0.5 C×0.5 J×0.5	框架式电容器拆除　电容器　容量（kvar）200 以上	只	18	

续表

序号	项目名称	单位	数量	备注
调 CYD1－70 R×0.5 C×0.5 J×0.5	20kV 以下空心电抗器拆除　电流（A 以下）600	组/三相	1	
调 CYD2－241 R×0.5 C×0.5 J×0.5	放电线圈拆除　电压（kV）20 以下	台	3	
调 CYD2－192 R×0.2 C×0.2 J×0.2	避雷器拆除　氧化锌式　电压（kV）20 以下	组/三相	1	
调 CYD2－64 R×0.5 C×0.5 J×0.5	户外双柱式隔离开关拆除 20kV 以下　三相	组/三相	1	
CYD10－60	铁构件拆除　网门（保护网）	m^2	32.400	
调 CYD7－2 R×0.5 C×0.5 J×0.5	全站电缆拆除　电力电缆 6kV 以上	100m	1	
调 CYD7－3 R×0.5 C×0.5 J×0.5	全站电缆拆除　控制电缆	100m	2.500	

14.2　A11－2 更换 10kV 框架式电容器组（4800kvar）

14.2.1　典型方案主要内容

本典型方案为更换 1 组 10kV 框架式电容器组（4800kvar），内容包括一次、二次设备引线拆除、安装；电容器组电器拆除、安装；电容器组电器基础拆除、安装；电容器组电器调试及试验；防火封堵；接地引下线更换。对应主接线为：110kV 变电站 10kV 侧单母分段接线。

14.2.2　典型方案主要技术条件

典型方案 A11－2 主要技术条件见表 14－9。

表 14－9　　典型方案 A11－2 主要技术条件

方案名称	工程主要技术条件	
更换 10kV 框架式电容器组（4800kvar）	结构型式	框架式
	额定电压（kV）	10
	电容器组容量（kvar）	4800，200
	电抗器型式及布置	空芯，三相叠装
	安装场所	户外

14.2.3 典型方案估算书

估算投资为总投资，编制依据按第 3 章要求。典型方案 A11－2 估算书包括总估算汇总表、安装工程专业汇总表、建筑工程专业汇总表、拆除工程专业汇总表、其他费用估算表，分别见表 14－10～表 14－14。

表 14－10 **典型方案 A11－2 总估算汇总表** 金额单位：万元

序号	工程或费用名称	含税金额	占工程投资的比例（%）	不含税金额	可抵扣增值税金额
一	建筑工程费	1.44	4.68	1.32	0.12
二	安装工程费	8.59	27.93	7.83	0.76
三	拆除工程费	0.97	3.15	0.89	0.08
四	设备购置费	16.03	52.11	14.19	1.84
	其中：编制基准期价差	0.18	0.59	0.18	
五	小计	27.03	87.87	24.23	2.8
	其中：甲供设备材料费	17.48	56.83	15.47	2.01
六	其他费用	3.73	12.13	3.52	0.21
七	基本预备费				
八	特殊项目				
九	工程投资合计	30.76	100	27.75	3.01
	其中：可抵扣增值税金额	3.01			3.01
	其中：施工费	9.55	31.05	8.76	0.79

表 14－11 **典型方案 A11－2 安装工程专业汇总表** 金额单位：元

序号	工程或费用名称	安装工程费			设备购置费	合计
		未计价材料费	安装费	小计		
	安装工程	22243	63662	85905	160280	246185
三	无功补偿装置	22090	32316	54406	160280	214686
4	低压电容器	22090	32316	54406	160280	214686
六	电缆防护设施	67	114	181		181
2	电缆防火	67	114	181		181
七	全站接地	86	8	93		93
1	接地网	86	8	93		93
九	调试		31223	31223		31223
1	分系统调试		20002	20002		20002
3	特殊调试		11222	11222		11222
	合计	22243	63662	85905	160280	246185

表 14-12　　**典型方案 A11-2 建筑工程专业汇总表**　　金额单位：元

序号	工程或费用名称	建筑设备购置费	未计价材料费	建筑费	建筑工程费合计
	建筑工程		3362	10990	14352
二	主变压器及配电装置建筑		3362	10990	14352
2	构架及设备基础		3362	10990	14352
2.2	设备支架及基础		3362	10990	14352
	合计		3362	10990	14352

表 14-13　　**典型方案 A11-2 拆除工程专业汇总表**　　金额单位：元

序号	工程或费用名称	拆除工程费
	拆除工程	9673
	建筑拆除	5461
二	主变压器及配电装置建筑	5461
2	35kV 构架及设备基础	5461
2.2	设备支架及基础	5461
	安装拆除	4212
三	无功补偿装置	4212
4	低压电容器	4212
	合计	9673

表 14-14　　**典型方案 A11-2 其他费用估算表**　　金额单位：元

序号	工程或费用项目名称	编制依据及计算说明	合价
2	项目管理费		10718
2.1	管理经费	（建筑工程费+安装工程费+拆除工程费）×3.53%	3881
2.2	招标费	（建筑工程费+安装工程费+拆除工程费）×1.81%	1990
2.3	工程监理费	（建筑工程费+安装工程费+拆除工程费）×4.41%	4848
3	项目技术服务费		26612
3.1	前期工作费	（建筑工程费+安装工程费）×3.05%	3058
3.3	工程勘察设计费		21428
3.3.2	设计费	设计费×100%	21428
3.4	设计文件评审费		1326
3.4.1	初步设计文件评审费	基本设计费×3.5%	636
3.4.2	施工图文件评审费	基本设计费×3.8%	690
3.5	施工过程造价咨询及竣工结算审核费	（建筑工程费+安装工程费+拆除工程费）×0.53%	800
	合计		37330

14.2.4 典型方案电气设备材料表

典型方案 A11－2 电气设备材料见表 14－15。

表 14－15 典型方案 A11－2 电气设备材料表

序号	设备或材料名称	单位	数量	备注
	安装工程			
二	配电装置			
2	屋外配电装置			
2.1	10kV 配电装置			
500052261	10kV 框架式并联电容器成套装置，4800/200，户外	套	1	
500108467	10kV 电力电缆	km	0.040	
500021021	10kV 电缆终端，3×240，户外终端，冷缩，铜	套	1	
500021060	10kV 电缆终端，3×240，户内终端，冷缩，铜	套	1	
100000012	110kV 变电站控制电缆	km	0.250	
500033083	布电线，BVR，铜，2.5，4	km	0.020	
500021518	电缆保护管，钢管，ϕ150	t	0.052	
500033976	电缆保护管，钢管，ϕ50	t	1.275	
500011755	绝缘涂料，PRTV	t	0.009	
500052233	软铜绞线，TJR1，120	t	0.001	
六	电缆防护设施			
2	电缆防火			
500011738	防火堵料	t	0.006	
500011727	防火涂料	t	0.003	
七	全站接地			
1	设备接地			
500010951	扁钢，50mm，5mm，Q235－A	t	0.023	

14.2.5 典型方案工程量表

典型方案 A11－2 工程量见表 14－16。

表 14－16 典型方案 A11－2 工程量表

序号	项目名称	单位	数量	备注
	建筑工程			
二	主变压器及配电装置建筑			
2	10kV 构架及设备基础			
2.2	设备支架及基础			
JGT2－15	其他设备基础 单体小于 50m^3	m^3	10	

续表

序号	项目名称	单位	数量	备注
JGT7－11	普通钢筋	t	0.315	
	安装工程			
二	配电装置			
2	屋外配电装置			
2.1	10kV 配电装置			
JGD2－192	框架式电力电容器安装 20kV 及以下	只	24	
JGD1－85	20kV 以下干式电抗器安装　电流（A 以下）600	台	3	
JGD2－160	电流互感器安装　户外电压（kV 以下）20	台/单相	1	
调 JGD2－184 R×0.4 C×0.4 J×0.4	避雷器安装　氧化锌式（kV）20	组/三相	1	
JGD2－220	放电线圈（kV）20 以下	台/单相	3	
JGD2－60	户外双柱式隔离开关安装 20kV 以下　三相	组/三相	1	
JGD5－32	铁构件及保护网制作安装　保护网	m^2	32.400	
JGD7－3	全站电缆敷设　控制电缆　全站	100m	2.500	
JGD7－2	全站电缆敷设　电力电缆 6kV 以上　全站	100m	0.400	
	电缆防护设施			
2	电缆防火			
JGD7－10	电缆防火安装　防火堵料	t	0.006	
JGD7－11	电缆防火安装　防火涂料	t	0.003	
九	调试			
1	分系统调试			
调 JGS1－13 R×1.2 C×1.2 J×1.2	配电装置系统 110kV	间隔	1	
3	特殊调试			
JGS1－264	电流互感器特殊试验 10kV	台	1	
JGS1－261	电容器特殊试验 10kV	组	1	
	拆除工程			
一	建筑拆除			
2	主变压器及配电装置建筑			
2.2	10kV 构架及设备基础			
调 JGT1－7 R×20 C×20 J×20	机械施工土方　土方运距　每增加 1km	m^3	20	

续表

序号	项目名称	单位	数量	备注
CYT3－2	拆除钢筋混凝土　基础	m^3	10	
二	安装拆除			
2	配电装置			
2.2	屋外配电装置			
调 CYD2－201 R×0.5 C×0.5 J×0.5	框架式电容器拆除　电容器　容量（kvar）200 以上	只	24	
调 CYD1－70 R×0.5 C×0.5 J×0.5	20kV 以下空心电抗器拆除　电流（A 以下）600	组/三相	1	
调 CYD2－241 R×0.5 C×0.5 J×0.5	放电线圈拆除　电压（kV）20 以下	台	3	
调 CYD2－192 R×0.2 C×0.2 J×0.2	避雷器拆除　氧化锌式　电压（kV）20 以下	组/三相	1	
调 CYD2－64 R×0.5 C×0.5 J×0.5	户外双柱式隔离开关拆除 20kV 以下　三相	组/三相	1	
CYD10－60	铁构件拆除　网门（保护网）	m^2	32.400	
调 CYD7－2 R×0.5 C×0.5 J×0.5	全站电缆拆除　电力电缆 6kV 以上	100m	0.400	
调 CYD7－3 R×0.5 C×0.5 J×0.5	全站电缆拆除　控制电缆	100m	2.500	

14.2.6　典型方案工程量表

典型方案 A11－2 工程量见表 14－17。

表 14－17　　典型方案 A11－4 工程量表

序号	项目名称	单位	数量	备注
	建筑工程			
二	主变压器及配电装置建筑			
2	10kV 构架及设备基础			
2.2	设备支架及基础			
JGT2－15	其他设备基础　单体小于 $50m^3$	m^3	10	

续表

序号	项目名称	单位	数量	备注
JGT7－11	普通钢筋	t	0.315	
	安装工程			
二	配电装置			
2	屋外配电装置			
2.1	10kV 配电装置			
JGD2－192	框架式电力电容器安装 20kV 及以下	只	24	
JGD1－85	20kV 以下干式电抗器安装　电流（A 以下）600	台	3	
JGD2－160	电流互感器安装　户外电压（kV 以下）20	台/单相	1	
调 JGD2－184 R×0.4 C×0.4 J×0.4	避雷器安装　氧化锌式（kV）20	组/三相	1	
JGD2－220	放电线圈（kV）20 以下	台/单相	3	
JGD2－60	户内双柱式隔离开关安装 20kV 以下　三相	组/三相	1	
JGD5－32	铁构件及保护网制作安装保护网	m^2	21.960	
JGD7－3	全站电缆敷设控制电缆全站	100m	1.500	
JGD7－2	全站电缆敷设电力电缆 6kV 以上全站	100m	0.400	
	电缆防护设施			
2	电缆防火			
JGD7－10	电缆防火安装　防火堵料	t	0.006	
JGD7－11	电缆防火安装　防火涂料	t	0.003	
九	调试			
1	分系统调试			
调 JGS1－13 R×1.2 C×1.2 J×1.2	配电装置系统 110kV	间隔	1	
3	特殊调试			
JGS1－264	电流互感器特殊试验 10kV	台	1	
JGS1－261	电容器特殊试验 10kV	组	1	
	拆除工程			
一	建筑拆除			
2	主变压器及配电装置建筑			
2.2	10kV 构架及设备基础			
调 JGT1－7 R×20 C×20 J×20	机械施工土方　土方运距　每增加 1km	m^3	20	
CYT3－2	拆除钢筋混凝土　基础	m^3	10	

续表

序号	项目名称	单位	数量	备注
二	安装拆除			
2	配电装置			
2.2	屋内配电装置			
调 CYD2－201 R×0.5 C×0.5 J×0.5	框架式电容器拆除　电容器　容量（kvar）200 以上	只	24	
调 CYD1－70 R×0.5 C×0.5 J×0.5	20kV 以下空心电抗器拆除　电流（A 以下）600	组/三相	1	
调 CYD2－241 R×0.5 C×0.5 J×0.5	放电线圈拆除　电压（kV）20 以下	台	3	
调 CYD2－192 R×0.2 C×0.2 J×0.2	避雷器拆除　氧化锌式　电压（kV）20 以下	组/三相	1	
调 CYD2－64 R×0.5 C×0.5 J×0.5	户内双柱式隔离开关拆除 20kV 以下　三相	组/三相	1	
CYD10－60	铁构件拆除　网门（保护网）	m^2	21.960	
调 CYD7－2 R×0.5 C×0.5 J×0.5	全站电缆拆除　电力电缆 6kV 以上	100m	0.400	
调 CYD7－3 R×0.5 C×0.5 J×0.5	全站电缆拆除　控制电缆	100m	1.500	

14.3　A11－3 更换 35kV 框架式电容器组（10000kvar）

14.3.1　典型方案主要内容

本典型方案为更换 1 组 35kV 框架式电容器组（10000kvar），内容包括一次、二次设备引线拆除、安装；电容器组电器拆除、安装；电容器组电器基础拆除、安装；电容器组电器调试及试验；防火封堵；接地引下线更换。对应主接线为：220kV 变电站 35kV 侧单母分段接线。

14.3.2　典型方案主要技术条件

典型方案 A11－3 主要技术条件见表 14－18。

表 14-18　　典型方案 A11-3 主要技术条件

方案名称	工程主要技术条件	
更换 35kV 框架式电容器组（10000kvar）	结构型式	框架式
	额定电压（kV）	35
	电容器组容量（kvar）	10000，417
	电抗器型式及布置	空芯
	安装场所	户外

14.3.3　典型方案估算书

估算投资为总投资，编制依据按第 3 章要求。典型方案 A11-3 估算书包括总估算汇总表、安装工程专业汇总表、建筑工程专业汇总表、拆除工程专业汇总表、其他费用估算表，分别见表 14-19～表 14-23。

表 14-19　　典型方案 A11-3 总估算汇总表　　金额单位：万元

序号	工程或费用名称	含税金额	占工程投资的比例（%）	不含税金额	可抵扣增值税金额
一	建筑工程费	4.71	8.59	4.32	0.39
二	安装工程费	13.54	24.71	12.37	1.17
三	拆除工程费	2.46	4.49	2.26	0.2
四	设备购置费	27.42	50.04	24.27	3.15
	其中：编制基准期价差	0.32	0.58	0.32	
五	小计	48.13	87.83	43.22	4.91
	其中：甲供设备材料费	28.95	52.83	25.62	3.33
六	其他费用	6.67	12.17	6.29	0.38
七	基本预备费				
八	特殊项目				
九	工程投资合计	54.8	100	49.51	5.29
	其中：可抵扣增值税金额	5.29			5.29
	其中：施工费	19.19	35.02	17.61	1.58

表 14-20　　典型方案 A11-3 安装工程专业汇总表　　金额单位：元

序号	工程或费用名称	安装工程费			设备购置费	合计
		未计价材料费	安装费	小计		
	安装工程	28421	106988	135409	274179	409588
三	无功补偿装置	28268	57740	86007	274179	360186
4	低压电容器	28268	57740	86007	274179	360186
六	电缆防护设施	67	114	181		181

续表

序号	工程或费用名称	安装工程费			设备购置费	合计
		未计价材料费	安装费	小计		
2	电缆防火	67	114	181		181
七	全站接地	86	8	93		93
1	接地网	86	8	93		93
九	调试		49127	49127		49127
1	分系统调试		27674	27674		27674
3	特殊调试		21452	21452		21452
	合计	28421	106988	135409	274179	409588

表 14-21　　典型方案 A11-3 建筑工程专业汇总表　　金额单位：元

序号	工程或费用名称	建筑设备购置费	未计价材料费	建筑费	建筑工程费合计
	建筑工程		11096	36014	47110
二	主变压器及配电装置建筑		11096	36014	47110
2	构架及设备基础		11096	36014	47110
2.2	设备支架及基础		11096	36014	47110
	合计		11096	36014	47110

表 14-22　　典型方案 A11-3 拆除工程专业汇总表　　金额单位：元

序号	工程或费用名称	拆除工程费
	拆除工程	24630
	建筑拆除	18022
二	主变压器及配电装置建筑	18022
2	构架及设备基础	18022
2.2	设备支架及基础	18022
	安装拆除	6608
三	无功补偿装置	6608
4	低压电容器	6608
	合计	24630

表 14-23　　典型方案 A11-3 其他费用估算表　　金额单位：元

序号	工程或费用项目名称	编制依据及计算说明	合价
2	项目管理费		20197
2.1	管理经费	（建筑工程费＋安装工程费＋拆除工程费）×3.53%	7312
2.2	招标费	（建筑工程费＋安装工程费＋拆除工程费）×1.81%	3749
2.3	工程监理费	（建筑工程费＋安装工程费＋拆除工程费）×4.41%	9135

续表

序号	工程或费用项目名称	编制依据及计算说明	合价
3	项目技术服务费		46550
3.1	前期工作费	（建筑工程费＋安装工程费）×3.05%	5567
3.3	工程勘察设计费		37562
3.3.2	设计费	设计费×100%	37562
3.4	设计文件评审费		2324
3.4.1	初步设计文件评审费	基本设计费×3.5%	1114
3.4.2	施工图文件评审费	基本设计费×3.8%	1210
3.5	施工过程造价咨询及竣工结算审核费	（建筑工程费＋安装工程费＋拆除工程费）×0.53%	1098
	合计		66747

14.3.4 典型方案电气设备材料表

典型方案 A11－3 电气设备材料见表 14－24。

表 14－24　　典型方案 A11－3 电气设备材料表

序号	设备或材料名称	单位	数量	备注
	安装工程			
二	配电装置			
2	屋外配电装置			
2.1	35kV 配电装置			
500037244	35kV 框架式并联电容器成套装置，10000/417，户外	套	1	
100000016	35kV 变电站电力电缆	km	0.100	
500021011	35kV 电缆终端，3×185，户内终端，冷缩，铜	套	1	
500021029	35kV 电缆终端，3×185，户外终端，冷缩，铜	套	1	
100000013	220kV 变电站控制电缆	km	0.450	
500033083	布电线，BVR，铜，2.5，4	km	0.020	
500021518	电缆保护管，钢管，ϕ150	t	0.052	
500033976	电缆保护管，钢管，ϕ50	t	2.295	
500011755	绝缘涂料，PRTV	t	0.009	
500052233	软铜绞线，TJR1，120	t	0.001	
六	电缆防护设施			
2	电缆防火			
500011738	防火堵料	t	0.006	
500011727	防火涂料	t	0.003	
七	全站接地			
1	设备接地			
500010951	扁钢，50mm，5mm，Q235－A	t	0.023	

14.3.5 典型方案工程量表

典型方案 A11－3 工程量见表 14－25。

表 14－25 典型方案 A11－3 工程量表

序号	项目名称	单位	数量	备注
	建筑工程			
二	主变压器及配电装置建筑			
2	35kV 构架及设备基础			
2.2	设备支架及基础			
JGT2－15	其他设备基础 单体小于 50m³	m³	33	
JGT7－11	普通钢筋	t	1	
	安装工程			
二	配电装置			
2	屋外配电装置			
2.1	35kV 配电装置			
JGD2－193	框架式电力电容器安装 35kV	只	24	
JGD1－90	35kV 以下干式电抗器安装 容量（kvar 以下）6000	台	3	
JGD2－161	电流互感器安装 户外电压（kV 以下）35	台/单相	1	
调 JGD2－185 R×0.4 C×0.4 J×0.4	避雷器安装 氧化锌式（kV）35	组/三相	1	
JGD2－221	放电线圈（kV）35	组/三相	1	
JGD2－62	户外双柱式隔离开关安装 35kV 三相	组/三相	1	
JGD5－32	铁构件及保护网制作安装 保护网	m²	52.560	
JGD7－3	全站电缆敷设 控制电缆 全站	100m	4.500	
JGD7－2	全站电缆敷设 电力电缆 6kV 以上 全站	100m	1	
	电缆防护设施			
2	电缆防火			
JGD7－10	电缆防火安装 防火堵料	t	0.006	
JGD7－11	电缆防火安装 防火涂料	t	0.003	
九	调试			
1	分系统调试			
调 JGS1－14 R×1.2 C×1.2 J×1.2	配电装置系统 220kV	间隔	1	
3	特殊调试			
JGS1－265	电流互感器特殊试验 35kV	台	1	
JGS1－262	电容器特殊试验 35kV	组	1	

续表

序号	项目名称	单位	数量	备注
	拆除工程			
一	建筑拆除			
2	主变压器及配电装置建筑			
2.2	35kV 构架及设备基础			
调 JGT1－7 R×20 C×20 J×20	机械施工土方　土方运距　每增加 1km	m^3	66	
CYT3－2	现浇混凝土　拆除钢筋混凝土　基础	m^3	33	
二	安装拆除			
2	配电装置			
2.2	屋外配电装置			
调 CYD2－201 R×0.5 C×0.5 J×0.5	框架式电容器拆除　电容器　容量（kvar）200 以上	只	24	
调 CYD1－70 R×0.5 C×0.5 J×0.5	35kV 以下空心电抗器拆除　电流（A 以下）600	组/三相	1	
调 CYD2－241 R×0.5 C×0.5 J×0.5	放电线圈拆除　电压（kV）35	台	3	
调 CYD2－192 R×0.2 C×0.2 J×0.2	避雷器拆除　氧化锌式　电压（kV）35	组/三相	1	
调 CYD2－64 R×0.5 C×0.5 J×0.5	户外双柱式隔离开关拆除 35kV 三相	组/三相	1	
CYD10－60	铁构件拆除　网门（保护网）	m^2	52.560	
调 CYD7－2 R×0.5 C×0.5 J×0.5	全站电缆拆除　电力电缆 6kV 以上	100m	1	
调 CYD7－3 R×0.5 C×0.5 J×0.5	全站电缆拆除　控制电缆	100m	4.500	

14.4 A11-4 更换 35kV 框架式电容器组（20000kvar）

14.4.1 典型方案主要内容

本典型方案为更换 1 组 35kV 框架式电容器组（20000kvar），内容包括一次、二次设备引线拆除、安装；电容器组电器拆除、安装；电容器组电器基础拆除、安装；电容器组电器调试及试验；防火封堵；接地引下线更换。对应主接线为：500kV 变电站 35kV 侧单母分段接线。

14.4.2 典型方案主要技术条件

典型方案 A11－4 主要技术条件见表 14－26。

表 14－26　典型方案 A11－4 主要技术条件

方案名称	工程主要技术条件	
更换 35kV 框架式电容器组（20000kvar）	结构型式	框架式
	额定电压（kV）	35
	电容器组容量（kvar）	20000，417
	电抗器型式及布置	空芯
	安装场所	户外

14.4.3 典型方案估算书

估算投资为总投资，编制依据按第 3 章要求。典型方案 A11－4 估算书包括总估算汇总表、安装工程专业汇总表、建筑工程专业汇总表、拆除工程专业汇总表、其他费用估算表，分别见表 14－27～表 14－31。

表 14－27　典型方案 A11－4 总估算汇总表　金额单位：万元

序号	工程或费用名称	含税金额	占工程投资的比例（%）	不含税金额	可抵扣增值税金额
一	建筑工程费	4.83	6.17	4.43	0.4
二	安装工程费	15.82	20.22	14.42	1.4
三	拆除工程费	2.62	3.35	2.4	0.22
四	设备购置费	46.12	58.95	40.81	5.31
	其中：编制基准期价差	0.35	0.45	0.35	
五	小计	69.39	88.69	62.06	7.33
	其中：甲供设备材料费	49.06	62.7	43.41	5.65
六	其他费用	8.85	11.31	8.35	0.5
七	基本预备费				
八	特殊项目				
九	工程投资合计	78.24	100	70.41	7.83
	其中：可抵扣增值税金额	7.83			7.83
	其中：施工费	20.34	26	18.66	1.68

表 14－28　　**典型方案 A11－4 安装工程专业汇总表**　　金额单位：元

序号	工程或费用名称	安装工程费			设备购置费	合计
		未计价材料费	安装费	小计		
	安装工程	42514	115713	158227	461206	619432
三	无功补偿装置	42361	66464	108825	461206	570031
4	低压电容器	42361	66464	108825	461206	570031
六	电缆防护设施	67	114	181		181
2	电缆防火	67	114	181		181
七	全站接地	86	8	93		93
1	接地网	86	8	93		93
九	调试		49127	49127		49127
1	分系统调试		27674	27674		27674
3	特殊调试		21452	21452		21452
	合计	42514	115713	158227	461206	619432

表 14－29　　**典型方案 A11－4 建筑工程专业汇总表**　　金额单位：元

序号	工程或费用名称	建筑设备购置费	未计价材料费	建筑费	建筑工程费合计
	建筑工程		11432	36912	48344
二	主变压器及配电装置建筑		11432	36912	48344
2	构架及设备基础		11432	36912	48344
2.2	设备支架及基础		11432	36912	48344
	合计		11432	36912	48344

表 14－30　　**典型方案 A11－4 拆除工程专业汇总表**　　金额单位：元

序号	工程或费用名称	拆除工程费
	拆除工程	26160
	建筑拆除	18568
二	主变压器及配电装置建筑	18568
2	构架及设备基础	18568
2.2	设备支架及基础	18568
	安装拆除	7591
三	无功补偿装置	7591
4	低压电容器	7591
	合计	26160

表 14-31　　典型方案 A11-4 其他费用估算表　　金额单位：元

序号	工程或费用项目名称	编制依据及计算说明	合价
2	项目管理费		22691
2.1	管理经费	（建筑工程费＋安装工程费＋拆除工程费）×3.53%	8215
2.2	招标费	（建筑工程费＋安装工程费＋拆除工程费）×1.81%	4212
2.3	工程监理费	（建筑工程费＋安装工程费＋拆除工程费）×4.41%	10263
3	项目技术服务费		65854
3.1	前期工作费	（建筑工程费＋安装工程费）×3.05%	6300
3.3	工程勘察设计费		54922
3.3.2	设计费	设计费×100%	54922
3.4	设计文件评审费		3398
3.4.1	初步设计文件评审费	基本设计费×3.5%	1629
3.4.2	施工图文件评审费	基本设计费×3.8%	1769
3.5	施工过程造价咨询及竣工结算审核费	（建筑工程费＋安装工程费＋拆除工程费）×0.53%	1233
	合计		88545

14.4.4　典型方案电气设备材料表

典型方案 A11-4 电气设备材料见表 14-32。

表 14-32　　典型方案 A11-4 电气设备材料表

序号	设备或材料名称	单位	数量	备注
	安装工程			
二	配电装置			
2	屋外配电装置			
2.1	35kV 配电装置			
500037237	35kV 框架式并联电容器成套装置，20000/417，户外	套	1	
100000016	35kV 变电站电力电缆	km	0.200	
500021011	35kV 电缆终端，3×185，户内终端，冷缩，铜	套	1	
500021029	35kV 电缆终端，3×185，户外终端，冷缩，铜	套	1	
100000015	500kV 变电站控制电缆	km	0.450	
500033083	布电线，BVR，铜，2.5，4	km	0.020	
500021518	电缆保护管，钢管，ϕ150	t	0.052	
500033976	电缆保护管，钢管，ϕ50	t	2.295	
500011755	绝缘涂料，PRTV	t	0.009	
500052233	软铜绞线，TJR1，120	t	0.001	
六	电缆防护设施			
2	电缆防火			

续表

序号	设备或材料名称	单位	数量	备注
500011738	防火堵料	t	0.006	
500011727	防火涂料	t	0.003	
七	全站接地			
1	设备接地			
500010951	扁钢，50mm，5mm，Q235－A	t	0.023	

14.4.5 典型方案工程量表

典型方案 A11－4 工程量见表 14－33。

表 14－33 典型方案 A11－4 工程量表

序号	项目名称	单位	数量	备注
	建筑工程			
二	主变压器及配电装置建筑			
2	35kV 构架及设备基础			
2.2	设备支架及基础			
JGT2－15	其他设备基础 单体小于 $50m^3$	m^3	34	
GJ7－11	普通钢筋	t	1	
	安装工程			
二	配电装置			
2	屋外配电装置			
2.1	35kV 配电装置			
JGD2－193	框架式电力电容器安装 35kV	只	48	
JGD1－90	35kV 以下干式电抗器安装 容量（kvar 以下）6000	台	3	
JGD2－161	电流互感器安装 户外电压（kV 以下）35	台/单相	1	
JGD2－185×0.4	避雷器安装 氧化锌式（kV）35	组/三相	1	
JGD2－221	放电线圈（kV）35	组/三相	1	
JGD2－62	户外双柱式隔离开关安装 35kV 三相	组/三相	1	
JGD5－32	铁构件及保护网制作安装 保护网	m^2	55.440	
JGD7－3	全站电缆敷设 控制电缆 全站	100m	4.500	
JGD7－2	全站电缆敷设 电力电缆 6kV 以上 全站	100m	2	
	电缆防护设施			
2	电缆防火			
JGD7－10	电缆防火安装 防火堵料	t	0.006	
JGD7－11	电缆防火安装 防火涂料	t	0.003	
九	调试			
1	分系统调试			

续表

序号	项目名称	单位	数量	备注
调 JGS1－14 R×1.2 C×1.2 J×1.2	配电装置系统 220kV	间隔	1	
3	特殊调试			
JGS1－265	电流互感器特殊试验 35kV	台	1	
JGS1－262	电容器特殊试验 35kV	组	1	
	拆除工程			
一	建筑拆除			
2	主变压器及配电装置建筑			
2.2	35kV 构架及设备基础			
调 JGT1－7 R×20 C×20 J×20	机械施工土方　土方运距　每增加 1km	m^3	68	
CYT3－2	现浇混凝土　拆除钢筋混凝土　基础	m^3	34	
二	安装拆除			
2	配电装置			
2.2	屋外配电装置			
调 CYD2－201 R×0.5 C×0.5 J×0.5	框架式电容器拆除　电容器　容量（kvar）200 以上	只	48	
调 CYD1－70 R×0.5 C×0.5 J×0.5	35kV 以下空心电抗器拆除　电流（A 以下）600	组/三相	1	
调 CYD2－241 R×0.5 C×0.5 J×0.5	放电线圈拆除　电压（kV）35	台	3	
调 CYD2－192 R×0.2 C×0.2 J×0.2	避雷器拆除　氧化锌式　电压（kV）35	组/三相	3	
调 CYD2－64 R×0.5 C×0.5 J×0.5	户外双柱式隔离开关拆除 35kV 三相	组/三相	1	
CYD10－60	铁构件拆除　网门（保护网）	m^2	55.440	
调 CYD7－2 R×0.5 C×0.5 J×0.5	全站电缆拆除　电力电缆 6kV 以上	100m	1	
调 CYD7－3 R×0.5 C×0.5 J×0.5	全站电缆拆除　控制电缆	100m	4.500	

14.5 A11-5 更换 35kV 框架式电容器组（40000kvar）

14.5.1 典型方案主要内容

本典型方案为更换 1 组 35kV 框架式电容器组（40000kvar），内容包括一次、二次设备引线拆除、安装；电容器组电器拆除、安装；电容器组电器基础拆除、安装；电容器组电器调试及试验；防火封堵；接地引下线更换。对应主接线为：500kV 变电站 35kV 侧单母分段接线。

14.5.2 典型方案主要技术条件

典型方案 A11-5 主要技术条件见表 14-34。

表 14-34　　典型方案 A11-5 主要技术条件

方案名称	工程主要技术条件	
更换 35kV 框架式电容器组（40000kvar）	结构型式	框架式
	额定电压（kV）	35
	电容器组容量（kvar）	40000，417
	电抗器型式及布置	空芯
	安装场所	户外

14.5.3 典型方案估算书

估算投资为总投资，编制依据按第 3 章要求。典型方案 A11-5 估算书包括总估算汇总表、安装工程专业汇总表、建筑工程专业汇总表、拆除工程专业汇总表、其他费用估算表，分别见表 14-35～表 14-39。

表 14-35　　典型方案 A11-5 总估算汇总表　　金额单位：万元

序号	工程或费用名称	含税金额	占工程投资的比例（%）	不含税金额	可抵扣增值税金额
一	建筑工程费	6.32	4.28	5.8	0.52
二	安装工程费	16.56	11.21	15.1	1.46
三	拆除工程费	3.33	2.26	3.06	0.27
四	设备购置费	107.36	72.7	95.02	12.34
	其中：编制基准期价差	0.39	0.26	0.39	
五	小计	133.57	90.45	118.98	14.59
	其中：甲供设备材料费	110.3	74.69	97.62	12.68
六	其他费用	14.1	9.55	13.3	0.8
七	基本预备费				
八	特殊项目				
九	工程投资合计	147.67	100	132.28	15.39
	其中：可抵扣增值税金额	15.39			15.39
	其中：施工费	23.27	15.76	21.35	1.92

表 14-36　典型方案 A11-5 安装工程专业汇总表　金额单位：元

序号	工程或费用名称	安装工程费			设备购置费	合计
		未计价材料费	安装费	小计		
	安装工程	42558	123078	165636	1073575	1239211
三	无功补偿装置	42405	73829	116234	1073575	1189810
4	低压电容器	42405	73829	116234	1073575	1189810
六	电缆防护设施	67	114	181		181
2	电缆防火	67	114	181		181
七	全站接地	86	8	93		93
1	接地网	86	8	93		93
九	调试		49127	49127		49127
1	分系统调试		27674	27674		27674
3	特殊调试		21452	21452		21452
	合计	42558	123078	165636	1073575	1239211

表 14-37　典型方案 A11-5 建筑工程专业汇总表　金额单位：元

序号	工程或费用名称	建筑设备购置费	未计价材料费	建筑费	建筑工程费合计
	建筑工程		15131	48065	63196
二	主变压器及配电装置建筑		15131	48065	63196
2	构架及设备基础		15131	48065	63196
2.2	设备支架及基础		15131	48065	63196
	合计		15131	48065	63196

表 14-38　典型方案 A11-5 拆除工程专业汇总表　金额单位：元

序号	工程或费用名称	拆除工程费
	拆除工程	33302
	建筑拆除	24576
二	主变压器及配电装置建筑	24576
2	构架及设备基础	24576
2.2	设备支架及基础	24576
	安装拆除	8726
三	无功补偿装置	8726
4	低压电容器	8726
	合计	33302

表 14-39　　典型方案 A11-5 其他费用估算表　　金额单位：元

序号	工程或费用项目名称	编制依据及计算说明	合价
2	项目管理费		25558
2.1	管理经费	（建筑工程费+安装工程费+拆除工程费）×3.53%	9253
2.2	招标费	（建筑工程费+安装工程费+拆除工程费）×1.81%	4745
2.3	工程监理费	（建筑工程费+安装工程费+拆除工程费）×4.41%	11560
3	项目技术服务费		115422
3.1	前期工作费	（建筑工程费+安装工程费）×3.05%	6979
3.3	工程勘察设计费		100817
3.3.2	设计费	设计费×100%	100817
3.4	设计文件评审费		6237
3.4.1	初步设计文件评审费	基本设计费×3.5%	2990
3.4.2	施工图文件评审费	基本设计费×3.8%	3247
3.5	施工过程造价咨询及竣工结算审核费	（建筑工程费+安装工程费+拆除工程费）×0.53%	1389
	合计		140980

14.5.4 典型方案电气设备材料表

典型方案 A11-5 电气设备材料见表 14-40。

表 14-40　　典型方案 A11-5 电气设备材料表

序号	设备或材料名称	单位	数量	备注
	安装工程			
二	配电装置			
2	屋外配电装置			
2.1	35kV 配电装置			
500037232	35kV 框架式并联电容器成套装置，40000/417，户外	套	1	
100000016	35kV 变电站电力电缆	km	0.080	
500021011	35kV 电缆终端，3×185，户内终端，冷缩，铜	套	2	
500021029	35kV 电缆终端，3×185，户外终端，冷缩，铜	套	2	
100000015	500kV 变电站控制电缆	km	0.450	
500033083	布电线，BVR，铜，2.5，4	km	0.020	
500021518	电缆保护管，钢管，$\phi 150$	t	0.052	
500033976	电缆保护管，钢管，$\phi 50$	t	2.295	
500011755	绝缘涂料，PRTV	t	0.009	
500052233	软铜绞线，TJR1，120	t	0.001	
500027425	35kV 软导线引下线	km	0.040	

续表

序号	设备或材料名称	单位	数量	备注
六	电缆防护设施			
2	电缆防火			
500011738	防火堵料	t	0.006	
500011727	防火涂料	t	0.003	
七	全站接地			
1	设备接地			
500010951	扁钢，50mm，5mm，Q235－A	t	0.023	

14.5.5 典型方案工程量表

典型方案 A11－5 工程量见表 14－41。

表 14－41　　典型方案 A11－5 工程量表

序号	项目名称	单位	数量	备注
	建筑工程			
二	主变压器及配电装置建筑			
2	35kV 构架及设备基础			
2.2	设备支架及基础			
JGT2－15	其他设备基础　单体小于 50m³	m³	45	
GJ7－11	普通钢筋	t	1.200	
	安装工程			
二	配电装置			
2	屋外配电装置			
2.1	35kV 配电装置			
JGD2－193	框架式电力电容器安装 35kV	只	96	
JGD1－90	35kV 以下干式电抗器安装　容量（kvar 以下）6000	台	3	
JGD2－161	电流互感器安装　户外电压（kV 以下）35	台/单相	1	
调 JGD2－185 R×0.4 C×0.4 J×0.4	避雷器安装　氧化锌式（kV）35	组/三相	1	
JGD2－221	放电线圈（kV）35	组/三相	1	
JGD2－62	户外双柱式隔离开关安装 35kV 三相	组/三相	1	
JGD5－32	铁构件及保护网制作安装　保护网	m²	50.400	
JGD7－3	全站电缆敷设　控制电缆　全站	100m	4.500	
JGD7－2	全站电缆敷设　电力电缆 6kV 以上　全站	100m	0.800	
	电缆防护设施			

续表

序号	项目名称	单位	数量	备注
2	电缆防火			
JGD7－10	电缆防火安装　防火堵料	t	0.006	
JGD7－11	电缆防火安装　防火涂料	t	0.003	
九	调试			
1	分系统调试			
调 JGS1－14 R×1.2 C×1.2 J×1.2	配电装置系统 220kV	间隔	1	
3	特殊调试			
JGS1－265	电流互感器特殊试验 35kV	台	1	
JGS1－262	电容器特殊试验 35kV	组	1	
	拆除工程			
一	建筑拆除			
2	主变压器及配电装置建筑			
2.2	35kV 构架及设备基础			
调 JGT1－7 R×20 C×20 J×20	机械施工土方　土方运距　每增加 1km	m^3	90	
CYT3－2	拆除钢筋混凝土　基础	m^3	45	
二	安装拆除			
2	配电装置			
2.2	屋外配电装置			
调 CYD2－201 R×0.5 C×0.5 J×0.5	框架式电容器拆除　电容器　容量（kvar）200 以上	只	96	
调 CYD1－70 R×0.5 C×0.5 J×0.5	35kV 以下干式铁芯电抗器拆除　容量（kVA 以下）6000	组/三相	1	
调 CYD2－241 R×0.5 C×0.5 J×0.5	放电线圈拆除　电压（kV）35	台	3	
调 CYD2－192 R×0.2 C×0.2 J×0.2	避雷器拆除　氧化锌式　电压（kV）35	组/三相	1	
调 CYD2－64 R×0.5 C×0.5 J×0.5	户外双柱式隔离开关拆除 35kV 三相	组/三相	1	

续表

序号	项目名称	单位	数量	备注
CYD10－60	铁构件拆除　网门（保护网）	m^2	50.400	
调 CYD7－2 R×0.5 C×0.5 J×0.5	全站电缆拆除　电力电缆 6kV 以上	100m	0.400	
调 CYD7－3 R×0.5 C×0.5 J×0.5	全站电缆拆除　控制电缆	100m	4.500	

第三篇 使 用 说 明

第15章 典型造价使用说明

15.1 典型方案应用范围

本册典型造价主要应用于电网生产技术改造项目估（概）算编制与审核工作，指导编制单位编制电网生产技术改造项目估（概）算，审核单位对比审核实际工程费用，分析费用差异原因。

15.2 典型方案应用方法

第一步：分析实际工程的主要技术条件和工程参数。

第二步：根据实际工程的主要技术条件和工程参数，从典型方案库中选择对应方案；若典型方案库中无实际工程的技术条件，则采用类似技术条件的典型方案。

第三步：按照实际工程的工程参数，选择单个方案或多个方案进行拼接。

（1）更换单一设备。

1）选择方案：选取单个方案，并根据实际工程的情况，乘以构件数量，实现工程量累加，得到拟编制工程的工程量。

2）取费及价格水平调整：按照当地取费要求、材机调价水平要求对方案进行调整。

3）工程量调整：根据实际工程与典型方案的差异，对工程量和物料进行调整，得出本体费用。

4）其他费用调整：根据实际工程所在区域调整典型方案中可调整的其他费用项，《预规》中规定的其他费用项计算标准不变，依此标准重新计算实际工程的其他费用。

（2）更换多类设备。

1）选择方案：选取多个方案，并根据实际工程的情况，每个方案乘以对应的构件数量，然后将各方案的工程量进行累加，拼接后得到拟编制工程的工程量。

2）取费及价格水平调整：按照当地取费要求、材机调价水平要求对方案进行调整。

3）工程量调整：根据实际工程与典型方案的差异，对工程量和物料进行调整，得出本体费用。

4）其他费用调整：根据实际工程所在区域调整典型方案中可调整的其他费用项，《预规》中规定的其他费用项计算标准不变，依此标准重新计算实际工程的其他费用。

第四步：得到实际工程造价，并得出实际工程与典型方案的差异。

附录A 建筑、安装、拆除工程取费基数及费率一览表

建筑、安装、拆除工程取费基数及费率一览表见表A1。

表A1 建筑、安装、拆除工程取费基数及费率一览表

<table>
<tr><th colspan="3" rowspan="2">项目名称</th><th rowspan="2">取费基数</th><th colspan="4">费率（%）</th></tr>
<tr><th>建筑工程</th><th>安装工程</th><th>建筑拆除</th><th>安装拆除</th></tr>
<tr><td rowspan="6">直接费</td><td rowspan="6">措施费</td><td>冬雨季施工增加费</td><td rowspan="6">人工费+机械费</td><td>3.07</td><td>3.96</td><td>3.42</td><td>2.13</td></tr>
<tr><td>夜间施工增加费</td><td>0.54</td><td>1.96</td><td>—</td><td>—</td></tr>
<tr><td>施工工具用具使用费</td><td>2.39</td><td>3.16</td><td>5.51</td><td>2.07</td></tr>
<tr><td>临时设施费</td><td>11.7</td><td>7.45</td><td>13.67</td><td>7.03</td></tr>
<tr><td>施工机构迁移费</td><td>1.22</td><td>3.87</td><td>1.97</td><td>3.85</td></tr>
<tr><td>安全文明施工费</td><td>11.87</td><td>7.82</td><td>12.84</td><td>9.15</td></tr>
<tr><td rowspan="3">间接费</td><td rowspan="2">规费</td><td>社会保险费</td><td rowspan="2">人工费</td><td>28.3</td><td>28.3</td><td>28.3</td><td>28.3</td></tr>
<tr><td>住房公积金</td><td>12</td><td>12</td><td>12</td><td>12</td></tr>
<tr><td colspan="2">企业管理费</td><td rowspan="2">人工费+机械费</td><td>36.30</td><td>29.35</td><td>40.00</td><td>27.85</td></tr>
<tr><td colspan="3">利润</td><td>14.93</td><td>7.76</td><td>8.71</td><td>7.09</td></tr>
<tr><td colspan="3" rowspan="2">编制基准期价差</td><td>人工价差</td><td>4.75</td><td>4.97</td><td>—</td><td>—</td></tr>
<tr><td>材机价差</td><td>—</td><td>5.58（35kV/110kV）；5.86（220kV）；5.29（500kV）</td><td>—</td><td>6.96</td></tr>
<tr><td colspan="3">增值税</td><td>直接费+间接费+利润+编制基准期价差</td><td>9</td><td>9</td><td>9</td><td>9</td></tr>
</table>

注 “夜间施工增加费”设备安装工程可按工程实际计取。

附录B 其他费用取费基数及费率一览表

其他费用取费基数及费率一览表见表B1。

表B1 其他费用取费基数及费率一览表

序号	工程或费用名称	取费基数、计算方法或依据	费率（%）	备注
1	建设场地征用及清理费			
1.1	土地征用费			不计列
1.2	施工场地租用费			不计列
1.3	迁移补偿费			不计列
1.4	余物清理费			不计列
1.5	输电线路走廊清理费			不计列
1.6	线路跨越补偿及措施费			不计列
1.7	水土保持补偿费			不计列
2	项目管理费			
2.1	管理经费	建筑工程费+安装工程费+拆除工程费	3.53	
2.2	招标费	建筑工程费+安装工程费+拆除工程费	1.81	
2.3	工程监理费	建筑工程费+安装工程费+拆除工程费	4.41	
2.4	设备材料监造费	设备购置费（只计主变和GIS）	0.8	330kV及以下按0.8计取；330kV以上按0.5计取
3	项目技术服务费			
3.1	前期工作费	建筑工程费+安装工程费	3.05	
3.2	知识产权转让及研究试验费	按《预规》规定计列		
3.3	工程勘察设计费			
3.3.1	勘察费	按《预规》规定计列		
3.3.2	设计费	按《预规》规定计列		
3.4	设计文件评审费			
3.4.1	初步设计文件评审费	基本设计费	3.50	
3.4.2	施工图文件评审费	基本设计费	3.80	
3.5	施工过程造价咨询及竣工结算审核费	建筑工程费+安装工程费+拆除工程费	0.53	
3.6	项目后评价费	建筑工程费+安装工程费+拆除工程费		不计列
3.7	工程检测费			不计列
3.8	设备改造服务费			不计列
3.9	技术经济标准编制费	建筑工程费+安装工程费+拆除工程费		不计列

注 “招标费、设计文件评审费、施工过程造价咨询及竣工结算审核费”可按工程实际计取。

附录C 建筑材料价格一览表

建筑材料价格一览表见表C1。

表 C1 建筑材料价格一览表 金额单位：元

序号	编号	材料名称	单位	市场价不含税	市场价含税	价格来源
一		混凝土				《北京工程造价信息》（月刊〔总第266期〕）
1	C09032034	现浇混凝土 C25－40 集中搅拌	m^3	446.6	460	
2	C09032033	现浇混凝土 C20－40 集中搅拌	m^3	436.9	450	
3	C09032012	现浇混凝土 C20－20 集中搅拌	m^3	436.9	450	
4	C09032031	现浇混凝土 C10－40 集中搅拌	m^3	407.8	450	
5	C09032032	现浇混凝土 C15－40 集中搅拌	m^3	417.5	430	
6	C09021701	普通硅酸盐水泥 32.5	t	424.78	480	
7	C10010101	中砂	m^3	150	169.5	
8	C10020802	卵石（滤油）	m^3	100.8	113.9	
二		钢材				
1	C01020712	圆钢 ϕ10 以外	kg	3.792	4.285	
2	C01020713	圆钢 ϕ10 以内	kg	4.025	4.548	
3	C01020702	铁件型钢	kg	4.02	4.542	
4	C01020701	铁件钢筋	kg	3.912	4.421	

参 考 文 献

［1］ 国家能源局. 电网技术改造工程预算编制与计算规定（2020 年版）［M］. 北京：中国电力出版社，2021.

［2］ 国家能源局. 电网检修工程预算编制与计算规定（2020 年版）［M］. 北京：中国电力出版社，2021.

［3］ 国家能源局. 电网技术改造工程概算定额（2020 年版）［M］. 北京：中国电力出版社，2021.

［4］ 国家能源局. 电网技术改造工程预算定额（2020 年版）［M］. 北京：中国电力出版社，2021.

［5］ 国家能源局. 电网检修工程预算定额（2020 年版）［M］. 北京：中国电力出版社，2021.

［6］ 国家能源局. 电网拆除工程预算定额（2020 年版）［M］. 北京：中国电力出版社，2021.

［7］ 中国电力企业联合会. 电力建设工程装置性材料综合预算价格（2018 年版）［M］. 北京：中国电力出版社，2020.

［8］ 北京市建设工程造价管理总站. 北京工程造价信息（月刊〔第 266 期〕）［G］. 北京：北京市住房和城乡建设委员会，2022.

［9］ 国家电网有限公司电力建设定额站. 2022 年第三季度电网工程设备材料信息价（总 41 期）［S］. 北京：国家电网有限公司，2022.

［10］ 电力工程造价与定额管理总站. 电力工程造价与定额管理总站关于发布 2020 版电网技术改造及检修工程概预算定额 2022 年上半年价格水平调整系数的通知（定额〔2022〕21 号）［S］. 北京：电力工程造价与定额管理总站，2022.

［11］ 中华人民共和国住房和城乡建设部. 35kV～110kV 变电站设计规范：GB 50059—2011［S］. 北京：中国计划出版社，2012.

［12］ 中华人民共和国住房和城乡建设部. 混凝土结构设计规范：GB 50010—2010（2015 年版）［S］. 北京：中国建筑工业出版社，2011.

［13］ 中华人民共和国住房和城乡建设部. 钢结构设计标准：GB 50017—2017［S］. 北京：中国建筑工业出版社，2018.

［14］ 国家电网公司. 国家电网公司输变电工程典型设计（2011 年版）［M］. 北京：中国电力出版社，2011.

［15］ 国家电网公司. 输变电工程造价分析内容深度规定：Q/GDW 433—2010［S］. 北京：中国电力出版社，2010.

［16］ 国家电网公司. 110kV 变电站通用设计规范：Q/GDW 203—2008［S］. 北京：中国电力出版社，2008.

［17］ 国家电网公司. 220kV 变电站通用设计规范：Q/GDW 204—2008［S］. 北京：中国电力出版社，2008.

［18］ 国家电网公司. 500kV 变电站通用设计规范：Q/GDW 342—2009［S］. 北京：中国电力出版社，2009.

［19］ 国家能源局. 变电站测控装置技术规范：DL/T 1512—2016［S］. 北京：中国电力出版社，2016.

［20］ 国家能源局. 220kV～750kV 变电站设计技术规程：DL/T 5218—2012［S］. 北京：中国计划出版社，2012.

［21］ 国家能源局. 变电工程初步设计内容深度规定：DL/T 5452—2012［S］. 北京：中国电力出版社，2012.

［22］中华人民共和国住房和城乡建设部. 35kV～110kV 变电站设计规范：GB 50059—2011［S］. 北京：中国计划出版社，2011.

［23］国家能源局. 输变电工程工程量清单计价规范：Q/GDW 11337—2014［S］. 北京：中国电力出版社，2014.

［24］国家能源局. 输变电工程可行性研究投资估算编制导则：DL/T 5469—2021［S］. 北京：中国计划出版社，2021.